上海师范大学历史学科建设成果

第四辑
VOL.4

上海法租界史研究

蒋 杰 主编

Recherches historiques sur la
Concession française de Shanghai

Edité par Jiang Jie

上海社会科学院出版社
SHANGHAI ACADEMY OF SOCIAL SCIENCES PRESS

上海法租界史研究

编辑委员会
（排名按姓氏笔画）

·顾　问·

马　军　马长林　冯绍霆　［法］安克强(Christian Henriot)
许洪新　邢建榕　苏智良　周　武

·主　编·

蒋　杰

·编　委·

［法］王钰花(Fleur Chabaille)　白华山　朱晓明　刘　华　刘　喆
江天岳　江文君　牟振宇　陆　烨　陈霓珊　罗苏文　岳钦韬
赵伟清　赵　怡　［法］柯　蓉(Christine Cornet)　段　炼
侯庆斌　徐　翀　蒋宝麟　谭欣欣

·主　办·

上海师范大学都市文化研究中心
上海师范大学新时代海派文化研究中心（筹）
上海师范大学人文学院

目录 | CONTENTS

专题研究 1

从上海到京都
——高博爱与中·法·日文化交流　　赵　怡 / 3

屈从、抵抗与合作：抗战时期的上海法租界警察(1937—1946)
〔法〕柯　蓉　著　江天岳　宋子玄　译　蒋　杰　校 / 40

上海工人三次武装起义与法电工人　　李君娜 / 56

人文遗产 67

营造现代空间与传承文化遗产：法国租借地广州湾的历史城区
吴子祺 / 69

建筑的功用与生态变迁：上海外滩法国邮船公司大楼考略
(1937—1949)　　彭晓亮 / 89

上海八仙桥法兵纪念碑始末　　刘　华 / 104

都市文化 113

梦幻世界：近代上海的电影院
——以法租界为中心(1912—1943)　　江文君 / 115

中国近代西方音乐教育的先行者
——土山湾孤儿院铜管乐队　　李　健 / 135

近代中国大陆法教育：以震旦大学法学院为例　　任　轶 / 146

黄德乐与《法文上海日报》　李君益 / 157

读史阅世　　　　　　　　　　　　　　　　　　　　167

法国的中国近代史研究：一份批判性的评估
　　［法］安克强　等著　蒋　杰　译 / 169

科隆贝双教堂村的伟人：缅怀戴高乐将军　　江天岳 / 178

虞和钦与上海法租界内的"莳薰精舍"、开明电器厂　　王细荣 / 184

文献目录　　　　　　　　　　　　　　　　　　　　195

《中国通讯》所见徐家汇新耶稣会士西文出版物概况　　张晓依 / 197

中国学术界译介法国安克强（Christian Henriot）教授文献目录初编
　　马　军 / 203

上海《法租界纳税华人会会员录》（三）　　陆　烨　整理 / 207

外文译介　　　　　　　　　　　　　　　　　　　　267

1906年法国陪审有关会审公廨的报告
　　侯庆斌　宣金洪　编译 / 269

法国外交部档案馆藏《中法新汇报》相关史料选译
　　侯庆斌　编译 / 275

征稿启事　　　　　　　　　　　　　　　　　　　　282

专题研究

从上海到京都
——高博爱与中·法·日文化交流①

赵 怡

前言 高博爱的身世考察

"高博爱"(Charles Grosbois,1893—1972)曾是一个享誉上海法租界文化圈的名字。他1919年来沪,先后担任上海法租界公董局学校(法国公学)校长、公董局教育处处长、法文协会中国代表、法国大使馆文化参赞等职,实为法租界文化教育界的领袖人物。1951年前后离开中国,1953年赴日本京都任关西日法学馆馆长,1959年回国,在中日两国整整度过了40个春秋。但长期以来其人其事鲜有人知,更乏研究,可谓众多消失在近现代史中的重要人物之一。

笔者注意到高博爱,起因于参加日本兰心大戏院研究会,我们将发行于上海租界各种语言的报纸作为研究资料,尤其关注《法文上海日报》(*Le Journal de Shanghai*,1927—1945)所载音乐戏剧报道和广告。其中每年秋至翌年春的音乐季里每周定期发表的"上海的音乐"(La Musique à Shanghai)专栏引起了我们的注意,其固定撰稿人即为高博爱。考察后发现他不仅为促进东西音乐文化尽心竭力,也是上海法租界文化教育界举足轻重的人物。② 但是国内外的上海史研究著述对其人其事鲜有提及,仅在一些回忆录里偶有零星记录,言之较详的有居伊·布罗索莱在《上海的法国人(1849—1949)》中的少数描述,且生卒年月不详。③

---

① 本文为日本学术振兴会(JSPS)科研基金基盘研究(C)「『仏文上海日報』(1927—1945)を巡る日·仏·中の文化交流」(课题号码:18K00498)阶段性成果,初为提交于《上海与巴黎之间——上海法租界史国际研讨会》(2018年10月20—21日于上海师范大学)的基调论文,有大幅增改,其中部分内容以「上海から京都へ——「高博爱」(Charles Grosbois)の戦後」为题,收于高纲博文等编『上海の戦後——人びとの模索·移動·記憶』,勉誠出版社,2019年版。另在收集资料和写作过程中,承蒙蒋杰、沈洁、井口淳子、立木康介、藤野志织等诸位师友多方指教,在此一并致谢。

② 赵怡:《兰心大戏院与中国音乐》,大桥毅彦、赵怡等编:《上海租界与兰心大戏院——东西艺术融合交汇的剧场空间》,上海人民出版社2015年版,第137—172页。笔者之前使用音译名"格罗博瓦",现已确认"高博爱"这个名字为本人认可,在中国期间一直使用,因此今后使用该译名。

③ Guy Brossollet, *Les Français de Shanghai, 1849-1949*, Paris: Éditions Belin, 1999. 其中涉及高博爱之处有第216、219、229及274页等,但相关年份多有误差。该书中文版见居伊·布罗索莱:《上海的法国人(1849—1949)》,牟振宇译,上海辞书出版社2014年版。

图1　高博爱（蒋杰提供）

几年来笔者先后在上海档案馆和日本关西日法学院、巴黎外交部档案馆和南特外交档案中心调查，获得了包括高博爱的教师履历表和书信文章在内的许多一手资料，并去了高博爱故乡做实地考察。将上述资料再与《申报》《法文上海日报》等当时的新闻报道相对照，已可以比较清晰地描绘出高博爱的生平如下：（图1）

1893年4月28日出身于法国中部谢尔省(Cher)著名古都Bourges市的一个教师家庭，中学时代转去巴黎著名的亨利第四中学，后去索尔邦大学攻读古典文学（希腊语与拉丁语）与哲学，获高等教育学位(DES)。大学期间还曾在巴黎著名的音乐学校Schola Cantorum学习音乐。1914年8月—1916年11月参加第一次世界大战，1916年负伤失去右腕，获法国骑士团荣誉勋章。退役后在巴黎J. B. Say小学任教（非正规），1919年来沪任公董局学校(École municipale française)校长（该校于1927年升级为法国公学Collège municipal français），兼任法文协会中国分会总代表(Délégué général)，1933年1月以后长期任公董局教育处处长(Inspecteur de l'enseignement，亦译总督)至1943年7月法租界归还。1928年还以老兵身份出任法侨志愿团团长，1940年法国沦陷后上海部分法侨组织参加"自由法国"("France Libre"，后更名为"法国永生""France Quand Même")，高博爱是领导成员之一。抗战胜利后转任法国驻华大使馆文化参赞。1951年前后离开中国，1953年赴日本京都担任关西日法学馆馆长，1959年回到阔别40年的祖国，生活在离故居不远的Saint-Amand-Montrond市，1972年在当地去世。高博爱有过两次婚姻，1922年与Jeanne Closset成婚并育有一女，1929年离婚；1937年与俄裔钢琴家Nathalie-Chkarine再婚。[①]

高博爱精通英语和俄语，并有极高的音乐素养，虽失去右腕，但不仅能用假肢书写，还是一位出色的小提琴手，常与俄裔钢琴家夫人一起登台演奏。他是被称为远东第一交响乐团的工部局乐队委员会委员，也是上海俄侨音乐和歌剧协

[①] Bulletin individuel de notes de Grosbois(1931-1932, 1934-1935), Archives du Ministère des Affaires Etrangères, 635PO/A/128；《公董局教育处职员登记表》，1943年，U38-1-1457，上海市档案馆藏；Guy Brossollet, *Les Français de Shanghai, 1849-1949* 等。

会的创始人之一和理事。① 他思想相当左倾,有"共产主义者"之称,深受师生爱戴,在外国侨民中也享有很高的声望。②

不过,高博爱的身世还有许多不明之处,有关法国的生活考证几乎是空白,即使故乡对其人其事也无所知,在中日两国所度过的40载岁月详情目前也难以详述。本文仅从目前所能获得的史料记载,撷取一些历史断片。但仅这些断片,也足以为我们还原出围绕高博爱其人其事的许多不为人知的、鲜活的历史场景。

一、早期赴法留学运动的法方代表

有关高博爱初来上海时的活动所知不多,但《申报》等报刊所载文章和诸多回忆史料证实他是积极参与中国早期赴法留学运动的法方代表。众所周知,五四运动前后留法勤工俭学运动推向高潮,其中也有日后成为中国共产党领袖人物的身影,如陈毅、邓小平、周恩来等。而高博爱正是为他们处理代购船票、办理护照等赴法事宜的上海华法教育会的法方代表。不过多年来论及留法勤工俭学,往往关注于这些革命领袖的活动,对幕后的组织者着墨不多,很多史实已被淡忘。然而20世纪初期的留法运动,实为辛亥革命后中法两国政府在文化教育方面展开一系列合作的重要组成部分,法方人士的作用不可小觑。

(一) 留法俭学会与华法教育会

中国早期革命家对推崇自由、平等、博爱之法兰西思想和文化的崇尚相当普遍,民国政府成立伊始即开始推行留法运动。1912年2月,清末留学法国的吴稚晖、李石曾(煜瀛)、张溥泉(继)、张静江、褚民谊、齐竺山等15人于北京发起成立"留法俭学会",并在教育总长蔡元培的帮助下在方家胡同取得校舍,开设预备学校,由法国汉学家铎尔孟(André d'Hormon,1881—1965)教授法语,中国教员若干人教授中文及自然科学,应聘者很快达百名以上。之后又在四川和上海设立预备学校,鼓励有志者赴法留学。然而1913年"二次革命"失败后,俭学会领袖均出国避难,翌年第一次世界大战(简称一战)爆发,留学运动中断。第一次世界大战开始后法国政府因国内劳动力匮乏,与中方商议招募劳工赴法,前后达数千人之多。为帮助华工学习法语和适应国外生活,1915年夏李石曾与李广安、张秀波等人以"勤于工作,俭以求学,以进劳动者之智识"为宗旨,在巴黎发起

---

① P. G., M. Ch. Grosbois est parti pour la France en congé, *Le Courrier de Chine*, le 29 mars 1946, p.4; L'Académie des sciences d'outre-mer's HP: http://www.academieoutremer.fr/academiciens/fiche.php?aId=788 等。

② Guy Brossollet, *Les Français de Shanghai, 1849-1949*, p.314.

组织了"勤工俭学会"。

1916年3月李石曾又与蔡元培、汪精卫等人在法国政界和教育界人士帮助下发起"华法教育会"(Société franco-chinoise d'éducation),会所在巴黎比若街(Rue Bugeaud)8号。4月在中法人士赞助下于东方语言学校内创办华工学校,教授中法文和近代自然与社会科学。6月在华工学校内召开了成立大会,会长分别为法国自由教育会会长欧乐(F. V. Aulard)与蔡元培,副会长由法国下议院议员穆岱和汪精卫担任,另有书记4人,会计2人,中法人士各半,李石曾和吴玉章分别任书记和会计。① 这种组织机构里中法人士各半的做法,成为此后中法两国政府和教育界展开的一系列合作事业之特征,体现了参与其中的中法两国人士的平等意识。会长欧乐在成立大会上的演说中强调,"中华民国与法兰西民国相同,皆欲以教育为要务";"诸君为此高谊之行为,而求助于法国,因其有改革之经验。(然亦固未完竣。)然华法教育会之助于中国,亦即所以助法国也。此并力之工作,诚与二国以平等之益,与平等之荣也"。并宣告"吾仅以法国革命史家之名义,为本会临时之主席。凡欲以教育进其群于自由、平等、博爱之组织者,皆以革命之义,而爱法国也"。② 法方参与者之情怀可见一斑。而以蔡元培为代表的中方主要成员则十分推崇法兰西思想和文化,这种共识显然成为双方合作的基础。《华法教育会公启》阐明该会宗旨在于"扩张国民教育""输入世界文明""阐扬儒先哲理""发达国民经济"。③

同时期袁世凯推行帝制失败,民主共和制恢复,李石曾、蔡元培、吴稚晖、吴玉章、汪精卫等人相继回国,在中国组织会所,并在民国政府教育部、内务部立案,先后设北京、上海、广东、陕西、四川等各地分会组织,重启各地留法俭学会,积极推动留法运动。1919—1920年间来自全国各地的1 600多名学生分20批赴法,其中不乏日后各界的栋梁之材。

多年来对这段勤工俭学运动研究甚多,但往往热衷于对中方名人的探究。然正如葛夫平指出的那样,留法勤工俭学运动"除了中方有关人士的倡导和推动以及各级政府不同程度的支持之外,与法方的参与和支持是密不可分的"。④ 而且在勤工俭学高潮退去之后,中法两国政府还携手展开了一系列更为正规的教育合作事业,主要有里昂中法大学和北京中法大学、上海中法工学院,以及巴黎

---

① 参照《旅欧教育运动》(1916年秋出版于法国)、《留法俭学会简章》等,均收录于张允侯等编:《留法勤工俭学运动》1,上海人民出版社1980年版,第10—41页。
② 《旅欧华人纪事》、《旅欧杂志》第1期《纪事》栏,1916年8月15日,转引自张允侯等编:《留法勤工俭学运动》1,前揭第73—74页。
③ 张允侯等编:《留法勤工俭学运动》1,前揭第80—81页。
④ 葛夫平:《中法教育合作事业研究(1912—1949)》,上海书店出版社2011年版,第18页。

中国学院和抗战后成立的北京中法汉学研究所等学术机构。葛夫平在调查考察了大量中法相关档案资料基础上著成《中法教育合作事业研究(1912—1949)》一书,对这些组织的创始情况、组织构成和运营管理都作了详尽周密的考察。从中我们可以看到,一次世界大战结束后的短短几年里,中法两国政府合作设立了一系列教育机构,而且两国在办学过程、组织领导和校务管理上都实施了中法人士参半、平等合作、共同参与的原则。这恐怕是当时中国在对外教育合作上罕见的事例。巴黎和会上法国的表现向来为人诟病,但中法关系中友好合作的一面也不应被遗忘。

笔者还想补充的是,中法间的教育合作并非孤立存在,而是20世纪初中国与欧美以及日本各国在教育科技方面开展交流合作的一环。更往前推的话,中国与西方各国的合作在鸦片战争后的"同治中兴"时期就已经出现过。中国在走向近代化的过程中,既有遭受西方列强侵略凌辱的历史,同时也有主动或被动地与西方展开合作交流,积极汲取西方先进经验的一面,对此我们并无必要讳言。

遗憾的是,不过葛著对上海的研究仅限于上海中法工学院,对法租界涉及不多,对上海华法教育会和高博爱的活动几无言及。事实上,即使中外上海史研究专家也鲜有人知道高博爱其人其事;然而细察当时的原始资料,不难发现他活跃的身影。

(二) 高博爱与上海华法教育会

上海华法教育会成立于1919年8月,其公启说明早在1918年3月25日即在中法矿业公司举办筹备会,会所定于法租界霞飞路247号,会长为前参议院议长张继,副会长为法国驻上海领事官魏武达(Veroudart),评议员是法国公立学校校长高博爱和四川代表吴永珊,会计由中法实业银行行长李雍(Lion)、干事由法国特派驻华管理华工委员苏荣理(Bergougnoux)和法学教授洪诚担任。洪为前《民约报》总理,安徽法政学校监理,现任中法矿业公司董事。[①] 上海华法教育会的领导团队由中法两国人士共同组成的做法,显然是总会组织的延续。

霞飞路247号即高博爱任校长的公董局学校所在地,1912年中国法文协会也在校内设立。华法教育会为留学生提供各种方便,包括办理护照,预定购买船票,提供赴法和学习法语指南等等。1919年又在会所内"设立法文专修学校,聘请法国文学家沙巴提埃先生教授法文。凡会员经本会认为有志求学者,入学肄业者不纳学费"。[②] 而留法俭学会与勤工俭学会也设于校内,由上海华法教育会统管。

---

① 张允侯等编:《留法勤工俭学运动》1,前揭第88—89页;《发起上海华法教育会》,《申报》1919年8月9日,第10版。
② 《上海留法俭学会通告》,《新闻报》1919年6月27日;《上海留法俭学会紧急通告》,《民国日报》1919年8月3日,转引自张允侯等编:《留法勤工俭学运动》2,前揭第186—187、207—208页。

调查当时的新闻媒体，不乏"高博爱"这个名字。1919年3月17日首批留法勤工俭学生85人自上海启程赴法(时任北大教员并获公派留学的徐悲鸿与妻子蒋碧薇也同船赴法)。3月15日寰球中国学生会为他们开欢送会，法国驻沪总领事魏尔登率副领事、参赞和上海华法教育会的首脑们均出席，致辞演讲者众，成为一次盛会。① 3月31日第二批、7月13日第三批亦有数十名学生赴法，法国正副领事、法国商会会长、法国公立学校校长(即高博爱)和众多中方著名人士在公董局大厅开欢送会似乎成了惯例。7月7日《申报》报道"中华民国留法俭学会于昨日上午11时假法租界法国工部局大议事厅为会场开会，欢送该会赴法留学之会员，共计一百二十人到会"，高博爱亦致了欢送辞。②《时报》则提及包括高博爱在内的法方人士"演词均极诚恳，极为可感"。③

然而9月干事洪诚假借留法俭学会名义向会员索取不正当费用而被除名，会长张继连续在《申报》《新闻报》刊载启事宣告本会于9月24日起与洪诚断绝关系，并通知"本会之进行由华法教育会评议员、法国公立学校校长高博爱君担任。赴法诸君可于每日下午四时到霞飞路本会事务所(圣贤堂对面)与高博爱君接洽一切为妥"。④ 此后高博爱成为俭学会代表，全面负责上海华法教育会的具体事务。

1919年留法勤工俭学达到高潮，9月和10月留法学生近200名分几批离沪，每次都有欢送会，高博爱均出席并发表谈话，还建议学生们尽可能提前学习法语，俭学会设有法语夜校，欢迎前来听讲。⑤ 10月29日下午5点半由华法教育会假借公董局举办了盛大的欢送会，聚集了150名留法学生，包括前法国公使和现领事在内的中法各界人士50人到场，高博爱作为会长做了演讲。他详细介绍了华法教育会的工作，鼓励留学生们努力学习法语和法国的科学文化，将来为国效劳。⑥ 12月9日出发的第8届留法俭学生亦达150多人，出发前"已由俭学会帮办沈仲俊将各生编成甲、乙、丙、丁、戊、己六队。故于上船时由高、沈二君照料一切，依次登船，毫无紊乱之现象"。⑦ 而且这批学生中还有两位湖南出生的女子，为最早的女子勤工俭学者，送行者中有向警予、蔡和森等人。⑧

---

① 《欢送留法勤工学生记》，《民国日报》1919年3月16日，转引自张允侯等编：《留法勤工俭学运动》2，前揭第507页。
② 《欢送赴法学生纪》，《申报》1919年7月7日，第10版。
③ 《欢送赴法学生纪事》，《时报》1919年7月7日，第5版。
④ 《上海留法俭学会发起人张继启示》，《申报》1919年9月25—27日、《新闻报》1919年9月26日。有关洪诚贪污案可参照《附录 洪诚贪污案》，张允侯等编：《留法勤工俭学运动》2，前揭第470—481页。
⑤ 《环球学生会欢送赴法学生》，《申报》1919年9月29日；《环球学生会欢送留法学生》，《申报》1919年10月27日第10版等。
⑥ 《留法俭学会欢送赴法学生》，《申报》1919年10月30日，第10版。
⑦ 《留法俭学生出发记》，《时报》1919年12月10日，第5版。
⑧ 《民国日报》1919年12月10日。转引自张允侯等编：《留法勤工俭学运动》2，前揭第683页。

高博爱不仅和法租界官方人士一起出席各种欢送大会，也参与主要由中方举办的各种活动。1920年2月11日预备赴法学生联合会在南洋路矿学校召开成立大会，高博爱与李石曾一起受邀参会，李石曾作了长篇报告。① 显然高博爱是大批赴法学生在上海乘船去国之前最先实际接触到的法方代表，他周到的服务和热情洋溢的致辞，一定在他们心里留下了深刻的印象。而这些留法学子日后载誉归来，与其重续旧谊自然倍感亲切。

1920年9月积极赞助留法运动的法国前总理班乐访问中国，受到热烈欢迎。他在上海期间的活动也由《申报》等媒体连日报道，出席各种欢迎活动的主要人员中自然也少不了高博爱的身影。②

（三）与中国友人的交往

高博爱并不懂中文，其谐音达意的中文名字为秘书兼翻译沈仲俊所起，后者对高博爱来说可谓理解中国的重要领路人之一。据其孙沈刚所著传记，沈仲俊（1886—1972，曾用名崇峻、良、梁、leon、T. T. Chen Liang等）出身于江苏省无锡县一个世代信奉天主教的家庭，幼年随父母迁居上海，1898年进"上海法文公书馆"，即中法工学前身学习，毕业后作为法国人的翻译赴云南工作，后由教会资助赴法国留学，1906年回国，先后在云南和上海的法国医院和商会供职，清末加入同盟会，参加辛亥革命，与孙中山、蔡元培等人均有交往。1918年沈仲俊进高博爱任校长的法国学校任教并担任高的秘书，到任不久发生洪诚贪污案，影响恶劣。沈时任"上海华法教育会""留法勤工俭学会""留法俭学会"等组织的总干事，以其地道的法语、广博的学识和诚实、坦率、热情的性格赢得了同仁尤其是高博爱的信任和友谊。而且这种友谊持续了几十年，直到高博爱离开中国。③ 沈刚根据祖父的回忆，在书中如此描述高博爱：

> M. Ch. GROSBOIS（高博爱先生），法国Bourges（布尔热）人。他约比沈仲俊小七岁，家中有一兄长，共弟兄二人。他的父亲是中学校长，他们弟兄二人均受过良好的高等教育。第一次世界大战时高博爱应征从军，任炮兵上尉。右手因战争时中弹受伤被截肢，后按了个假手。由于他英勇善战，而获法国军人的最高殊荣——Chevalier de la Légion d'honneurs（法国骑士团荣誉勋章）。此后许多人所称呼的"木手先生"即是这位荣誉军人。然而，

---

① 参照《赴法学生开会纪事》，《时事新报》1920年2月13日。
② 见《申报》1920年9月8日《官商学界欢迎法国前总理纪》，9月9日《法国前总理留沪盛况》，9月10日《三团体请法前总理演讲纪》（附有照片），9月11日《商界欢迎法前总理两会纪》等。
③ 沈刚编著：《沈仲俊先生略传》，时代国际出版有限公司2011年版，第1章至第3章。

尽管他的右手残疾,他却仍能在假手上安上一个钩子钩住小提琴的琴弓,出神入化地登台表演小提琴,毫不逊色于专业的演员。M. GROSBOIS 出任"上海法国公立学校"校长时,适来中国不久,不通中文。有一次,沈仲俊与 M. GROSBOIS 一起坐着车经过"南洋医院"时,M. GROSBOIS 将"医"字念成"酱"字,因为旧时繁体的医字下部与酱字的下部一样,可是二字之差大相径庭,经沈仲俊一解释后,他们二人都笑得合不拢嘴了。①

这是迄今为止笔者能看到的国内文字中对高博爱形象的最详描述。沈刚为追寻祖父业绩,一直寻找高博爱的下落,并为此先后投书法国总统密特朗、希拉克和当时的法国大使等人,但均未得到消息。② 不过据户籍资料,高博爱只有一个弟弟。法语中兄与弟不分,当是沈仲俊误会了。

不通汉语的高博爱初来乍到就积极指导留法运动,与各界中国友人广泛交往并结下了深厚的友谊,显然秘书兼翻译沈仲俊功不可没。传记中还附有多幅蔡元培、李石曾等人写给高博爱和沈仲俊的信件,这些中文信件自然都需要通过沈的翻译才能为高博爱理解,而从双方的交友和高博爱对留法运动之参与程度来看,沈仲俊并未越俎代庖,双方保持了很好的协作关系,不仅积极指导留法运动,而且日后一起参与创立国立音专和中法工学院,为中法文化交流不惜余力。沈仲俊于 1924 年荣获法国政府授予的"法国一级教育勋章"(les Palmes Académiques),可以推测背后也有高博爱推荐之劳。(图 2)

高博爱赴华任职的缘由尚不得知,他也并非一开始就将东西文化之相互理解与交流放在首位。1920 年 3 月法国驻沪领事雷奥(Réau)在给法国总统米勒兰的报告中言及赴法勤工俭学运动已引起法国"在中国的竞争者"即美国的注意,他们担心赴法留学盛起会"使中国今后的工业优先采用纯粹法国的方法和机器,致使美国工业蒙受损失",因此打算模仿法国的做法吸引中国学生去美国留学。英国与意大利亦有同样反应。为了战胜这些竞争者,雷奥认为"我们必须以新的首创精神巩固我们由于法华教育会的帮助已经取得的成果",建议"除了派遣学生留法外,我们应当就地成立工业技术学校,它们可以补充并成倍增加法国的那些学校的作用",并"同震旦大学配合,由法中双方公管,重新改组原德国学校"。雷奥在信末还附上了高博爱的一段话:

---

① 沈刚编著:《沈仲俊先生略传》第 1 章至第 3 章,前揭第 14—15 页。
② 沈刚编著:《沈仲俊先生略传》所附《关于高博爱先生》和后记等。

图 2　1919 年 10 月 6 日上海华法教育会欢送留法学生合影
第二排中间的外国人为高博爱,他的左边是沈仲俊,右边是张继。
转引自沈刚《沈仲俊先生略传》,第 17 页。

实际上很容易理解,这些学生既已惯于使用法国的机器和产品,法语又说得比其他任何语言都好,他们在回到中国时,就会成为我们最好的商业代理人。[1]

从中可以看出法国政府积极推动留法运动,并非仅仅重视文化交流事业,背后也有着浓厚的商业动机,而高博爱显然也首先以此为己任。事实上他日后在重组原德国学校成立中法工业学校和与震旦大学合作等行动中也都起到了重要作用。

值得重视的是,高博爱不仅与上海华法教育会的中方人士交往,而且与积极推动中法合作事业的民国政界和教育界领导人蔡元培、李石曾、吴稚晖、汪精卫、褚民谊等人都有个人交往。一个 20 多岁的西方青年,不远万里来到中国,之所以能在短时间里就对中国文化的理解不断加深,并积极致力于推动中法文化的相互理解与交流,显然与他上任伊始即与诸多热爱法国文化,为改造旧中国积极引进西方先进思想的中国精英相识并友好相交密不可分。

勤工俭学运动高潮过后,高博爱的活动主要以法文协会为基轴展开,并令其成为中法两国合作事业在上海展开的一个平台。

---

[1] 《法国驻上海领事雷奥给法国总统米勒兰的报告》,法国外交部档案 A. E.(Chine)E274(殷叙彝译)。转引自张允侯等编:《留法勤工俭学运动》2 补遗,前揭第 912—913 页。

二、法文协会与法国公学的优秀指导者

有关上海法租界的法文协会与中法联谊会的活动,向来研究不多,有些还将两者混为一谈。法文协会也称法语联盟(Alliance française),成立于1883年,为向全世界推广宣扬法国语言文化的机构,在世界各地设有分部,目前北京和上海也均有分部,但仅限于教授法语和提供留学信息,与昔日的法文协会已无多大关联。20世纪的法文协会显然更具影响力,其在推进殖民主义侵略进程中也不无负面作用。但中国法文协会在总代表高博爱的领导下,努力促进中法文化交流,功不可没。

(一) 高博爱与中国法文协会

出版于1916年的《旅欧教育运动》一书中含有《上海法文学社简章》,开首介绍"法国文学协会成立于千八百八十三年,以精研法文传播教授为宗旨,成效昭著。别国人欲习法文者,受益尤多。兹由留法俭学会与文学协会商定在上海宝昌路法国公立学校开设'法文学社'。欲赴法留学者正可借此预备,以免初到彼邦语言不通之困难。其有志研究西学而暂不赴法者,亦可以此为求学之阶径"。并介绍学习内容以法国语言文字为主,时间除星期日每日3小时,"冬日分午晚两班,夏日分早晚两班",每堂课一个半或两小时,资格不分男女老少,学期一年或两年,学费每月五元,社所即文学协会。① 这里的"法国文学协会"即指法文协会。"法文学社"即留法预备学校,肄业者还免收学费。②

1929年3月9日《申报》本埠增刊载有《法文协会之文化事业》一文,也提供了一些上海法文协会的信息:"上海法文协会,为巴黎总会之分会,成立于一千九百十二年七月,其宗旨为阐宣法国之语言文字及科学与艺术,并沟通中法两国之文化,创办人为前中法国立工业专门学校校长梅云鹏氏,会所初设于霞飞路二百四十七号,继乃迁至环龙路十一号,地邻顾家宅公园,风景清丽。"③"梅云鹏"即梅朋(Charles B. Maybon,1872—1926),也是著名的《上海法租界史》④的作者,

---

① 《上海法文学社简章》,华法教育会鉴定《旅欧教育运动》,法国都尔旅欧杂志社发行,1916年。转引自张允侯等编:《留法勤工俭学运动》1,前揭第24页。

② 参照《上海留法俭学会通告》,上海《新闻报》1919年6月27日。转引自张允侯等编:《留法勤工俭学运动》1,前揭第186页。

③ 《法文协会之文化事业》,《申报》1929年3月9日,第24版。

④ Maybon, Charles B; Fredet, Jean. *Histoire de la concession française de Changhai*, Edité par Plon, Paris, 1929.中文版见梅朋、傅立德:《上海法租界史》,倪静兰译,上海社会科学院出版社2007年版。

于1911年创办了法国公董局学校并任校长,校址即在霞飞路247号。翌年在校内设置了法文协会中国分部,并设立法文学习班。高博爱接替梅朋成为校长后,梅朋转任中法工商学院法方校长。

高博爱来沪伊始即积极开展法文协会的工作,对法文班的教育也十分关注。勤工俭学热潮中各地兴办法文学校,但是高潮过后即门可罗雀。为此高博爱做了各种努力。1922年4月9日《申报》有如下报道:

> 法工部局学校校长高博爱氏,近为联络感情起见,拟组织一中法俱乐部于法租界霞飞路,以便中法两国人士,时相往来,欢聚一堂。俱乐部内,设各种游戏,如茶话会、跳舞、演剧等,以博兴趣。惟发始之初,恐中法两国语言隔阂,爱先设立法文班于霞飞路二四七号法工部局学校内,每星期教授三次,时间下午六时至七时。学费每人每月十元,女界亦可入学,与男子同一待遇。此二事已经法总领事韦礼德君、正领事兼公董局主席德赉沛君赞助,昨复由高校长通函本埠中法人士,征求同意。现中法俱乐部尚在筹备中,法文班则提前开办,已定于五月一日下午六时开课云。①

从中可以看出,高博爱不仅利用霞飞路247号的法国公董局学校校舍开设法文班,还欲模仿法租界的文艺沙龙和法国总会为法侨提供社交场所的方式,组织中法俱乐部以便中法人士友好交往。1926年11月24日《申报》又报道"中法人士高博爱、沈仲俊、吴凯声等发起之中法学会定于明日开游艺大会,会场假借霞飞路法国抛球总会,目的在募款举办中法有益事业。于明晚七时起开始",并预告了当晚的节目。② 显然高博爱初步实现了自己的愿望设立了中法学会。

(二) 法国公学与法文协会

法文协会设立于公董局学校内,两者共用校舍、图书馆和师资,总代表也由校长兼任。梅朋创办的这所学校原属上海法侨子弟学校,初设初级、中级班,之后也有高级班,程度大致在小学至初中。高博爱就任校长后对学校制度进行了全面改革,短短几年即令其教学质量大大提升并与法国国内教育接轨,学生回国后可以直升法国和欧美的各类学校。③

1926年公董局新建了华丽气派的法国总会(Cercle Sportif,现花园饭店),

---

① 佚名:《中法学会明日举行游艺大会》,《申报》1922年4月9日,第14版。
② 《申报》1926年11月24日,第18版。
③ 参照 Guy Brossollet, *Les Français de Shanghai*, 1849-1949, p.314;上海租界志编纂委员会编:《上海租界志》,上海社会科学院出版社2001年版,第493页。

公董局学校和法文协会从霞飞路迁入环龙路11号原总会大楼(现南昌路科学会堂)。成为校舍的长长一排大楼里有着宽敞的教室和会议室,沿入口处大厅正面转角楼梯上二楼,左边是图书馆,右边是大礼堂,设有舞台可供文艺演出和举办各种讲演会。楼前的草坪直通顾家宅公园(也称法国公园,现复兴公园),条件极其优越。翌年又升级为相当于高中或高专的Collège(法国公学),成为法租界最重要的学校。1928年《法文上海日报》刊载了介绍法国公学的照片和文章,指出学校的特色在于不仅向法国孩子提供与祖国同等的教育资源,还为学生们提供良好的英语教育,便于今后就职;同时学生们还能通过多国籍的学校环境获得异文化交流的体验并开阔视野。[①] 这种办学方针显然与校长高博爱的理念密切相关。(图3)

图3　介绍法国公学的文章
Le Journal de Shanghai, le 14 juillet 1928, p.20.

1936年《申报》分5次连载胡祖荫的《学校调查 上海法国学校概况》,也为我们了解该校提供了许多信息,证实了该校的国际化程度。法国学制小学5年,中学7年,该校中小学各级完备,还附设幼稚园。本学期学校人数增至430人,其

---

① Le collège municipal, *Le Journal de Shanghai*, le14 juillet 1928, p.20.

中男生 190 名,女生 240 名。该校最大的特色是国际化,学生来自 26 个国家,前三位为法国学生 169 名,俄裔 136 名,中国学生 39 名,其他为英国 11 名,葡萄牙 17 名,以及欧美各国侨民子弟。① 高博爱重视学生的品格和学识,平等待人,不以种族判断优劣,因此在家长中也享有很高的声誉,成为法侨社会教育界的领袖人物。《法文上海日报》也经常刊登该校的各种文艺活动,并且每年刊载成绩优秀者的名单。

环龙路周边原是法租界最优美的高级住宅区,优越的地理人文环境令这里不仅成为学校师生和家长们欢聚的场所和法侨的社交中心,设在校内的法文协会又令其成为上海中法文化交流的一个主要场所。前述《申报》所载《法文协会之文化事业》对此有详细描述:

> 综该会成立至今,已有十余载之历史。该会所设图书室藏书籍,已有一万八千余册之多。著名作家如嚣俄(笔者按:今译雨果)、仲马父子、卢骚(卢梭)、法朗士、柏克森、勒朋等之著作及其他文学、哲学、艺术、科学等各种名著,靡不收罗齐备。此外如法国百科全书、文学大字典、古希腊大字典,皆普通人所不宜购备者,亦一一陈列,以供人之参考。其裨益于学者盖非浅鲜也。该会又不时举行关于文学、艺术、音乐、科学之演讲,前后无虑数十次。其最名贵者,如莫里爱(莫里哀)三百周年纪念、白林氏之无线电通信法,及去年大化学家倍德罗百年纪念演讲,名言议论,启迪智慧,听者甚众,往为会场所不能容。该会又办有法文夜课六班,中西人士之肆业其间者,约百数十人。毕业得文凭以去者,约五十人而弱。该会董事原有狄百克、高博爱、李荣、薛蕃、朱炎等外,近又推举驻沪法总领事高格林氏为名誉总董,中央委员李石曾氏褚民谊氏为会董。兹闻该会将于三月九日下午七时起,举行一音乐舞蹈会,有中西名人之表演,褚民谊亦将出席云。②

同日的《法文上海日报》也预告了这天的活动,并刊载了详尽的节目单,显示当晚不仅演奏西方音乐,还上演中国喜剧。1 个月后,在高博爱的努力下,法文协会大礼堂又举办了林风眠任院长的国立艺术院美展。法文协会为此举办了晚宴,高博爱热情致辞,《法文上海日报》连日加以详细报道,成为中法文化交流的一大盛事。在高博爱领导下,法文协会活动丰富多彩,经常举办各种讲演会、文

---

① 胡祖荫:《学校调查 上海法国学校概况(一)》,《申报》1936 年 3 月 31 日,第 12 版。
② 佚名:《法文协会之文化事业》,《申报》1929 年 3 月 9 日,第 24 版。

艺茶话会、音乐会、戏剧演出和美术展览,为沪上各国文化人士提供了一个极好的交往平台。

1931年7月高博爱出席在巴黎举行的世界法文协会大会并作了题为《中国的法语教育与法文协会之作用》的长篇报告。从中可以看到当时中国法文协会的领导机构如下:法国驻上海总领事E. Koechlin任名誉会长,高博爱任总代表,Marsoulis与利荣(Lion)分别任正副委员长,李石曾、褚民谊、王景岐、朱炎等为中方主要董事。高博爱报告了20世纪初期以来中国各地的法语教育的历史和现状,高度评价以李石曾(煜瀛)为首的华法教育会为留法运动所作的贡献,称李为"法国在中国最伟大的朋友之一"。同时对中国百姓忍受天灾人祸之坚忍不拔的勇气深表同情,面对他们反抗西方列强侵略的呼声,提出"我们应该做的不是判断评价,而是理解"。①显然十多年来高博爱对中国的理解大大加深,而其背后中国友人的助力显而易见,除了沈仲俊和李石曾,蔡元培也是他的好友,两人还同为刘海粟任校长的上海美术专科学校的董事。文艺界人士里,画家林风眠、文学家徐仲年、音乐家萧友梅、二胡演奏家卫仲乐等人都与高博爱有着相当密切的友好交往。

1933年11月30日《申报》11版报道法国小说家Maurice Dekobra(1885—1973)来华,法文协会于前日下午邀请上海中法文艺界、新闻界举办欢迎茶话会,参加团体有中国文学团体联合会、中国诗歌会、上海文化协会、狂流文学会及各报馆和通讯社,以法国总领事为首的租界首脑,和中央委员李石曾、前驻比公使王景岐父女和各界人士八十多人均出席。这次盛会的3天后,高博爱筹备已久的中法联谊会宣告成立。

三、中法联谊会创始人

(一) 筹备与成立过程

12月3日《法文上海日报》报告了当天法文协会中法联谊会成立的短消息。翌日周一值法文报休刊日,《申报》详细报道了成立大会的情形。

> 中法联谊会,为留法比瑞回国学生,及国内法文学校毕业人士、暨旅华法国人士共同组织,其目的在联络感情、促进中法文化。该会于昨日上午十

---

① La langue française en chine et le rôle de l'Alliance française:Rapport présenté au Congrès général de l'Alliance française les 14,15,16 juillet 1931 à Paris, par CH. GROSBOIS, délégué général en Chine, Centre des Archives Diplomatiques de Nantes, 635PO/A/172.笔者译。下同。

时在环龙路法文协会举行成立大会,行政院长汪精卫、铁道部长曾仲鸣等特来电申贺。①

文章报道中法两国与会者达百人以上,高博爱做了会务报告,叙述该会于这年7月成立筹备会,10月开始工作,最初发起人仅50人,现会员已达190人。但外界不知而未加入者尚多。本会"组织目的在促进中法友谊、沟通中法文化,纯系文化团体,将来希望在欧洲亦有通讯会员"。法国公使韦礼登(A. Wilden,现一般译魏尔登)、总领事梅利蔼、法文协会会长利荣及中国政府要人汪精卫、曾仲鸣等均表示赞同,褚民谊、陈公博等亦为会员。成立大会修正并通过会章后,选出16位董事,中法两国各8名。(图4)

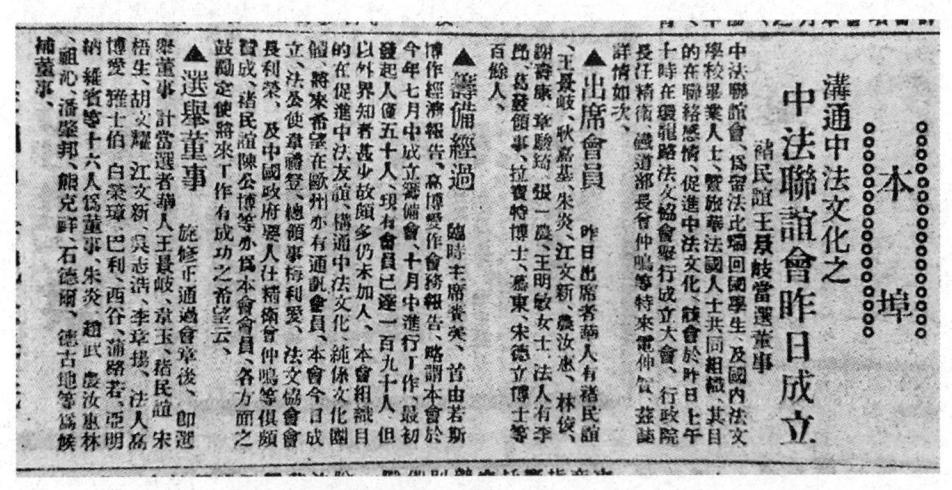

图4 《申报》报道中法联谊会成立,1933年12月4日,第12版

12月6日《申报》报道中法联谊会于昨日下午举办了第一次董事会,出席董事12名,"首由高博爱提议(一)组织常务委员会,选举正副委员长、常务委员、会计秘书等议员案。当即选举结果,会长王景岐,副会长高博爱,常务委员亚明纳、韦玉、吴志浩,会计雅士伯,秘书江文新。(二)法公使韦礼登将告假回国一行,本会应乘此机会举行聚餐联欢会,请韦氏主席借增中法人士情感案,原则通过,日期则须俟韦公使约定后再行定夺。(三)定本月十三日召集第二次董事会。议毕即散会"。②

---

① 《沟通中法文化之中法联谊会昨日成立 褚民谊王景岐当选董事》,《申报》1933年12月4日,第12版。
② 《申报》1933年12月6日,第14版。

对照《法文上海日报》,12月10日为周日兼圣诞节特辑,本埠新闻栏刊有题为"Association amicale sino-française"(中法联谊会)一文,亦详述了成立大会的情形。称该团体最初只有五十多名有法语背景的中国学生和数名法国人参加,但六月初筹备会议时已发展到210名,其中120名出席了成立大会,略多于《申报》所列数字。两者所述会议程序自然一致,临时主席为最年长的赉美(Lemière),高博爱介绍了会议章程并得到通过。而据中法双方报道,可知当选的16位董事分别为中方的王景岐、韦玉、褚民谊、宋悟生、胡文耀、江文新、吴志浩、李章扬,法方则有高博爱、白荣璋(Blanchet)、蒲路若(Brugeas)、亚明纳(Jaminet)、雅士伯(Jaspar)、巴利(Paris)、西谷(Sigaut)、维宝(Viblen)。法文报还报道联谊会的办公场所暂设于法文协会,法文协会主席利荣也在大会上明确指出两者当协力合作。文章还报道联谊会将于15日举办成立庆祝大会,届时法国公使将出席。联谊会还将出版会刊,创刊号将进一步介绍成立大会详情。文章结尾意味深长:"入会者人数之多充分显示了这个新组织实为应时而设,而这也为中法两国人士所深知。"[1]

中法联谊会正式成立于12月3日,但高博爱与中法同仁早在6月就开始了筹备工作。据6月18日筹备会通过的临时简章记录,创始者名单里法人士共49名,其中包含了日后进入董事会的大部分成员。详尽的临时简章(当为高博爱起草)第一条首先确认该会服务对象为所有具有法语学习经历的中国人和使用法语的在沪法国和其他外国侨民。第二条明确其宗旨"既理想又现实:即为其会员建立和保持相互间的友好关系,并维持密切和持久的往来,帮助会员学习或研究科学艺术,尤其致力于帮助中国会员研究使用法语的学科,同时也帮助欧洲会员研究使用中文资料。使用各种方式尽可能地促进中国和欧洲人士,尤其是中国和欧洲会员之间的相互交流和理解,令持同一种语言者得以保持并发展紧密牢固的双边关系,尽一切可能令所有会员都能享有惬意舒适的环境并不断加以改善"。

简章第3条还对联谊会会员做了规定,由赞同上述两条者组成创办会员,新成员必须经2名创办会员推荐并获委员会同意。中国会员须获法国或法语国家以及中国或法国殖民地的法语教学高等院校文凭,欧美人则为侨居上海或中国的法语使用者。第4和第5条规定了退会或除名细则,并设定会费为入会金1美元,年会费5美元或终身会费20美元。第6条规定设立筹备会执行委员会,其中包括2名秘书长,中法方各一名,一名会计,4名成员。并明确规定了执行

---

[1] Association Amicale Sino-Française, *Le Journal de Shanghai*, le 10 décembre 1933, pp.6, 14.

委员会所需执行的三项任务：(1)设立筹备办公室。(2)商讨设立具备会议室和演讲大厅的中法俱乐部,最好还能有食堂和几间客房。(3)起草联谊会章程并组织大会通过。同时还规定了筹备办公室的9项任务,包括宣传和征集会员,制订详细的会员名单,发展海外会员等等。最后规定必须在半年内,至迟于1933年12月前半月举办联谊会成立大会。①

这个详尽的简章充分展现了高博爱严谨扎实的办事作风和"野心"。显然他试图组织的并非仅是一个业余性质的民间文化交流组织,而是一个强有力的专业团体,并试图借此利用各方人脉,以扩大法国语言和文化的影响力。当然这也与法文协会的宗旨相吻合。但与一般具有强烈殖民主义思想者不同的是,高博爱在简章里强调"相互"(mutuelle)理解和交流,而这正是他面对东方文化时的一贯态度。前述1929年5月,法文协会为国立艺术院举办美展,在庆祝开幕的盛宴上,高博爱即致辞称:"过去我们曾经从中国的艺术中获益匪浅,现在轮到你们接受我方馈赠。这两种艺术的交汇叠加,定会产生出崭新的结晶。今天展览会的成果正可谓中国的传统艺术与我们的艺术融汇而成的中国新艺术的起点。而不久的将来,我们一定能看到更加出色的成果。"②可以说这种"相互"交换的意识持续了他的整个人生。

1933年12月3日联谊会成立大会在法文协会举行,通过了高博爱起草的会议章程。5日下午召开第一次董事会,由高博爱提议组织常务委员会,选举王景岐为会长,他本人担任副会长。大会规定由中法双方轮流担任正副会长,1935年会长由高博爱担任。同时高博爱还建议借法公使魏尔登告假回国经上海之际举行聚餐联欢会。15日中午在法国总会举行了盛大的午宴,庆祝中法联谊会成立,中法与会者超过两百人,法国公使魏尔登、驻沪总领事梅理蔼、法文协会会长利荣、领事顾发、震旦大学校长Germain神父等上海法租界头面人物悉数到场。中方人士则有李石曾、蔡元培、褚民谊等。下午随魏尔登来沪的前教育部长、上院议员Honnorat在法文协会举行了讲演,晚6时李石曾在福开森路举行盛大茶会以示欢送,7时梅理蔼领事在领事署设宴饯行,中法要人均参加。16日下午魏尔登离沪之前,又在领事署设告别会。对此《申报》和《法文上海日报》16日都在显著位置作了大幅报道,并刊有照片,《法文上海日报》还全文刊载了王景岐和魏尔登的致辞,并叙述了两人之间的友情。可以说这两天的活动让中法联谊会声名大振,高博爱的计划圆满成功。

---

① 《中法联谊会临时简章》,U38-2-868,上海市档案馆藏;Centre des Archives diplomatiques de Nantes,635PO/A/50.
② Le banquet du directeur de l'Institut, *Le Journal de Shanghai*, le 25 mai 1929, p.6.

（二）中法联谊会会刊与会所

中法联谊会还创办了会刊(Association amical sino-française bulletin)，创刊号发行于正式成立之前的 1933 年 11 月，卷首《我们的会刊》一文即由高博爱执笔。他列举了近年来为中国学子学习法国文学文化而创刊的一系列杂志，如《里昂中法大学校刊》《旅欧杂志》《北京中法大学校刊》等等，但是这些杂志往往半途而废，因此需要一份新的杂志，并且贵在坚持。高博爱允诺法文协会将为联谊会提供教室和讲演场所，公董局也将提供各种方便。但是工作刚刚开始，这份新杂志也只是一个新的开端。他呼吁所有相关人士：

> 相互交流，融汇各种不同的力量。
> 努力使每个具有不同能力和教育背景的人都能找到自己的位置。
> 为一个强大和革新的中国齐心协力！[①]

翌年 3 月出版的会刊第 2 期则详细介绍了联谊会的领导成员和成立大会的详情，提供了更为准确的史实。

同年春由法国驻沪领事馆出资，中法联谊会获得了辣斐德路 577 号（现复兴中路 541 号）一座三层小楼作为会所，[②]实现了高博爱所期待的拥有中法交流俱乐部的要求。5 月 22 日举行了会所成立典礼，驻沪总领事梅理蔼和上海市长吴铁城及中法各界人士出席者又达两百人，汪精卫、曾仲鸣致了贺电。会刊第 3 期对此进行了全面介绍，并刊载了多幅照片。（图 5）之后联谊会还发表了中文章程，第一条定为"本会定名为中法联谊会，设于上海，由同情法国文化者，留学法语国家中国学生，国内法文学校毕业生，法国旅华人士及其他法语国家旅华人士组织而成。本会会址，设于上海辣斐德路五百七十七号"。（图 6）

1934 年 12 月 16 日中法联谊会成立周年，于法文协会召开年会，愈百人出席。19 日在会所召开董事会，因主席王景岐不久前去世，副主席高博爱做了年度总结报告，并被选举为翌年的会长，赵志游任副会长。对此《申报》于翌日作了报道，《法文上海日报》也于 18 日刊载了长篇报道，并全文发表了高博爱的报告。[③]《中法联谊会会刊》第 4 期的报告更为详尽。高博爱在报告中首先感

---

① Ch. Grosbois, Notre bulletin, Association amicale sino-française bulletin, No.1, novembre 1933, p.3. Centre des Archives diplomatiques de Nantes, 635PO/A/50.

② 有关中法联谊会会所，参照许洪新：《海上法兰西之韵 上海思南路街区历史文化散记》，上海世纪出版集团、上海锦绣文章出版社 2016 年版，第 272—284 页。

③ 《中法联谊会年会纪》，《申报》1934 年 12 月 17 日；Assemblée générale de l'Association amicale sino-française, Le Journal de Shanghai, le 18 décembre, 1934, pp.5 - 6.

图 5　中法联谊会会所，*Association amicale sino-française Bulletin*，No.3 插页

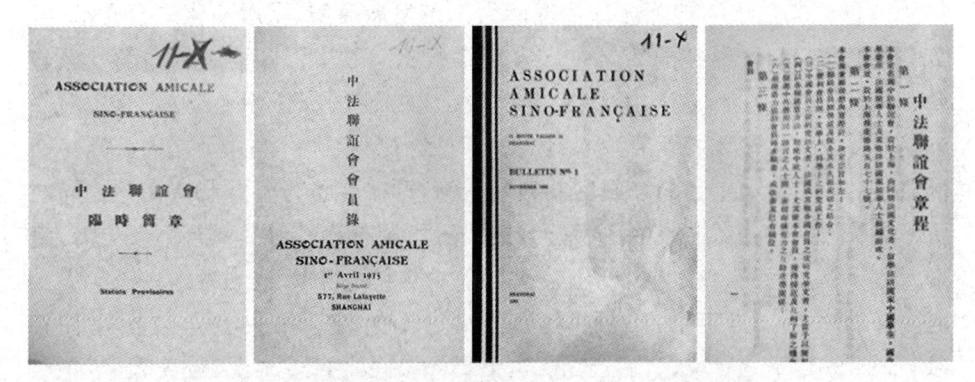

图 6　中法联谊会临时简章、会员录、会刊和中文章程
南特外交档案中心藏。635PO/A/50.

谢王景岐为联谊会所作的贡献，提及会员已从成立当初的 180 名增加至 339 名，收支状况良好，而且已经或将要在开封、南京、杭州、成都、广东、重庆等地成立类似组织。① 翌年 1 月 20 日高博爱还赴南京参加了中法友谊会年会，就海归们应该如何生活与工作的话题作了长篇发言。高博爱充分肯定了民国成立以来的巨大变化，提醒海归们不仅要将欧洲先进的思想文化技术带回祖国，不能一回国就忘了，同时也要认清自己缺席期间祖国迅猛的发展现状。② 这些谆谆教

---

① Rapport de M. Ch. Grosbois, Association amicale sino-française bulletin, No. 4, juin 1935, pp.15 - 18. Centre des Archives diplomatiques de Nantes, 635PO/A/50.

② Conférence de M. Ch. Grosbois à l'association franco-chinoise de Nankin, le 20 janvier 1935, Association amicale sino-française bulletin, No. 4, juin 1935, pp. 2 - 14. Centre des Archives diplomatiques de Nantes, 635PO/A/50.

诲即使对今天的海归们来说也并没有过时。这个长篇报告也充分展现了高博爱对中国的熟悉程度。

综上所述，高博爱于中法联谊会之成立，起到了举足轻重的作用。这自然与他身为中国法文协会总代表的身份密切相关，但若追根寻源，恐怕要回溯到当年积极参加华法教育会，为早期留法运动助力的经历。而且在积极帮助中国学子接受西方文明的同时，尊重东方文化，提倡相互理解和交流，亦是他的特色。秘书沈仲俊为他所起的高博爱之名令他大为满意，而他也一直身体力行，使之名副其实。

四、多媒体多渠道的文化交流

（一）丰富多彩的文艺活动

20世纪二三十年代上海作为国际大都市发展成型，东西文化融合交汇，吸引了大批海归和世界各国的文化人士聚集于此。而法租界美丽有序的社区建设，相对开放自由的文艺政策对中外文化人士尤具吸引力，回顾成立章程中对中方成员要求大学文凭之细节，不禁惊叹当时上海高学历留法人士之多。当年高博爱送出的留法学生已陆续归国并集聚上海，开始在各行各业崭露头角。同时新一代学子又前仆后继。中法联谊会的成立可谓正逢其时。而且不仅上海，南京、北京，以及巴黎、比利时、瑞士各地都有了类似的组织，成为各地中法学人交流往来的平台。当年活跃在沪上中法文化界的南京中央大学教授徐仲年（1904—1981，字颂年，法文名"Sung-nien Hsu"）在半自传小说《彼美人兮》中对中法联谊会的活动作了如下叙述：

> 这个中法联谊会的组织是很有意义的，因为它不是一个空洞的机构，他和法国政府所办的对外文化机构法文协会（l'Alliance française）合作，而法文协会的上海分会有一个很丰富的图书馆可供参考与研究。（中略）经过了短时期的筹备，这个会正式成立；上海法租界环龙路马斯南路口的一座连带小花园的小洋房成了该会的会址。就在这条环龙路上，离中法联谊会不远，兀立着雄伟的法文协会的图书馆。根据会章，中法联谊会设正副会长各一人，中法人仕轮值：第一年，法国人当正会长，中国人当副会长；第二年，中国人当正会长，法国人当副会长；依此类推。这个会在「联络感情」方面，常常举行茶会、聚餐、游艺会等等；在「切磋学问」方面，它不时组织演讲会（每次演讲者中法方面各一人，用法语讲），美术展览会，文艺奖金（主席赵之游，

总评判徐仲年)等等。总之,它是非常活跃的。[1]

不过和徐仲年所言相反,中法联谊会第一年由中国人当正会长,法国人当副会长,体现了高博爱的良苦用心。在他的领导下法文协会和法国总会,以及公董局大楼举办的各种活动均为中法两国会员敞开大门,而中法联谊会和法文协会举办的中法文化交流活动更是丰富多彩。联谊会成立后,几乎每月举行大型活动或聚餐,各种美术展览、音乐演奏会、戏剧演出和文学讲座频繁,且出展者、出演者和听众中外混合,并非单向输出。这些活动还与震旦大学、法国公学、中法工商学院等法语教学机构相呼应,与林风眠的西湖国立美专、刘海粟的上海美专、萧友梅的国立音专、徐仲年组织的文艺茶话会等中国艺术机构和组织也互通往来。文艺茶话会原是1932年徐仲年和友人模仿法国的文化沙龙而发起的组织,每周日举办,文艺界人士不分派别随意参加,畅所欲言。1934年中法联谊会有了自己的会所以后,文艺茶话会也多在此举办,成为中法文艺人士交流的一个中心活动,内容也更加丰富多彩。图为中法联谊会举办的第101次文艺茶话会,为招待法国文豪Francis de Croisset(前排中央)。和法国客人一起位居前排中央的徐仲年和高博爱,显然均属中心人物。(图7)

图7 中法联谊会为招待法国文豪 Francis de Croisset 举办第101次文艺茶话会
前排右二为高博爱,右三为徐仲年。《美术生活》1934年第4期,第41页。

---

[1] 徐仲年:《彼美人兮》,正风出版社1944年版,第207页。该书由吉林出版集团2018年5月再版。根据前文信息,文中的"环龙路"疑似"辣斐德路"。

有趣的是当时留法学子中有许多娶了法国妻子,徐仲年、林风眠,以及西湖国立艺专的雕刻家、诗人李金发的妻子都是法国人。公董局华人理事、中法联谊会会长赵志游的夫人也是法国人。而且林风眠的居所与法文协会比邻,赵志游和高博爱都住思南路,想必日常生活中也往来频繁,为相互交流与理解提供了极好的环境。

战时法租界还往往成为中国文化人士的庇护所。1938 年 7 月 17 日左翼戏剧家于伶等以中法联谊社戏剧组名义成立了著名的上海剧艺社,剧社的许多著名剧目均在法文协会的大舞台首演。为培养中国戏剧人才,同年 11 月 5 日中法联谊会还成立中法剧艺学校,由法文协会秘书长冯执中任校长,于伶任训导主任,阿英任话剧科主任,并广聘上海有影响的戏剧家和艺术家,郑振铎、赵景深、顾仲彝、李健吾等都曾到校任教。虽然学校因人事纠纷只开办了一个学期,但在中国戏剧史上依然值得记下一笔。①

上海剧艺社的左翼背景即使在当时的上海也已为人知,并因此受到国民党政府的多方骚扰,但是却一再得到法租界的庇护。个中缘由自然与法国重视文化事业,政府不太干涉艺术活动的传统相关,但显然也与高博爱等租界文化界首脑热爱亚洲文化,重视东西文化交流有着密切的关系。而且高博爱丰富的个人经历和与政府高官间的私人情谊也令他在各种势力交错的环境中游刃有余。1940 年代上海的著名导演之一胡导就曾经证言:"剧艺社之所以能在上海演出那么长时间,是因为在法租界找到了很多上层人士的社会关系。找到中法联谊社,等于找到了一个护身符。剧艺社一直用的中法联谊社的一个机构的名义。"②

值得重视的是,这些丰富多彩的中法文化交流活动在当时就受到各种媒体瞩目,如前所述,《申报》《时报》等中文媒体都不乏相关报道。而属法文协会所管的法文媒体,在高博爱及其同仁领导下,更是中外文化交流的重要园地。

(二)《法文上海日报》和法语电台

由于语言上的限制,当前的上海史研究对法语资料的考察严重缺失,有关《法文上海日报》的研究亦极少,李君益详细调查了创始人和最初两年的报纸,当为有关该报最早的研究论文。③ 笔者近年来关注该报,在李文的基础上对《法文

---

① 刘华:《三重视野下的中法剧艺学校》,马军、蒋杰主编:《上海法租界史研究》第 2 辑,上海社会科学院出版社 2017 年版,第 187—192 页。
② 邵迎建:《抗日战争时期上海话剧人访谈录》,秀威资讯科技 2011 年版,第 6 页。
③ 李君益:《黄德乐时期的〈法文上海日报〉(1927—1929)》,硕士学位论文,上海师范大学,2014 年。

上海日报》的概况和特征做了梳理,证实这份报纸不仅是研究战时中国和上海的史料宝库,也是回溯上海法租界社会文化史的窗口,其视野开阔、丰富多彩的文化栏目还向读者提供了一个关注亚洲文化的平台。① 而其之所以能在租界众多的面向本国侨民的外国媒体中独树一帜,离不开高博爱的法文协会和中法联谊会的大力支持,很多内容本身即是协会和联谊会的活动成果,执笔者大多是中法联谊会的中坚会员,也不乏中国作家。目前能够确认的有中法联谊会秘书长冯执中(法文名 C. H. Fong)、著名法国文学翻译家傅雷(1908—1966,字怒安,法文名 Fou Nou-En)和徐仲年等人。徐为中法联谊会始创会员之一,1934 年年底当选为候补董事,同时也是南京中法友谊会成员。他是沪宁地区中法文化交流的中心人物,双向翻译介绍了大量中法文学作品,是 20 世纪三四十年代活跃于上海的著名法国文学家,但因 1957 年被错划为右派而常年湮没。②

  撰稿人中也不乏法国女性,徐仲年的法国妻子 Suzanne Roubertie (1903—?,中文名胡书珊)为法文报编辑和记者,撰写了一系列介绍中国美术、影剧和社会风情的文章。主持法文电台的里维埃也是法文报的主要撰稿人之一,就中国音乐、美术和影剧方面发表了许多精彩的专论。徐仲年在小说中曾言及"法文「上海日报」(Le Journal de Shanghai)派了一位女记者,——这位记者的丈夫也是中国人,姓赵",③应该指法籍女性 Renée Tchao,中文名赵和来,具体经历不详,1950 年仍为法国体育总会董事。④ 她不仅是法文报主要撰稿人之一,发表了许多介绍中国文化的文章,同时也常常负责撰写法文协会的年度总结。若细细探究,相信能发现更多出自中国文人或法国妻子或丈夫之手的文章。

  高博爱本人则是《法文上海日报》创始期的公司经理之一。如前所述,他也是自 1929 年 10 月起持续了十多年的乐评专栏"上海的音乐"的固定撰稿人,每周对工部局交响乐队的周日音乐会做专业评述,同时还努力介绍传播西方音乐,关注并大力扶持中国传统音乐,为启蒙传播西方音乐,促进东西方音乐交流付出了极大的努力。

  可以说,《法文上海日报》对中国文化艺术的理解和书写,远远超越了一般深具殖民主义意识的外国侨民社团居高临下或隔靴搔痒的趣味性观感,而且即使

---

① 赵怡:《研究上海法租界史不可或缺的史料宝库——〈法文上海日报〉(Le Journal de Shanghai, 1927-1945)》,马军、蒋杰主编:《上海法租界史研究》第 2 辑,上海社会科学院出版社 2017 年版,第 3—26 页。
② 有关徐仲年的业绩请参徐大荧:《中法文化交流先驱徐仲年教授简介及作品目录》,载马军、蒋杰主编:《上海法租界史研究》第 3 辑,上海社会科学院出版社 2020 年版,第 128—160 页。
③ 徐仲年:《彼美人兮》,前揭第 208 页。
④ 《法国体育总会职工、董事会等名单》,1949 年,T173-19-76,上海市档案馆藏。

与《申报》和《良友》画报等中文报刊相比也毫不逊色,甚至更加专业。追究其理由,显然与其拥有一批出色的中法撰稿人密切相关,而将他们紧密联系在一起的,显然是高博爱和他的中法同仁们组织的法文协会和中法联谊会。渗透于日常生活,甚至夫妻生活中的密切交流,自然令他们之间的理解日益加深。而且这种理解绝不是单向的,高博爱竭力追求的相互理解,我们可以从法文报上刊载的很多文章的字里行间领略感受得到。虽然法文报的倾向和观点相对自由,左中右或正反两面的报道都存在,但在文化方面可谓一视同仁,对艺术不分国界顶礼膜拜的价值观似乎是撰稿者的一种共性。无论和平还是战时,对艺术的评价不受政治的侵扰,这也是当时发行的各种外文报纸中少见的。尤其相比于充斥战争喧嚣的日文报刊和日军控制下的《申报》之类的无骨中文媒体,法文报堪称自由清新。这份发行量不到两千的法文报纸在当时的上海以至全国的文化界中所起到的作用,实在不可小觑。

上海法文协会拥有的媒体不仅有报纸,还有法文电台,1932 年 8 月 15 日开始播音,呼号 FFZ,发射功率 250 瓦,频率 1 290 千赫(后改为 1 400 千赫),开始主要播放时事新闻和法语教学节目。1933 年 7 月 14 日加入了晚间音乐节目,主要重播公共租界的美国台西华美 XMHA 的节目。淞沪战争期间电台停播了近两个月,之后加入了战争报道。1938 年 2 月电台更名为《艺术与文化》(Art et Culture),文化报道的力度大增。1939 年设备更新后播音范围遍及远东各地。1939 年法国参战后,电台节目重新组合,加大了日常新闻的播送频率,并使用英法两种语言,后又加进了汉语、德语和俄语,共使用 5 种语言。而且汉语还分北方官话和粤语,播放上海当地新闻时还使用上海方言,开放性可见一斑。[①]

《法文上海日报》几乎每天刊载电台的节目预告,从中我们可以看到除了日常的新闻时事之外,文艺音乐节目占据了重要位置。有定期的法语和中文讲座,各种介绍中国、日本等亚洲文化的访谈节目,而音乐节目尤其丰富多彩。电台不仅定期播放工部局乐队的周日音乐会和各种西方音乐演奏会的录音及上海俄罗斯芭蕾舞团的节目,还经常播放中国、日本及东南亚各国的传统和流行音乐,对各国的文学文化也时有介绍。这个电台的宗旨显然与《法文上海日报》相类似,致力于传播东西方文化,在文化交流上充当了相当重要的角色。

自 1935 年起担任法文电台台长的是克洛德·里维埃(Claude Rivière),对其身世向来所知甚少。经笔者调查,目前已知她本名"Alice Beulin",出生于波

---

① 参见上海市地方志办公室通志《民国时期地方电台》,FFZ Art et culture, la radio de la concession française de Shanghaï, http://www.radiotsf.fr/ffz-art-et-culture-la-radio-de-la-concession-francaise-de-shanghai/等。

兰华沙,在法国接受教育,拥有索尔邦大学的文学硕士学位,而且先后在美国担任记者和大学教授,1923 年移居夏威夷,与当地人一起组织民间舞蹈团体赴亚洲各地演出。1935 年里维埃带领舞蹈团赴上海访问演出,大获成功,从此定居上海,并担任法语电台的台长和主播。[①] 里维埃也是法文报的主要撰稿人之一,发表了许多描述中国和东南亚文化艺术的长篇报道,文笔优美激情。她对文学、美术、音乐各方面都有极高的造诣,对亚洲文化尤为钟情。法文电台在她的主持下成为展现东西方文化艺术的重要园地。她还在每天的播音里加入了由她自己主持的文化漫谈节目,并增添了女性专栏,1944 年 10 月 8 日就介绍了花木兰的故事。里维埃也经常为访问上海的各国文化人士作向导,并邀请他们参加电台的嘉宾访谈节目。显然里维埃与高博爱在价值观上十分合拍,均为法租界中法文化交流的中心人物。(图 8)

图 8 《法文协会电台》。左一为冯执中,右二和中间分别为里维埃和高博爱
Le Journal de Shanghai, le 17 mai 1936, p.6.

[①] Mme. Claude Rivière et ses danseurs hawaiens sont revenus à Shanghai, le 28 april 1935, p.12; F. Ch. Morant, Dans les mers du Sud: un entretien avec Mme. Claude Rivière, le 26 mai 1935, p.5, pp.10-11; Claude Rivière, *En Chine avec Teilhard, 1938-1944*, Editions du Seuil, Paris, 1968.

如前所述,法文协会和中法联谊会不仅频繁举办各种文化交流活动,还与震旦大学、法国公学、中法工商学院等法语教学机构,以及西湖国立美专、上海美专、国立音专、文艺茶话会等中国艺术机构和组织互通往来。不仅如此,他们与北京中法大学和里昂中法大学,以及巴黎中国研究院也都有着紧密的联系,法国文人们频繁来华,中国文人和法国侨民们频繁赴欧,互通有无。而这些丰富多彩的文化交流活动,用中法双语译介和创作的各种文学作品,又通过《申报》《文艺茶话》《法文上海日报》和《北京政闻报》等中法双语的各种报刊,以及法语电台传播到各地,形成了一种极其开放的交流渠道。而且不啻上海,南京、北京,以及巴黎、比利时、瑞士各地都有了类似的联谊会组织,成为各地中法(语)学人交流往来的平台。这些组织还相互交流,形成了一张高层参加、多点辐射、贯通世界各地的文化交流网络,而上海可以说成为了这张网络的中心。

1941年12月太平洋战争爆发后,《字林西报》等主要英文报被迫停刊。基于维希政府与日本当局的良好关系,《法文上海日报》得以继续发行,虽然也受到日方压力,但还是提供了许多相对中立的信息。这恐怕也与法租界部分人士积极参与"自由法国"运动,租界当局对其采取容忍态度不无关系。而高博爱即是主要成员之一。他也是法租界义勇团团长,这个年轻时参加过第一次世界大战,并为之付出右臂的老兵,第二次世界大战期间也相当活跃。[①](图9)

图9 高博爱一家参加在法国俱乐部举行的援助法军晚宴
后排右手为俄裔夫人,前面女孩为夫人与前夫所生。Le Journal de Shanghai, le 29 février 1940, p.4.

---

① 参照蒋杰:《"自由法国"运动在上海(1940—1942)》,《史林》2016年5月,第1—16页。

五、抗战胜利后的活动

(一) 创办《法文上海日报》的后续报刊

法租界返还后高博爱转任法国大使馆文化参赞,具体活动尚不明了,从《申报》中可撷取一二动向:1946年12月22日(周日)下午3时,"在南京路大新公司'五层楼酒家'举行胜利后第九次文艺茶话会,欢迎新自巴黎回申之法国大使馆文化专员高博爱(Mr. Grosbois),报告最近法国文化界动态,请徐仲年先生翻译"。1948年5月16日上午"十时,上海作家协会及上海青年馆合办之《当代世界概况》,在青年馆请法国大使馆文化处处长高博爱(Grosbois)主讲《当代法国概况》,由徐仲年口译"。紧接着5月28日又能看到"法文协会在南昌路该会举行音乐演奏会,先由高博爱讲演二位作曲家的历史"等叙述。1947年1月8日《申报》上则有Claude Roche(巴黎大学文学硕士)来华主持上海法文协会和法国公学的消息,当为高博爱的继任。

徐仲年在抗战期间随中央大学内迁重庆,1946年重返南京,但仍如战前一样将家安在上海,每周往返于沪宁教书,同时积极参与文艺活动和中法文化交流,既是重新恢复活动的文艺茶话会主办者之一,也是新成立的上海作家协会理事,身兼数职还大量发表长篇小说和文学翻译作品,同时主持《申报》文艺栏目,精力过人。而他与高博爱的交流显然也日益加深。同样由后方回到上海的梅兰芳、林风眠等著名文艺人士也重登上海的艺术舞台,有关他们的消息也重新出现在了法文报上。

抗战胜利后《字林西报》等各大英文报纷纷复刊,但《法文上海日报》没有复刊,取而代之的是1945年9月16日创办的《中法日报》(Le Courrier de Chine)。有关这份报纸,布罗索莱在《上海的法国人》中提到创刊者是高博爱、Pignol和Pontet,创刊号只有一页,售价却达1 000元!内战开始后法国侨民逐渐离开中国,报纸订数减至800份。1947年初从日报转为周报,最终于1949年停刊。[①]笔者之前也沿用此说法,但查阅徐家汇藏书楼所藏原纸和上海档案馆相关档案后,发现该说有误,现订正补充如下:《中法日报》于1945年9月16日创办发行,版面构成与《法文上海日报》相仿。创刊号是一张两页,首页中间是戴高乐将军的照片,下面是牺牲于第二次世界大战中的上海法侨从军人员名单以及悼念文章,左面是Roger Pignol的社论:《走向新法兰西》(Ver une France nouvelle),右面刊登了高博爱的长篇文章《中法日报》(Le Courrier de Chine,转第2页)。

---

① Guy Brossollet, *Les Français de Shanghai*, 1849–1949, p.219.

高博爱在文中批判《法文上海日报》自1940年5月法国沦陷后失去独立性,成为维希政府的宣传喉舌。但他也言及了法文报虽然受到日方压力,仍极力保持中立的态度。高博爱还展望了战后的中法关系,相信中法关系会更加紧密牢固,并以"我们的中国同盟者和友人一定会理解我们"作结。

创刊号还刊载了上海"自由法国"负责人蓬泰(M. R. Pontet)的采访记,这也许是布罗索莱认定这份报纸为这三人所创的理由。但据上海档案馆所藏1946年2月8日《中法日报社申请登记表》,该报为日刊,宗旨是"报道在华法人,促进中法友谊"。发行人为中国金融界人士汪代玺(Dr. Wang Tai Shi,45岁),主编为法国记者Le Palud(37岁),他是《法文上海日报》主要撰稿人之一[1]。资金来源自中法日报社,由中法合办。发行数量700份。报社仍在公馆马路23号《法文上海日报》原址。而且这年6月报社被指控未向上海市政府申请登记,属非法发行,险被取缔[2]。随着内战开始法侨逐渐离开上海,《中法日报》难以维持,只发行了一年多,至1946年底终刊。

1947年1月5日报纸缩小纸幅并转为周报,更名为《中法周报》继续发行。法语报名与前相仿,只去掉冠词Le,成为 Courrier de Chine,附以副题 L'Hebdomadaire Français en Extrême-Orient(远东法文周报),于每周日发行。但仅发行22期,于同年6月1日(周日)终刊。终刊号社论告知读者终刊理由是法侨减少,而广播和通讯事业日益发达,获知欧洲的时事新闻较以前容易,发行法文报纸的需求大大降低。

但法文报并未就此消亡。三周后《法文周刊》(Bulletin Français Hebdomadaire),以杂志形式于6月22日周六发行。最初的15期(至9月27日周六)除广告页外居然是靠打字机打印的,纸质也极为低劣。但即使如此内容也不乏文艺报道,并设有中国古典诗歌专栏,翻译李白等人的作品。进入10月后杂志社似乎找到了新财源,恢复了正常印刷,纸质和广告都有了很大改观。据上海档案馆所藏9月2日登记申请书,可知原发行人(主编)为越南人阮文珦,为前法租界警务处秘书及《中法日报》秘书,高中学历。现发行人(主编)为上海法商董事法诺(Pierre Fano),毕业于巴黎法政大学。报社仍在金陵东路(原公馆马路)23号原址,资本金居然达2.88亿元,当时通货膨胀之严重略见一斑。印刷地点为土山湾印刷所[3]。从此《法文周刊》以杂志形式每周六出版,同年11月3日第20期起出版日改为周一,至1949年9月27日中华人民共和国成立前夕终刊。杂志期号按发

---

[1] Le Courrier de Chine, le 16 septembre 1945, pp.1-2.
[2] 上海市档案馆馆藏档案,Q6-12-22。
[3] 上海市档案馆馆藏档案,G6-12-70。

行时期计算，自创刊日1947年6月22日—1949年6月27日每年发行52期，1949年7月4日起为第3年第1期，只发行了13期。总计发行期间为2年3个月，共发行117期。(图10)

图10　上海图书馆所藏《中法周报》创刊号与《法文周报》法国国庆特辑

《法文上海日报》的这三种后续报刊原纸均收藏于上海图书馆徐家汇藏书楼，长期以来几乎不为人知，但为我们了解内战和新旧政权交替时期的上海法侨社会提供了许多珍贵的史料。而且它们秉承了《法文上海日报》关注亚洲和本埠新闻，同时重视文化艺术的特征，刊载了许多法文协会举办各种音乐会、文学讲座和美术展览的信息。

高博爱与这三份后续报刊的关系详情目前尚不明确了。他并非发行人或主编，但是创始者之一，也经常发表重要文章，其《上海的音乐》专栏虽不定期，也时有刊载。可以推断他对这些后续报刊如之前一样起到了相当重要的作用，而此时他在法侨社会的声誉也是如日中天。

(二) 法侨社会的高度评价

1946年3月《中法日报》刊载了署名P. G.的文章，详细介绍了昨日离沪回法度假数月的高博爱生平。作者高度评价了高博爱为上海法租界的行政管理和教育文化活动所作出的卓越贡献和领袖作用。文中介绍高博爱第一次世界大战后作为公董局学校校长来到上海，短短几年就将这所不起眼的初等教育学校打造成可与大都市所有一流学校相媲美的、充满活力的教育机构，并使该校法国学生可以接受与祖国同等的教育并获得同样的文凭，外国学生则可以接受相当扎实的法语教育。作者指出高博爱积极的未来志向和独创能力令其在指导法租界教育事业中成果卓著。1933年起高博爱同时担任法租界教育处处长，新创设了一批有利于法国和各国侨民以及租界中国居民的教育设施，为在租界和中国教育界努力传播法国文化，推广法语教育付出了不懈努力。作者还介绍高博爱作为中国法文协会会长，也使上海和全国各地的分会都有了长足的发展，遗憾的是这些事业均被战争所中断。同时他也将法语电台改造成一个法国文学艺术的传播中心，并成立了中法联谊会，为中法文化交流铺设了一个极好的平台。

　　作者还赞赏高博爱既有高度的组织和工作能力，也是生活艺术的享受者。称其不仅具有极高的音乐素养和演奏才能，也为法租界音乐界付出了巨大的贡献。他介绍高博爱是工部局乐队委员会委员，同时也是好几个音乐团体的成员，包括最近刚解散的"音乐之友"。他也经常在法文协会组织音乐会，而且常与钢琴家夫人一起登台演奏。作者尤其赞扬高博爱为之努力的绝不局限于弘扬法国艺术，出于对全人类文化艺术的热爱，他也积极支持其他国家的文学艺术活动。比如对二十多年来活跃在上海戏剧舞台上的俄国戏剧（笔者按：当指上海俄罗斯芭蕾舞团和轻歌剧团）就贡献巨大，在精神上财政上都给予了极大支持。

　　该文作者还提到了高博爱在战时的活动。战争令他的教育和艺术事业受到限制，他将更多的精力投向了政治。巴黎沦陷后，作为热烈的爱国主义者和现实主义者，他在自由法国成立伊始即加入，并始终是个热血分子。作者最后告知读者高博爱将回法国度假，但几周后就会回到他已经为之服务了漫长岁月的地球另一端的这个国度，同时衷心祝福高博爱和夫人旅途愉快并尽情享受法国生活。[①]

　　这篇文章可谓对高博爱27年旅沪生活的一个极好总结。作为法文协会中国分会的会长，他的主要任务当然是推广实施法语教育，传播法国文化。但是他的思想根底与一般西方殖民主义者有着本质上的区别。那就是将法国文化与各国文化放在同等的位置上，爱国不排斥爱人类。正是这种崇高的理念，令他积极组织参与中国勤工俭学会的工作，创设中法联谊会。高博爱也积极赞助俄罗斯侨民的艺术，对俄裔音乐家也表现了极大的热诚和支持，他与俄裔夫人的情缘应该也与之密切相关。同样对战时来上海访问的日本音乐家的出色表演，他也给予了公正的评价。[②] 这种将艺术与政治分开，不从属于权力的态度，令高博爱在各个时期都能在中外艺术家心目中享有一席之地。

---

　　① P. G., M. Ch. Grosbois est parti pour la France en congé, *Le Courrier de Chine*, le 29 mars 1947, p.4.
　　② 有关高博爱和上海俄罗斯芭蕾舞团，请参照井口淳子：《亡命者たちの楽壇——租界の音楽とバレエ》，东京音乐之友社2019年版。

(三) 新旧政权交替之际

如前所述，高博爱来华之初即与国共两党的高层人物交往甚多，而参加自由法国，与中国友人一起抗击法西斯的经历，更加深了他与中国友人的相互理解与友谊。1946 年《中华民国宪法》公布并实施，翌年为庆祝双十节上海各中外媒体都设置了专辑，《法文周刊》也不例外。1947 年 10 月 11 日 (周六) 第 17 期专辑的卷首文即是高博爱以法国领事馆文化参赞身份所撰写的《双十节》一文，详细叙说了辛亥革命的经过，并言及同盟会中有许多女性革命家，包括为革命献身的秋瑾女士。高博爱对中国近现代史相当熟悉，对孙文以及国民党迄今为止领导中国走向民主自由的业绩也十分赞赏。他还指出中国革命家们学习继承了孟德斯鸠的思想，并在引述了其有关民主政治的许多精髓言论后指出：

> 今天，在中国，我们庆祝大众的胜利并祝双十节快乐，因为它是一个自由的象征，也因为它的历史，正如刚才我们飞快回顾的，已历经千难万险，如今让人相信定会迎来一个新的和更美好的世界。中国已在掌握世界未来命运的大国中占有一席之地，而且将以她的博大、睿智、宽容和公正精神来维持这个地位。①

我们不能不感谢这个法国人对中国拥有如此美好的情怀和深切的期待，同时也不得不为之后的历史辜负了他的期待很快陷入内战而唏嘘。翌年双十节高博爱又在《法文周刊》上发表了题为《十月十日》的社论，较之前文更为详尽地回顾了辛亥革命的历史，以动人的笔触描述了为之献身的秋瑾和徐锡麟等人的事迹。他借亲历过革命的友人之口指出，相比革命进行期间，前期的准备阶段与后期的保持成果阶段更为艰难，并如此结尾：

> 中国曾经是个伟大的国家，相信她今后也一定会成为一个伟大的国家。我们所能做的，就是相信其命运。身怀信念，为其献身，付诸行动。②

跟一年前的文章相比，高博爱的失望之情溢于言表。封面上印有身穿军服的蒋介石肖像的这份杂志，宛然已成为国民政府的一曲挽歌。

1949 年 10 月 1 日中华人民共和国成立后，绝大多数西方侨民离开了上海，高博爱不仅留了下来，还发表了一系列介绍新中国的长篇论文。京都大学图书

---

① Charles Grosbois, Double Dix, *Bulletin Français Hebdomadaire*, le 11 octobre 1947, p.8.
② Charles Grosbois, Dix Octobre, *Bulletin Français Hebdomadaire*, le 11 octobre 1948, p.8.

馆藏有他所著《新民主主义的中国》(*La Chine en nouvelle démocratie*，Roma：Istituto Italiano Per Il Medio ed Estremo Oriente,1954)，全面介绍了新中国的政治、社会、经济、教育和文化各方面的近况，强调中国已进入一个新纪元，总体上对新政府抱支持态度。在战后世界陷入冷战格局，欧美各国对共产主义思潮全面围剿的时期，高博爱却表现出对社会主义理想的首肯。不过其战后在中国生活的具体经历还有待调查。(图 11)

图 11　高博爱发表于 1947 年双十节的文章，以及《新民主主义的中国》

1951 年前后高博爱离开居住了多年的上海。之后他在国际 UNESCO 短期工作并访问了朝鲜半岛。1953 年赴日本京都担任关西日法学馆馆长。

六、从上海到京都

中日两国一衣带水，包括高博爱与里维埃在内，侨居上海的法国侨民经常利用假期访问日本，法文报对日本文化的介绍也占了相当大的比例。而法国在与中国展开文化合作事业时，日本也同在其视野所到之处。早在 1919 年里昂大学校长就曾受法国政府委托赴日访问，为在日本成立法日文化交流机构做准备，而这项工作由 1921 年出任驻日大使的诗人外交官克罗代尔(Paul Claudel，

1868—1955,也译克罗岱尔)完成。克罗代尔自 1895 年至 1909 年曾先后任法国驻上海和福州领事,北京法国使团首席秘书和天津领事,1921—1927 年转任驻日大使。在他的努力下 1924 年在东京成立了日法会馆(Maison franco-japonaise),3 年后又在京都设立了关西日法学馆(Institut franco-japonaise du kansaï)。关西日法学馆原址在京都北郊的九条山,交通不便,1936 年迁至京都帝国大学(现京都大学)对面,与东京日法会馆一起,分别成为日本关东和关西地区的日法文化交流中心。战争期间日法学馆也一直继续开课,直到 1945 年被作为军用工厂用地而征收,法国馆长和日本职员也被特高警察拘捕,受到严刑逼供。战后日法学馆重新开馆,音乐、文学、美术各层面的交流活动频繁举行。[①]

笔者认为高博爱积极创办中法联谊会,应该受到克罗代尔创办日法会馆和日法学馆之举的影响。《法文上海日报》上经常刊载克罗代尔的作品,对东京日法会馆和关西日法学馆均有长篇专题介绍(图 12)。笔者还确认到 1935 年东京

图 12 《法文上海日报》介绍京都关西日法学院竣工与东京日法会馆的周日特辑(部分)
Le Journal de Shanghai, le 16 juin 1936, p.6; le janvier 1937, p.5.

---

① 关西日法学馆的历史参照アルバム・クルーデル编集委员会『詩人大使ポール・クローデルと日本』,水声社,2018 年;宫本エィ子『関西日仏学館 75 年の軌跡』,收于关西日法学馆发行纪念册『関西日仏学館(1927—2003)』(非卖品),第 23—31 页;ミッシェル・ワッセルマン、立木康介:『京にフランスあり！アンスティチュフランセ関西(関西日仏学館)の草創期』(京都大学人文科学研究所,アンスティチュ・フランセ関西,2019 年 3 月)等。

日法会馆所藏期刊目录中包含有《北京政闻报》和《法文上海日报》,关西日法学馆也有订阅纪录。而京都大学至少在太平洋战争中的两年多订购了《法文上海日报》,保存完好至今。因此对于留在上海但失去了自由接触西方文化机会的高博爱来说,日本显然是个理想的去处。

目前关西日法学馆更名为"アンスティチュ・フランセ関西"(关西法语学院),法文名称为 Institut français du Japon-Kansai,属于法国政府在日本的文化机构,为教授法语、介绍留学信息和举办各种文化交流的场所,同时也是法国驻京都领事馆的所在地,馆长由领事兼任。京都大学教授立木康介研究小组正对馆史做全面考察,笔者有幸与他们合作,获得了许多一手资料现已查明,高博爱1953年任馆长,上任伊始即进行了诸多改革,将战后日学馆重新恢复了活力。1958年京都与巴黎结成姐妹都市时还作为巴黎市代表出席了缔结典礼,1959年离任时正是京都与巴黎的友好交流发展势头正旺的时期。高博爱在离开京都时的访谈中首先提及的就是这个话题。他非常高兴分属东西方文化中心的两个城市能携手合作,并希望相互间的交流不局限于文学艺术,更扩展到自然科学。他还提到这年在日法学馆学习后受法国政府邀请赴法留学的5名日本学生中,有3名攻读自然科学。高博爱对日本学生的评价也很高,认为他们学习很努力,也有自己的想法,但他也坦率地指出他们缺乏勇气,希望他们不要局限于自己的专业知识,能够有更开阔的视野和教养。在访谈中高博爱毫不掩饰自己对京都的热爱,并提到自己29年前曾从南到北周游过日本,当时就迷上了京都和奈良,本来计划待10天的,结果待了3周。高博爱深爱京都的传统文化和建筑,也十分享受京都的生活,视自己为京都市民,觉得和普通百姓一起坐在影剧院里时有种亲如家人的感觉。他也习惯了日本的取暖桌(コタツ)和泡澡,爱上了生鱼片和荞麦面,感叹京都已融入自己的生活。① (图13)

高博爱当时的学生,京都大学法文教授中川久定(1931—2017)则如下回忆:

> 那时我正读硕士,每周一次上午去听关西日法学馆馆长格罗博瓦的课。因为每次必有听写,判分又十分严格,最后只剩下我一个学生。然后到这学期结束的一个月里,除了周六周日两天以外,每天早上三小时,我接受先生一对一的讲课。在小教室里,先生只给我一本法文大词典,就让我写命题作文。记得题目中有《何为事实(fait)?》之类。第二天早上作文还给我,满是订

---

① 日本关西法语学院剪报:『今週登壇　関西日仏学館長シャルル・グロボワ氏:京都のパリの留学生交換　ぜひ軌道にのせてほしい』。所载报刊不明。

图 13　高博爱接受访谈的剪报,所载报刊不明。日本关西法语学院提供

正的红线。(中略)后来我想参加在东京日法会馆举办的法国政府公费留学考试,格罗博瓦先生给我写了推荐信,其中有如下文字:"中川是个具有独创精神(une forme d'esprit originale)的青年,我竭力(tout particulièrement)推荐。当时我28岁。①

不禁令人想起鲁迅的《藤野先生》。日本第二次世界大战后百废待兴,对大多数学生来说去法国留学并非易事。东京大学名誉教授、比较文学著名学者平川祐弘在听笔者讲述高博爱时,回忆自己当年报考法国公费留学面试时,5个主考官中有一个来自京都,右手装着假肢,显然就是高博爱,这实在也是一个奇缘。平川先生回忆高博爱有着军人姿态,对学生相当严厉,东京大学的学生中还谣传他偏爱京都大学的学生。

立木小组收集的资料中含有高博爱与京都市交涉,最终由法国政府付款收购日法学馆的建筑和用地的相关史料。这种做法很可能沿用了高博爱当年创设中法联谊会,并由公董局出资购买会所的手法。与京都大学正门只有一街之隔的这栋白色小楼,虽然与宏伟的法国公学大楼无法比拟,但比中法联谊会的小楼还是宽敞气派不少。围绕建筑物的是宽敞美丽的庭院,面对正门的墙上悬有大幅壁画,1936年由日本著名旅法画家藤田嗣治(1886—1968)为祝贺新馆落成特意创作。一、二层主要是教室和图书馆,三层有大厅,过去是馆长生活工作的场所,窗外是宽敞的晒台。高博爱与夫人将这里办成了一个文化沙龙,不时举办各

---

① 有关高博爱与关西日法学馆之关系详情,请参照赵怡:『上海フランス租界と関西日仏学館——第7代館長「高博愛」(Charles Grosbois)を中心に』,京都大学人文研究所『人文学報』第117号,2021年5月,第123—148页。https://repository.kulib.kyoto-u.ac.jp/dspace/handle/2433/264027。

种文艺活动和聚餐宴会，现存的芳名录留下了许多著名人士的笔迹。

学院图书馆还保存了近 3 000 册来自上海法文协会的图书，都注有号码并刻有法文协会的印章。而《法文上海日报》和后续报刊经常刊登法文协会图书馆获得新书的消息，并一一注以号码，最终数字在两万册以上。据说法文协会图书馆所藏法文书籍为东亚之最，但战后这些书籍的很大部分流散各地，显然其中相当一部分随着高博爱来到了京都，并保存完好。这些书籍多为文学作品，笔者发现其中最早的号码居然是 No.0002，为巴尔扎克的小说。而且东京日法会馆也同样收藏了许多来自上海法文协会的书籍。在一般人忙着转移财产的战乱年代，高博爱们所看重的却是纯粹的文学艺术，对他们来说这也许比身家性命更为重要。

高博爱还著有不少有关日本文化方面的论著和翻译，比如日本古典名著鸭长明所著《徒然草》和《方丈记》的法文译本（*Les Heures oisives*，与 Tomiko Yoshida 共译，1968 年），《长谷川等伯的艺术》（*Art de Tohaku Hasegawa*，1959），甚至还有详细介绍日本浮世绘春画的作品《春画：春之形象，论日本艺术中的官能表现形式》①。据说他也是最早从艺术角度研究浮世绘春画的学者之一。（图 14）

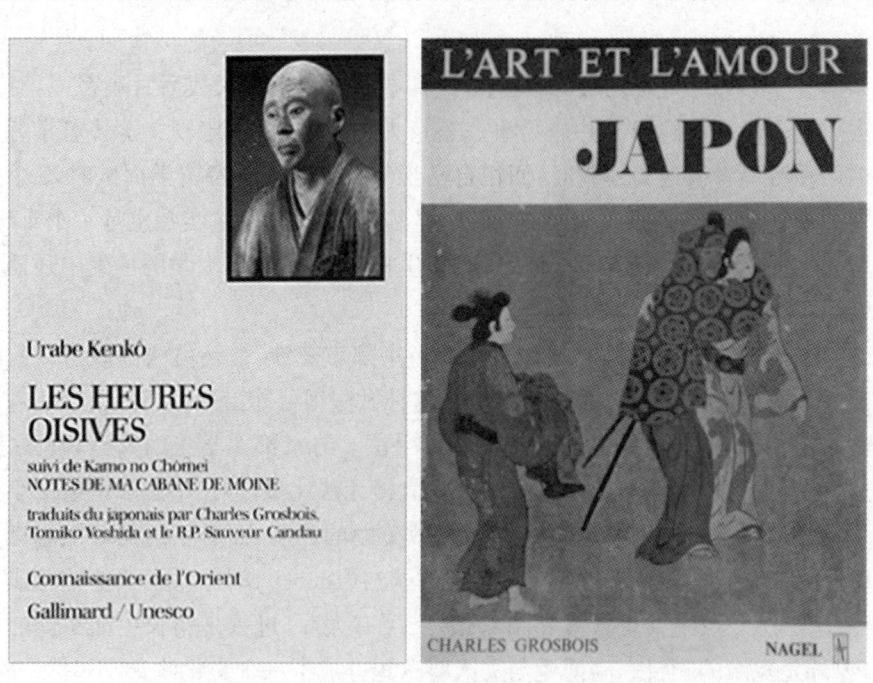

图 14 高博爱部分译介日本文学文化的作品

---

① *Shunga, images du printemps, essai sur les représentations érotiques dans l'art japonais*. Genève, Paris, Munich: Nagel, 1964. 后更名为《艺术与爱情，日本》（*L'art et L'amour, Japon*, 1976）再刊。

结　语

由于传记资料和外交史料的欠缺,目前还无法清晰描述高博爱的整个生涯。但仅凭本文所述,已能充分证实其为中法日文化交流所作的贡献。自1919年来沪,至1951年离开中国,1953年转赴日本,再至1959年回国,高博爱在中日两国整整度过了40载春秋。他初来上海即作为华法教育会代表为中国早期留法运动尽力,之后又积极创办中法联谊会,推进中法文化交流,晚年还将这种交流模式移到了日本。"高博爱"之名可谓名副其实。

（作者系日本关西学院大学教授）

屈从、抵抗与合作：抗战时期的上海法租界警察(1937—1946)[①]

[法]柯 蓉 著
江天岳 宋子玄 译
蒋 杰 校

本文旨在通过对抗战期间代表了屈从、抵抗和合作的三个主要人物的描写，来探讨战时法租界警察在上海的使命。三位代表性人物分别是：法租界警察的二号人物、第一个加入"自由法国"军队的饶伯泽(Robert Jobez)；旅沪法国酒商，也是"抵抗运动"在上海的领导人爱高(Roderick Égal)；法租界警务处"马龙特警队"(Brigade Spéciale)的领导人，负责向日方移送中国"抗日分子"的马龙(Pierre Maron)。他们的不同境遇反映时局的复杂性，也进一步凸显了屈从、抵抗与合作三者间的紧密联系。可以说，三者的界线是模糊不清、游移变化的。而三人不同的形象，也向我们展示了法国警察所必须肩负的各项职责，包括保证秩序与治安、打击"恐怖主义"、维持粮食供给、保护特定中国人士、保障公共卫生，乃至与在沪日军合作等。其中，集警察、戴高乐派抵抗者与外交官于一身的饶伯泽，突出反映了那个时代的风云变幻。饶伯泽的回忆录后由其夫人保管[②]，是本文所依赖的重要史料来源。其他保存在上海市档案馆、南特和巴黎的法国外交部档案馆以及文森城堡的法国国防部档案馆的档案，则可以补充爱高和马龙的生平事迹。[③]

导 言

1937年7月，中日间的全面战争还未让上海租界内的外侨太过忧虑。但两

---

① 该文曾提交2016年上海师范大学都市文化研究中心举办的"法租界与上海城市变迁国际学术研讨会"。
② 参看饶伯泽：《"三不管"与其他……》(San Buguan et ailleurs ...)，非正式出版物，1963年印刷，共259页。
③ 关于饶伯泽，亦可参考 Archives Police Paris/10 - 09 - 2013/Série KA/personnel/Dossiers de carrière (personnels nés entre 1798 - 1941)/Robert JOBEZ: KA123/99942。

年后,随着第二次世界大战的全面爆发,真正的威胁开始出现,同时也宣告了上海国际化地位的终结。8年间相继发生的冲突——日本的入侵、欧战与太平洋战争的爆发,都影响着中国、日本和其他国家在沪的警察组织。"孤岛"的环境为上海租界带来了一段相对繁荣的时期,但忙于世界大战的欧洲列强,无暇顾及上海的租界事务。所以,这群租界警察一方面必须与当地军事力量合作,保护界内居民的人身与财产安全;另一方面,他们自己成了母国的"弃子"。数以千计的难民大量涌入,使租界人口剧烈增长,而租界警察也必须承担多方面的任务,既要与军方合作维持秩序、保护租界,又要管理食品供给和卫生工作。一开始,战火只局限在公共租界苏州河以北地区(虹口和杨树浦),对法租界破坏较小。后来日军继续围城,并进攻上海南郊和老城厢。中国军队在作战过程中,有的向西撤退,有的在避入法租界后被解除武装并被限制行动。这也成为租界警察众多工作之外的又一任务。11月12日,上海沦陷。历时3个月的淞沪会战共造成中国方面10万—20万官兵伤亡,上海华界大部分地区化为焦土。短短几周内,大量难民涌入租界,界内居民人数也从170万激增至450万。租界内的警察、军人与各慈善团体纷纷动员起来,将这些难民安置在200多个收容所里,并给予照顾。上海的耶稣会士饶家驹(Jacquinot de Besange)神父曾参加第一次世界大战并留下伤残,他提出了一种巧妙的方法,在华界设立了一个日军不得占领的中立区,名为"南市难民区"(la Zone Jacquinot),疏解了25万左右难以进入租界的难民。①

一、从屈从到抵抗:以法租界警务处副总监饶伯泽为例

1933年1月,饶伯泽抵达上海,担任法租界安全与警察部门的副总监,以应对当地的复杂局面。就任后,他努力清除上海青帮对法租界警察的腐蚀渗透,并与法布尔上校(Louis Fabre)一起,成为社会秩序的主要维护者之一。他成了较早投奔戴高乐的代表之一。他的回忆录揭示了日本占领上海时期法国警察的首要任务:

> 自1937年12月起后,我们的行动都要以这个特别的目标为准绳,那就是阻止日本势力干涉我们的事务,侵入我们的租界。②

饶伯泽是战时上海维持秩序的代表性人物,后来又成为第一位加入"自由法

---

① 苏智良:《饶家驹与战时平民保护》,广西师范大学出版社2015年版。
② 参看饶伯泽:《"三不管"与其他……》,第229页。

军"的上海法租界警察。1938年6月26日—1939年2月27日他接替了法布尔的职务,担任上海法租界警务处的代理长官,因而成为日本占领时期裁决各项紧急措施的关键人物。法布尔回国休假期间,饶伯泽统领法租界警务处,下辖240名法国巡捕、2 800名中国巡捕,多名探员、秘书与其他类型的职员,还包括两个白俄连队、800名越南巡捕、两个连的志愿军和由欧洲各国侨民组成的250名特别警察。[①] 然而,到了1940年6月23日,饶伯泽却与其他26名追随他的警察一同决意辞职,把夫人与三个孩子留在上海——当时,各方对他进行慰留,或指出他作为一家之主,应尽到对膝下三个孩子和临产妻子的责任;或承诺法布尔很快将恢复原职,继续担任统领法租界警察的最高长官。但饶伯泽最终还是毅然离职,于7月14日搭上了从上海前往伦敦的最后一班轮船。

法租界警察、戴高乐支持者、外交工作者,多重角色集于饶伯泽一身——这是时代的产物,而时局又在外交事件的影响下不断变化。在天津(1925—1933)和上海从警15年后,饶伯泽在1940—1943年成为"抵抗运动"的一员,在位于靠近伦敦西郊"老迪恩"公地的"自由法国"安全局总部任职,负责戴高乐将军的安全保卫工作,隶属派西上校(Colonel Passy)辖下。后来,饶伯泽因遭同僚算计而去职,于1941年4月16日前往非洲的法属刚果,在那里改组"自由法国"的宣传与情报部门。同年6月,他又被指派参加"自由法军"在英属黄金海岸的任务,负责以阿克拉为中心、涵盖整个英属非洲地区的情报工作。在非期间,他同时负责戴高乐的政治宣传广播《"自由法国"军官对非洲同志们的谈话》。他还有幸与家人在非洲重聚,并在阿克拉迎来了又一个孩子的诞生。值得一提的是,他的夫人曾在上海主持过抵抗运动的广播节目,对丈夫自然倍加支持。后来,饶伯泽还被提名担任达喀尔警务部门负责人,但却因受到替英国工作、从事分裂活动的间谍指控,被军事法庭判以死刑,任命案也因此不了了之。幸而此时的中国向他伸出了援手:戴高乐派驻重庆的艾斯加拉将军(Escarra)和杜藤热上校(Tutenges)召唤饶伯泽到四川与之会合。

必须指出的是,饶伯泽曾跟着遣使会神父学习语言,因此他不仅能熟练运用汉语,也非常熟悉中国事务。1943年2月,他出任法国驻重庆军事代表团副团长。此后,在艾斯加拉将军的继任者顾亚发(Jacques Coiffard)和贝志高将军(Pechkoff)手下,[②]饶伯泽又被任命为法兰西民族解放委员会代表团的中国事务

---

① Récit de Jacques Prieux. *Quand la Chine s'ouvrait: la concession française de Shanghai*, Centre des Archives diplomatiques de la Courneuve (CADC), Asie-Océanie, 1944 - 1955, vol: 316 - à 320; Zhu Xiaoming, The Police of the French Concession in Shanghai (1910 - 1937).

② Nicole Bensacq-Tixier. *Dictionnaire biographique des diplomates et consuls en Chine*. Rennes: PU Rennes, 2013, pp.230 - 233.

顾问。派驻重庆期间,饶伯泽要求他的夫人像1940—1941年在上海和阿克拉时那样,继续通过广播从事"战斗法国"的宣传工作。可以说,饶伯泽终其一生,无论身为警察、抵抗运动的支持者抑或外交官,都表现得尽职尽责。1938—1939年,他还曾担任上海中法友好协会的会长。

1945年,饶伯泽被法国外交部亚洲司委派担任远东区一等翻译秘书,自此告别了自己的警官生涯。1946年,饶伯泽被任命为法国驻香港领事。虽然身为外交人员,然而他当时的工作,主要是给政府提供国共两党政治角力的最新进展。1949年,他完成了一篇30页的论文《蒋介石与共产党》(Chiang Kai-shek et les communistes),并通过了口试选拔,于1950年9月4日正式进入外交系统。1949年12月,他的夫人及孩子因健康原因被迫返回法国。50年代,他先后赴喀布尔和卡拉奇,担任法国驻当地使领馆的外交参赞。1957—1964年,在饶伯泽外交生涯的最后阶段,他出任法国驻西贡总领事和特命全权代表,在那里还邂逅了当年法布尔上校的越南裔秘书,后者已经在西贡的警察局任职。1964年8月,饶伯泽退休后便开始撰写回忆录。1979年,饶伯泽去世。

饶伯泽的警察生涯可谓成就卓著,但他起初并不怎么熟悉这个职业。17岁时,他成为孤儿,随即投入军旅,服役4年后,可选择到军队以外的其他行政单位任职,例如邮政、灯塔部门或警务工作。他最终选择了巴黎警察局,1921—1925年在那里担任见习警察后,正式成为司法警官编制下的一名警探,编号为3951。

图1　饶伯泽

图片来源:巴黎警察档案馆,2013年9月10日查阅,KA类、个人职务案卷(1798—1941年间生人),饶伯泽:KA123/99942。

1923年,他被划入特警队,担任巴黎警察局长的副秘书。他的回忆录经常提及这段见习期的经历。当时法国为要在天津法租界新设的安全部门选拔一名警探,饶伯泽也有幸结识了回国负责竞聘考试的法布尔。他主动表达了对此职缺的意愿,并于1925年1月25日在天津法租界的安全部门正式就任,成为那里第一位真正的便衣警察。他不但是法租界安全股的警探,也负责本部门的一些其他事务。1928年1月1日,饶伯泽被拔擢为巡捕房安全部门负责人。正如我们所知的那样,在巡捕房工作的,通常都是复员军人或海员。因此,对他的任命标志着法国警察制度在中国的专业化发展。饶伯泽在天津设立罪犯档案侦缉处,组织培训课程,还推动开展法律咨询服务(并出版刊物)。天津当地帮会、共产党以及日本人的恐怖组织,皆是他打击的对象(参见巴黎警察档案馆相关文献)。其回忆录以《"三不管"与其他……》为题,恰如其分地反映了正处于职业见习期的饶伯泽在中国天津这个三方势力竞逐之地的经历。饶伯泽曾向一位遣使会的神父学习过中文。1931年,他利用回法休假的机会,通过了法国国立东方语言文化学院的考试,并在34名应试者中名列榜首。1932年,他升任天津巡捕房的副总监;次年,成为政治及安全部门重组后的警务处副长官。

饶伯泽上任后的当务之急,便是打击各种犯罪行为。他再次致力于改进罪犯档案侦缉处的工作,建立一个翻译中国法律条文的部门。他还十分注重向法国籍和当地的警察传授自身的任职经验,并为此撰写了适合警察专业的研究著作和教程。作为《近代中国法律》(le droit chinois moderne)丛书的联合创始人,他不但撰写了十几篇文章,还以祖母的姓氏罗伯特·玛尼诺(Robert Magnenoz)为笔名出版了多本著作,如《中国公文格式之考》(L'expertise en écriture des documents chinois,1930年出版,1939年再版)、《中国的共产主义尝试:从孔子到新民主主义》(L'expérience communiste en Chine: de Confucius à la Nouvelle Démocratie,1954年出版)和《优秀探员指南》(中文书籍)。此外,他还负责特警的指挥工作,在租界戒严时期维持界内的社会治安。

饶伯泽的回忆录不仅展现了他与中国不期而遇的传奇命运,也勾勒出政治派别角力和帝国主义争锋的大背景下天津和上海警察群体的形象。这份回忆录还表明,当时的上海确有法国抵抗组织存在,饶伯泽的夫人泰蕾思(Thérèse)即以英国电台雇员的身份,负责播送"法国永生"这个抵抗组织的信息。[①] 最后,这份回忆录手稿带出了日本占领时期上海警界的另一个重要角色——著名的马龙特警队。

---

① *Revue de la France Libre*,N°126,juin 1960.

二、法国抵抗运动在上海：爱高与"法国永生"运动①

1939 年年底,日本虽已占领了中国一半的领土,但仍然不敢进攻外国租界。六个月后,也就是 1940 年 6 月,法德双方签署停战协定后,贝当元帅成为维希政府的领导人,而戴高乐将军则飞往伦敦继续抵抗运动。此时的上海法租界,罗兰·马杰礼(Roland de Margérie)以总领事的身份掌控着局面。尽管他和戴高乐将军的友谊众所皆知,但他仍与当时上海的大部分法国人一样,选择效忠向他发布任命令的维希政府。或出于政治信念,或害怕被报复,又受到利益诱惑,抑或是出于对凡尔登老兵的敬重：不论出于何种原因,大部分人选择了屈从,站在了贝当元帅政府一边。当然,也有少数人公开支持戴高乐派的观点,爱高即是其中之一。爱高是一名葡萄酒和酒精饮料批发商。参加过第一次世界大战、获得过荣誉勋章的经历,让他在上海滩颇有名望。1940 年 6 月 18 日,当戴高乐的《告法国人民书》远传至中国时,爱高自然也不会无动于衷。

1940 年 6 月 22 日,在法租界警察总会举行了一场法国侨民的集会。这次集会由上海的"法国参战军人会"所发起。不久后,与会者向巴黎方面发了一封电报,表示："上海的法国侨民都对法国的将来抱有无比的信心,祝愿两大帝国间保持紧密的同盟关系,以继续维护两国公民和财产的安全。"

无独有偶,这场集会举办的 6 月 22 日,正是法德在贡比涅森林签署停战协定的日子。同日,戴高乐将军宣布成立"法兰西民族委员会"(Comité National Français),站在英国一边,继续同纳粹德国抗争。消息传至上海,法租界一度陷入了惊愕与恐慌的气氛中,但租界的外交和领事官员与众多法国侨民都选择步印度支那地区的后尘,即刻归附贝当元帅的傀儡政府；而另一群义愤填膺的爱国主义者不愿承认失败,转而支持戴高乐将军领导的抵抗运动。同年 8 月初,在"法国参战军人会"会长爱高的倡议下,上海的法国老兵在法国总会再次举行会议,决定成立一个反对停战协定、致力解放事业的组织,名为"法国永生"。这个组织的成员多为爱高周围的人,他本人是戴高乐将军的追随者,其他成员则多来自经济界,例如中法工商银行的经理、一位叫雷诺(Raynaud)的记者、在租界教育处担任督学的高博爱(Grosbois)、不动产金融家步维贤(Bouvier)以及饶伯泽夫人等人。其办公室起初设在江苏路上,后于 1941 年 2 月迁至北京路。其活动

---

① «France Quand Même», Comité Français Libre de Chine, *Revue de la France Libre*, N°35, février 1951. Véronique Saunier, «Roderick Egal, gaulliste de la première heure et incorruptible», in *Le souvenir français de Chine*, Bulletin N°40.

分为三大主轴：政治宣传、志愿军征募与募捐以及资金调拨。该组织还下设两个特别小组，负责情报搜集与秘密侦查等工作。

政治宣传：主要通过发行《法国永生公报》和广播节目实现，由高博爱本人领衔负责。《法国永生公报》每周出版一期，发行范围包括中国的许多城市以及香港、越南、日本。高博爱是该报的主要组织者和撰稿人，勒帕吕（Le Pallud）医生也为此贡献颇多。

广播放送：最先通过英国 X.C.D.N. 电台播出"民主之声"（*la voix de la démocratie*）节目，每天午、晚间各播出一次。自 1940 年 11 月 26 日开始，该节目也通过美国 X.M.H.A. 电台播放。饶伯泽夫人就是其中一位出色的主持人。此外，还有每日播出的节目"法兰西一如既往"（*France Toujours*）和每周节目《法国万岁》（Vive la France），用以号召更多的志愿军战士团结到戴高乐周围。

"自由法国"志愿军的启程：这批前往投奔戴高乐的志愿军包括 52 位租界侨民，103 位商船水手和 84 位来自印度支那的外籍军团士兵，总共 239 人，其中有 26 人是租界的警察。他们全部从上海出发，由爱高和雷诺负责指挥，而这次启程行动也可谓困难重重、险象环生。水手的离去激怒了雷诺·德圣乔治少校（Ruynaud de Saint-Georges），后者下令要逮捕爱高。此外，这一行动还面临着许多具体的困难，如路费的筹措，平民服装的购置，求助英国使馆安排体检，寻找行前安全可靠的安置地点，掩运行李，等等。默尼耶在虹桥的住所就曾成功地掩护过杰勒（Jehl）和专门负责志愿军行李的梅（May）等人，特警指挥艾立克·达维斯（Eric Davies）、瑞士百老汇餐馆老板乔治·古勒（Georges Guhl）等外国友人也纷纷施以援手。启程所需经费来自参战军人会会员每月的捐款。在占领与战争的状态下，检举告密、污蔑诽谤之事始终充斥其间。征募志愿军的行动被当时的法国维希政府视若眼中钉，除了引起法租界当局和租界警察系统的反弹，也遭到维希政府的陆军和海军部门的强烈反对。

自 1940 年 10 月起，爱高与法租界当局的矛盾纠纷开始浮现。1941 年 4 月 5 日清晨 6 点半，白朗夏（Blanchard）中尉、德博弗（de Beaufort）中尉奉"安邺"号舰长（Francis Garnier）雷诺·德圣乔治少校的命令，带着一群水兵前往爱高的住所——克莱门公寓，逮捕爱高后将他带上军舰，后由"金迪雅"号押往西贡。情急之下，他的证件被转送到了英国大使馆，英国海军也试图拦截检查"金迪雅"号，但没有成功。爱高被送上了法庭，继而又在英国人对印度支那实施经济制裁的压力下获释。1941 年 12 月 8 日，他又在香港被日本人拘捕，关押在军营中。

当时身在上海的法国人中，或真心，或违心，大部分都表示支持维希政府；然而，爱高这位葡萄酒商人却选择了与饶伯泽同样的道路，第一时间成为一名抵抗者,并在法租界负责组织支持戴高乐将军的运动。

爱高毫不犹豫地抵押个人财产,用以为志愿军启程行动提供后勤上的资金保障。他是当时法国在上海商贸界的众多代表人物之一,辖下的爱高洋行主营法国葡萄酒和其他烈酒,兼营法国西南部他故乡的特产,可谓生意兴隆;同时,他还代理经销欧莱雅及卢浮宫百货(Grands Magasins du Louvre)的商品,名下的上海巴黎百货公司(Grands magasins de Paris-Shanghai)则经销男女服装,店面位于霞飞路709号和447号的热门地段。1922年2月,爱高与一位名叫玛格丽特·安杰雷(Marguerite Angelé)的姑娘在上海结婚。这位姑娘来自法国西南区的一个农民家庭,20岁时带着毕业证书——她唯一的行李,只身一人来到上海,在法国公学(Collège Français)担任英语老师。

导致爱高被捕入狱的直接原因,并非他那些政治宣传和抵抗活动,而完全是由于当时充塞各报头版的另一起事件。1941年春,法舰"安邺"号在上海停泊,舰上官兵原本有意投向戴高乐将军,却因1940年7月13日发生于阿尔及利亚奥兰湾在的"麦尔斯—埃尔—克比尔"(Mers-el-Kébir)事件而动摇了信念。在这一事件中,英国海军因担心维希政府下属的法国舰队转投德国阵营,炸沉了大多数法军舰只,造成1380名法国水兵死亡。米瑟利耶(Amiral Muselier)将军在海军界风评不佳,其率众归附戴高乐之事反而让"安邺"号上的官兵难循其道以输诚。但爱高一系列抵抗活动的外溢影响,据说是造成大量水兵"叛逃"的重要因素,如果继续放任下去,最终会让"安邺"号变成一艘无用的废船。

爱高被控犯有"教唆叛乱"的罪行,一项针对他的调查更指其牵扯其中、涉嫌共谋。他因此被捕并押送西贡,被羁押四个月后,被判处六个月有期徒刑,缓期执行。他的主要罪状中,还包括"妨碍创立一个反对日本扩张的欧洲阵线",这使他被剥夺了法国国籍,所有财产尽数充公。然而,这些遭遇非但没有让他就此放弃,反而更加激发了他的抵抗意志和爱国情感。他曾说过:"如果我们对自己脚下的正确道路深信不疑,对自己国家的命运和象征国家的领袖充满不可动摇的信仰,就定会拥有一股忍辱负重的力量。"① 不过,爱高被捕的经过,至今看来仍然疑云重重,困扰着他和他的后人。1941年4月,命中注定的那一天,当他隐姓埋名前往辣斐德路1363号时——当时他别居他处,而住在这座克莱门公寓内的只有他的妻子和长子——到底是谁出卖告发了他?

法租界当局对爱高猜疑许久。罗兰·马杰礼的恼火见于许多文件之中,安

---

① 来自罗德里克·爱高的孙女维罗妮卡·爱高(Véronique Egal)与马莉咏·爱高(Marion Egal)的证言,在维罗妮卡·爱高上海的住所访谈。

邮舰兵士潜逃有愈演愈烈的现象,这令他烦恼不已,而那位讲话直白又慷慨激昂的戴高乐支持者,让他时时坐立难安。有着高大身躯与滔滔不绝的口才,爱高,这位来自法国西南地区的人物被冠上克里蒙梭的别号"法兰西之虎",他坚毅的性格也众所皆知,他身边的人,包括英在沪当局,都希望他能谨慎低调点。"毫无疑问,我的祖父一点都不圆滑,"维若妮卡·爱高(Véronique Egal)如此说道,她是爱高的孙女,虽从没见过她的祖父,她却收藏了许多当时与他祖父往来密切的人物的记录文件。

爱高被捕事件让上海法租界与公共租界形成一触即发的冲突状态,也因此戴高乐将军曾以私人身份、催促的态度告诉罗兰·马杰礼立刻释放爱高。同时,英国驻新加坡大使馆以一船货物作交涉条件,也要求释放爱高,这批货物据传是鸦片。具有讽刺意味的是,这位戴高乐支持者因此在不知不觉中为维希在亚洲的据点——印度支那的供应作出了贡献。[1]

1941 年 10 月,爱高再度回到上海,自由法国运动的伙伴热情地欢迎他的归来,运动不曾因他的缺席而中断。尽管如此,他成了法租界不受欢迎的人,这让他决定离沪与戴高乐将军会合。但那时正是 1941 年 12 月珍珠港事变爆发前夕,他在那时抵达了香港,并协助了英国人抵抗日本侵略。12 月 8 日,防守北角发电厂任务失败,他也因此为日本人所捕。之后,从 1941 年 12 月 20 日起至 1945 年 10 月,他在这英国殖民地度过了一段当俘虏的日子。1945 年 10 月,他取道昆明、重庆,终于再度回到上海,自由法国组织当时领导者为义品放款银行副主席雷内·蓬代(René Pontet),爱高成为战俘的那几年中,蓬代接替了他的位子;蓬代非常高兴欢迎他的归来,1945 年 10 月 21 日的中国邮报(Courrier de Chine)对此事还有特别报道。在法国总会还举办了一场嘉奖他荣誉表现的典礼。同年,他荣获法国战争十字军勋章。接着,1946 年 4 月又获法国抵抗奖章。最后,1947 年 5 月,他获得抵抗军衔的荣誉升等,荣晋军官等级,同年 12 月,他在香港九龙医院逝世。

三、与日本人的多样化"合作":以马龙与特警队[2]为例

在上海的"合作"可谓复杂多样,时而积极主动,时而消极被动。从战后审判

---

[1] Fabienne Mercier, *Vichy face à Chiang Kai-shek, histoire diplomatique*, Paris, Harmattan, 1995.
[2] Marie-Claire Bergère, «L'épuration à Shanghai (1945 - 1946)», l'affaire Sarly et la fin de la concession française », Vingtième siècle, *Revue d'histoire*, Volume 53, 1997. Timothy Brook, *Collaboration: Japanese agents and Local Elites in Wartime Shanghai*, Harvard University Press, 2007. Marie Holzman et Joseph Shieh, *Dans le jardin des aventuriers*, Paris, le Seuil, 1993.

的各种案例来看,这两种"合作"形式有时很难区分。其中,消极被动的"合作"往往是出于投机或妥协的策略,抑或是在日本人要求下的结果。自1939年起,日本人开始考虑如何将这些合作制度化与合法化的问题。但在当时的上海,精英大量出走,日本人想找到"合作者"也并非易事。归附日本的中国人,只有那些政坛失意的人,还有一位银行家——曾担任过上海总商会会董的傅筱庵。当汪精卫离渝抵沪后,与日本"合作"的形态才开始制度化。5月间,与汪精卫一同抵沪的,还有两位要员:一位是周佛海,另一位是陈公博。① 后来,褚民谊也加入了"合作者"的行列。褚民谊1915—1919年曾在法国斯特拉斯堡学习医学,回国后一直受到姐夫汪精卫的襄助。1943年"交还"租界一事,便是由褚民谊出面交涉。早在1920年,他就和其他一些中国人在里昂提出筹办中法大学的构想,后又直接着手学校选址和建设的前期工作。中法大学成立后,他出任副校长,直到1925年加入国民党,成为汪精卫的亲信。汪伪国民政府成立后,褚民谊出任伪外交部长,成为这个伪政权中的要人。日本战败后,褚民谊于1945年在广州被捕,1946年8月23日以通敌罪名被处决。

通敌者人数的不足,迫使日本人不得不从秘密社会和犯罪团伙中招募同伙,并由这些人组成了各种通敌组织和"76号"。杜月笙出走香港,削弱了青帮的势力。其变体黄道会和安庆帮则专门对付国共两党策划的各种抵抗活动。这些帮派的成员都是职业犯罪分子,驻扎在虹口的新亚酒店。汪精卫本人认同"东亚新秩序",且认为只有与日本保持合作才是中国的出路。然而这些"合作者"的忠诚度往往既不坚定也不明确,加之重庆与南京之间的藕断丝连,使得"合作"与抵抗的区分界线经常是模糊不清的。这些"合作者"的行动充斥着武力,以打击城市游击队为要务。极司菲尔路上的"76号"理论上属于市政警察系统管理,实际上为这些"合作者"所控制,成为杀害黑名单上人物的地方。但随着太平洋战争的爆发,日本的军国主义气焰日益高涨,上海的"合作"势力也渐趋式微。因为,此时上海所面对的,不再是抵抗或"合作"问题,而是如何存续的问题。

上海法租界的相对平静,可以说是马杰礼领事交涉下的成果。他虽是维希政府的官员,但立场反德,对日本也没有好感。法国参战军人会解散后,又出现了"战士荣军团",它囊括了大部分法国商会的成员。维希派的亨利·戈思默(Henri Cosme)与汪精卫政府并没有官方关系,却与重庆方面有着正式往来,加之日本人对上海的管控,让法租界当局的处境更为复杂艰难,实用主义的处世之道也应运而生。法布尔上校与驻沪日本宪兵司令曾是圣西尔军校的同窗,借助

---

① 此处有误。汪精卫的随行人员中没有陈公博。——校者注

这层私人关系,再加上亲法的汪伪外交部长褚民谊的因素,让双方取得了一定程度的默契。尽管法租界当局被迫接受日本宪兵队对界内事务的干预,但日方也同意采取行动时需有法国警察在场。有鉴于此,一支特殊的警察部队在日方的要求下应运而生了。因其队长名为马龙,这支警队又被称为"马龙特警队",专门负责打击所谓的非法政治活动。由于特警队早在1939年7月21日就已成立,甚至早于维希政府的建立,因而也不能被视为与日本"合作"的表现。① 法租界当局原本并不赞同成立这个机构——公共租界的特警队自1938年起已经出现——直到日本方面反复施压才勉予同意。② 日本宪兵提醒法租界当局,日本正与重庆政府处于战争状态,法国警察应该要将那些重庆方面的人逮捕起来交给日方。但皮埃尔·马龙却被指控提前向日方指定的被捕者通风报信。实际上,此时法租界当局采取的一系列行动,都是旨在确保界内民众的安全稳定。战争爆发以来,法租界警察始终力图将对公共秩序的危害降到最低。在短短的三个星期之内,法租界的人口从50万激增至120万,租界警察工作条件的困难程度可想而知。有时,各种维持秩序的举措也得通过各种形式的"合作"来实现。

皮埃尔·马龙的形象以及"马龙特警队"被指控之事,使其所作所为究竟是否构成"合作"变得异常复杂。1906年6月29日,皮埃尔·马龙出生于河内,其后赴法国就学至1922年;1922—1923年,回到河内一所职业学校就读;1924年开始,在当地完成三年的志愿兵役;1927—1930年,就职于滇越铁路公司,担任电报部门的监督员和组长,还做过火车站的站长。1935—1943年,马龙加入上海法租界警察的行列,供职于刑事特警队。1943—1946年,在租界归还中国后的那几年,他担任法国领事馆警察副主管。1946年,法租界"二次收回"后,他希望转赴北非的海关任职,或在上海谋得随便一份什么工作。他的长官萨尔礼(Sarly)非常赏识他,以至极尽赞扬之词:

> 马龙在其警察职业的生涯中,先后在公安部门、刑事特警队以及政治部门任职,并在政治部门担任过一年半的负责人。他的职业履历记录非常出色,加之工作积极,生性聪颖,足堪调任我殖民地或北非的警官职缺。此人

---

① CADP, Asie-Océanie, 1944－55, vol 318, Courrier, Shanghai, 9 mars 1948, P. Bouffanais, Consul Général à Meyrier, Ambassadeur.

② SHD: lettre du commandant de la gendarmerie japonaise au conseil d'administration de la Concession française, Shanghai juin 1940.

实为一时之选,各方面都值得信任,且通晓英文。①

1946 年 4 月,针对萨尔礼的诉讼案进展得如火如荼,马龙也被卷入其中。② 他原本希望离开中国,但离境签证却遭到了驳回。法国驻沪领事馆帮他向中国外交部交涉,但多方努力均告失败。马龙只好转而向那些在日本占领时期曾经帮助过他的人寻求支持,尤其是曾在里昂中法大学就读、时任社会局局长③的吴凯声。④ 但中国政府似乎想要留住马龙,以便得到更多有用的证词指控萨尔礼。此案审理期间,马龙受到传唤,其被询及的许多问题显然都是旨在给萨尔礼定罪的。只要能说出某些对萨尔礼不利的证词,他就可获准离开中国。但马龙拒绝了这项交易。1947 年 3 月,在一些知名人士的声援下,马龙威胁中方要将此事诉诸报刊舆论。后来,调查局局长允诺会归还他的护照,据说还请他收下一张面额为一百万元法币的支票——实际上,所谓的"马龙百万"事件至今仍是迷雾重重。但是,负责警察局的宣铁吾仍然拒绝发给他签证,还开启了一项针对他的调查,最终于 4 月 25 日将其逮捕。5 天后,经法国领事馆的交涉,马龙得以获释。被捕期间,他被讯问的大多是关于"马龙特警队"的问题,还包括他在警察局政治部门的角色、为"傀儡政府"工作的情况等。

1947 年 4 月 30 日出狱后,马龙一直想着如何与他的中国朋友一道,努力为自己争取完全的自由。萨尔礼被判无罪并有望很快结案的消息,让马龙对自己的案子也能尽快完结有了更大的希望。然而,此案却迁延了约两年之久。⑤ 尽管萨尔礼和马龙两案存在彼此关联,但后者的解决还存在其他的障碍,即马龙私敌的阻挠。那些人主要是因"马龙特警队"而被日本人逮捕的中方人士,其对马龙本人自然痛恨不已。公共租界的公职人员中,似乎未有因参加类似行动而被追责的情况,要不就是很快结案——或许,这是因为法租界在战时维持中立的缘故。由于检察官提供的证据显示,"马龙特警队"在战争中的工作成效是令人满意的,所以法租界当局也很难为其辩护。直到 1948 年 2 月,皮耶·布法奈(Pierre Bouffanais)就任驻沪总领事。他指示副领事与中国当地的外事部门以

---

① CADP, Asie-Océanie, 1944 – 55, volume 318.
② Marie-Claire Bergère, «L'épuration à Shanghai (1945 – 1946) l'affaire Sarly et la fin de la concession française», pp.25 – 41.
③ 经查询,未见吴凯声在抗战结束后有出任上海市社会局局长的记录。——校者注
④ 吴凯声(James Woo),中法大学学生,参此校校刊(IFCL)第 22 期。1925 年获法律学博士。论文名称:《中国宪法问题:一九二三年十月十日宪法》(Le Problème constitutionnel chinois: la constitution du 10 octobre 1923)。
⑤ Courrier, Shanghai, 9 mars 1948, P. Bouffanais, Consul Gl à Meyrier; Ambassadeur. CADP vol. 318.

及总检查长交涉此事,促成早日解决。他同时也请求法国大使馆介入,因为当时马龙夫人肺病缠身,已无法适应上海的气候。2月25日,马龙向南京的法国大使馆寄去一封信,并将复本寄给驻沪领事馆,再次描绘了其案件的来龙去脉,主要叙述他在特警队创立过程中的角色和日常的职权。马龙特别强调,他已于1947年5月1日被交保释放,此后案件也没有新的进展。他还提供了自己曾在战时帮助重庆政府地下人员的证明。

> 对于我领衔的这支有名的特警队,对我们职权范围内的行动,我都不了解法租界当局到底愿意付多少责任,因此我也从不敢贸然行动。

其实自马龙交保获释后的10个月中,他并没有收到任何司法层面的直接指控;即便是被捕期间也是如此。对他的指控只出现在萨尔礼的案子审讯过程中,还有先前他准备在报刊媒体采取反击的时候。但另一方面,针对萨尔礼的案子又都是以马龙为突破口的。不过马龙表示,成立这支特警队的人,既不是萨尔礼,也不是他本人,而是饶伯泽:

> 饶伯泽先生才是这支特警队的创始人,不仅与之关联最深,而且当年也曾亲自参加过特警队的许多行动。而今,他已贵为法国驻香港领事,对这边的案子却是一副置身事外的样子。①

诚然,这支特警队确于1939年7月21日由饶伯泽组建,但当时欧战尚未爆发,法国还是第三共和国政府执政,首都也仍在巴黎。彼时为何必须成立这样一个机构,其目的和动机为何,只有上海法租界的主事者才能给出合理的答案。事实上,"马龙特警队"12名翻译和探员的意见,从不是上峰所考虑的。当然,众所周知,当时的许多政令措施都是被迫制定的,1940年6月22日日本宪兵队的备忘录即是重要的佐证。其中记载了日本宪兵队司令在盛赞与公共租界当局的"合作"的同时,对法租界当局拒绝"合作"的指责——法租界被指称是重庆政府机构在上海的一个基地。故宪兵司令也因此要寻找一种更加"务实有效的合作",以逮捕那些为重庆政府工作的"恐怖分子"。马龙在信中写道:

---

① CADP, Vol. 318, à l'ambassadeur de France à Nankin avec copie au consul à Shanghai, le 25 février 1948.

对于两年半时间里我们同日本宪兵队的种种纠葛,我在此也无意赘述。谨允许我引述位于贝当路10号的日本宪兵队队长关于我的评价。这段评价出自1943年5月15日,亦即租界归还中国前两个月时,那位队长与法布尔上校的会谈过程中:"马龙和那些来自重庆的恐怖分子是串通一气的,在逮捕行动时他总是想方设法暗中帮助他们逃脱。"①

另外,即便对马龙的指控能够成立,那么所有原先在租界安全部门任职的法国与俄国军士也应该一并被起诉,因为他们都参加了那些行动。事实上,早在特警队成立前,马龙负责的那些特别任务自1938年年底已开始在上海法租界出现,当时发生了领导上海地区游击队的一位中国将军被捕事件——十年后此人入职国防部。而自1940年6月起,该部门的所有人都参与了与日方联合执行的任务,转交人犯并非马龙的责任,抓捕基本由日本人执行,马龙只负责起草报告。在等待日方的判决期间,那些被捕者先交由法租界警察看管,因而有时也会出现犯人被提前释放或在抓捕前已被事先知会的事情。尽管如此,法国方面的档案中并没有这方面的记录报告;以我们目前的了解,如果不查阅日本宪兵队的档案,则无法获得由"马龙特警队"逮捕的人员名单。饶伯泽的回忆录佐证了马龙的不少证词。1946年6月,马龙在为萨尔礼案作证时表示,自己为了让领事馆和他的长官们全身而退,已经答应担下许多本不属于他的责任,且在诉讼过程中被问及那些逮捕人的事时都闭口不谈。最后,中方给出的主要指控是:当时建立"马龙特警队",主要目的即是逮捕中国的爱国者。饶伯泽回忆录则表明,日本人当时并无意愿管法租界内部的闲事,而"马龙特警队"确是他所组织成立的。当时陆伯鸿在法租界遭暗杀,以及界内中国人针对日本人暴力抗争的风险,让他决定要避免这些冲突波及租界。——只不过,饶伯泽是在这支特警队不断发展了二十年后,才公开承认这些。他在回忆录中写道:

我为这项工作选拔了一批同仁,从今往后他们的所有任务,就是为了阻止外界对法租界的干预。我继而专门成立了一支能够出色应对所有"恐怖"事件的特警队,归于瓦伦丁名下,由法国和中国的年轻警察组成。这支特警队由一位年轻有为的副督察马龙具体指挥,对我负责,故也被称为"马龙特警队"。作为处理各种"恐怖"事件的前锋部队,所有队员必须全力以赴投入

---

① CADP, Vol. 318, à l'ambassadeur de France à Nankin avec copie au consul à Shanghai, le 25 février 1948.

这项绝密工作,这也是我们行动取得成效的前提条件。有一段时间,因为成功破解了中国游击队的通信密码,我们的工作进展得非常顺利。他们的密码很简单,用的就是邮政和电报系统的密码。因为无论有线电报还是无线电报都无法发送汉字,所以只好以数字作为代替,借以指出文件的某个页码某个栏位。我们一位身处重庆的同事成功获得了对应这组密码的编页码,解开了发送给游击队的信息,也让我们得以对那些"恐怖活动"计划了如指掌。①

饶伯泽的回忆录也提及,日本人经常邀请法租界警察去虹口吃喝作乐,或者请他们共饮日本清酒。他写道:

> 我们与日本人的关系,只能说是表面上的友好而已。我们又不讲同一语言;我们根本不在乎天皇和"大东亚共荣圈"。我们很清楚地感觉到他们的侵略政策不会止于中国。我们对与他们合作的中国人只有蔑视。尽管如此,1938年12月汪精卫来到上海法租界期间,我们还是必须承担对他的保护义务。②

回忆录中还写道,特警队逮捕的经常是被日本人收买的帮派成员,而这些人往往都有被中国法院起诉的背景;还有不少人则是隶属于一些中国人建立的"恐怖组织",不过逮捕他们也不一定要知会日本宪兵队。要侦破那些被捕者的行动并非难事,因为他们常用无线电报沟通,特警队于是专门派了一位退役的海军无线电务兵负责此事。总而言之,法租界方面并没有必要拿这些事去向日本人宣传或邀功。在中国的内战重新爆发后,只有那些最不符合释放要求的犯人被继续监禁,更换牢房,后又被送到宁波。

> 为保持这种秘密的联系,需要一个完整的辅助性的网络。当然,这其中的线索只能由我掌握。中国人也并不认为我们对他们的秘密组织采取了多么严格的干涉行为。③

战争、恐慌加之租界人口过剩带来的恶劣卫生条件,都容易激化对立对抗的

---

① 《"三不管"与其他……》,第236—237页。
② 《"三不管"与其他……》,第240页。
③ 《"三不管"与其他……》,第243—245页。

局面。那个年代世界的许多地方都是如此,上海自然也不能以独善其身。在这种境遇下,如与日本人"合作",意味着工厂得以正常运作,食品供给得以继续。饶伯泽在回忆录中写道,政治语境下真正的"合作者"其实非常有限,许多只能算是国民党的支持者或反对者。

> 事实上,那些与日本"合作"中的领跑者,基本只能代表一批中国的失意政客;其中的大部分人,是基于对国民党的强烈仇恨和政治上的敌意而丧失了正确的判断力。①

结　语

以上三位代表性人物的事迹,让我们得以在抗日战争的大背景下,进一步体会屈从、抵抗与合作这三个不同词汇的复杂语境。三者的表现形式都有些模糊不清,其实收回租界过程中的一些情形亦复如是。1943年后,法国驻沪领事无法把原先公董局的工作人员都遣返回国,而汪伪政府只能接收其中的1/3,比如:萨尔礼转任上海市第八区的中国警察总监;马龙成了法国领事警察的负责人;饶伯泽已在他地任职;还有100多名法国人成了汪伪行政体系下的公务人员,担任的也都是些无关紧要的职位。对于他们而言,这只是赖以谋生、坐等战争结束的权宜之计,却也面临着被控伦理道德沦丧的风险。

［柯蓉(Christine Cornet),法国里昂政治学院教授,现就职于法国驻印度大使馆;江天岳,北京师范大学历史学院副教授;宋子玄,法国埃克斯—马赛大学东亚系教师;蒋杰,上海师范大学人文学院副教授］

---

① 《"三不管"与其他……》,第248页。

上海工人三次武装起义与法电工人

李君娜

上海法商电车、电灯、自来水公司(简称"法电")是上海法租界内具有垄断性质的公共事业单位,规模庞大,实力雄厚,对法租界经济的繁荣、居民生活质量的提高有着重要作用。在法电建立及发展的20世纪上半叶,正是中国群众运动蓬勃发展之际,工人的力量与价值也逐渐受到关注。处在近代中国第一大都会中的法租界,凭借其政治上的特殊性在上海割据一方,界内最大的公共事业单位法电自然成为各种欲以工人力量为依托来控制上海的势力的重点争取对象,因此,法电工人多次卷入上海的斗争风潮,随着时代徐徐前行的同时也在实践中逐渐有了一系列的转变,上海工人三次武装起义即是法电工人这一系列改变明显的开端。

在有关上海工人三次武装起义的研究中,《上海工人三次武装起义史》[①]《上海工人运动史》[②]等论著着重将三次武装起义的事件本身放在短时段或长时段中来进行呈现,是对事实的刻画,但对事件特点的探讨较为有限,三次起义对法电工人的影响更是比较模糊。而在《上海法电工人运动史》[③]《1930年上海法租界电车工人57天大罢工论析》[④]等以法电工人为叙述对象的论著中,着重讨论了法电中后期逐渐成长起来的、规模宏大的工人运动,但对三次武装起义中法电工人活动的叙述则比较薄弱,对三次武装起义对法电工人本身的改变更是一带而过。可以说,在对上海工人三次武装起义和上海法电工人运动的研究中,关于三次武装起义中法电工人的讨论无论在数量还是质量方面都有很大的提升空间。因此,本文着重研讨这一影响,并试图呈现这种影响在法电工人日常生活和角色转换上的表现。

---

① 周尚文、贺世友:《上海工人三次武装起义史》,上海人民出版社1987年版。
② 沈以行等:《上海工人运动史》,辽宁人民出版社1991年版。
③ 中共上海市委党史研究室、上海市总工会:《上海法电工人运动史》,中共党史出版社1991年版。
④ 莫庆红:《1930年上海法租界电车工人57天大罢工论析》,《党史研究与教学》2010年第6期,第63—68页。

一、法电的由来与初步发展

1844年10月24日,剌萼尼与耆英在广州黄埔的法舰"阿吉默特号"上签订《黄埔条约》,法国人取得在中国建屋居住的权利。随后,剌萼尼几经考察将上海选定为法国在中国的第一个"殖民地"。1848年1月25日,法国驻上海第一任领事敏体尼抵沪,第三天,建立了法国领事馆。翌年4月,上海道台麟桂发布法国在上海租赁土地四至的公告。总面积986亩的上海法租界"出生"后,通过越界筑路等手段,至1914年扩展到1.5万亩,租界内的人口也随之膨胀。

法租界的日益发展对租界内的市政建设提出了要求,公董局、巡捕房等行政机构相继设立,水电、交通等基础设施建设也逐渐完善起来。1881年,世界上第一辆有轨电车问世。经过20多年的筹议,1905年,英商布鲁斯·庇波尔公司和比商东方万国公司分别取得了在上海公共租界和法租界的电车专营权。第二年,法国电车电灯公司以360万法郎的总资产在巴黎登记,同时以25万法郎的补偿继承了万国公司在法租界享有的电车、电灯及电力输送的专营权,期限75年。1908年,法商第一条有轨电车线路正式通车,并接收了公董局自来水部门的全部管理权,期限75年。至此,法电垄断了上海法租界内的水电供应及公共交通的运营,成为法租界内最大的公共事业单位。

从1906年成立至1937年前后,法电工人逐渐增加,法电规模逐渐扩大,得到了稳步发展。1941年,日本占领公共租界,但因法国维希政府已对德投降,法租界受日侵扰较小,法电也得以继续正常营业。至上海解放前夕,法电有职工3 100余人。

二、上海工人三次武装起义中的法电工人

1925年5月30日,上海爆发了因日本资本家枪杀工人顾正红而引起的"五卅运动",事后,上海总工会等一系列工人革命团体被查封,工人活动陷入沉寂。1926年5月30日,为纪念五卅周年,上海"七万余工人"联合学生和商人进行了"三罢"活动,同时举行市民大会示威游行。声势浩大的纪念活动在租界警察的干扰下"一直坚持到晚上七时",[1]使得工人平静日久的内心躁动起来。恰在彼时,物价飞涨,工人生活困难,要求增加工资的罢工此起彼伏,6—8月的罢工人

---

[1] 许玉芳、卞杏英编著:《上海工人三次武装起义研究》,知识出版社1987年版,第7页。

数"前后达二十万"。① 为应对危局,资本家愈发苛待工人,更以铁腕镇压工人罢工,这一切都刺激着工人斗争情绪的不断高涨。

1925年10月,孙传芳自任赣、皖、苏、浙、闽五省联军总司令,后于1926年在上海设立淞沪商埠督办公署,启动"大上海"计划。在沪绅商则在闸北领导发起了自治运动,建立了闸北自治公所和南北保卫团,但在数月后分别被孙传芳接收和解散。自治运动虽然失败,但却在上海民众的心中埋下了抗争的火种。

在1926年上海工人罢工和自治运动风起云涌之时,北伐战争开始了。7月,国民革命军于广州誓师出征,此后在两湖高歌猛进,到8月底接连取得了汀泗桥、贺胜桥两场大捷,兵锋直指武汉。因此,中共上海区委主席团会议达成决议,要使"长江下游成纷乱局面",②以此来策应北伐军在正面战场的形势,奏响了上海工人三次武装起义的序曲。

(一) 上海工人第一次武装起义中的法电工人

在8月底接连获得汀泗桥、贺胜桥战役的胜利后,北伐军于10月10日攻克武昌,北伐三大目标之一的吴佩孚主力被打败。北伐军随即开赴江西,掌控江浙一带的直系分支孙传芳势力成了下一个打击的目标。

在北伐军势如破竹的攻势下,9月,国民党成员钮永建抵沪,并在途中成功策反孙传芳属下的浙江省长夏超。10月16日,夏超宣布独立,从杭州调派警备队"约三千名"③向上海方向进发。在上海的国共两党闻讯后一致认为时机已经成熟,当即决议"在上海组织暴动,里应外合夺取上海"。④

夏超的独立在孙传芳的镇压下昙花一现,而其时握有起义指挥权的国民党驻上海代表钮永建"听信谣传,以为夏超打了胜仗,匆匆下令在10月24日黎明前起义"。⑤

是时,南市区起义的领导者奚佐尧在预定地点集结了南市的起义工人队伍,虽然没有按时听到起义的信号,却仍然带着法电和华商电气公司等单位的"工人纠察队二十余人",⑥拿着一支手枪和少许铁板头,袭击了制造局路二区的一个小警署,从中顺利拿到了2支短枪和4支长枪。工人们十分激动,上级却发出了停止暴动的指令,工人们只得结束行动,忍痛砸烂夺获的4支长枪。行动结束后,工人们躲过了反动军警的追捕,被捕的工人领袖也在大力援救下也得以脱

---

① 施英:《七论上海的罢工潮》,《向导》第172期(1926年9月14日),第5页。
② 许玉芳、卞杏英编著:《上海工人三次武装起义研究》,前揭第116页。
③ 《浙局骤起变化各方面所闻》,《申报》1926年10月17日,第13版。
④ 许玉芳、卞杏英编著:《上海工人三次武装起义研究》,前揭第117页。
⑤ 周国强讲,姜沛南整理:《回忆上海工人的三次武装起义》,上海人民出版社1957年版,第4页。
⑥ 朱义宽:《狂飙——上海工人三次武装起义70周年祭》,学林出版社1997年版,第60页。

身。法电工人起义队伍最大限度地被保留下来,"没有受到什么损失"。① 而后,第一次工人武装起义在孙传芳的武力镇压下失败,面对残局,中共决定暂时沉寂下来,暗中积蓄力量,待时而动。

(二)上海工人第二次武装起义中的法电工人

1926年11月,国民革命军接连攻克九江与南昌,在与孙传芳军队的交战中取得压倒性胜利,狼狈不堪的孙传芳则转而与奉系形成了联合之势,随后张宗昌率兵南下,企图接管上海。上海民众闻讯再次掀起自治运动,要求"(一)划上海为特别市区由市民自治、(二)召集国民会议解决国是、(三)拒绝奉鲁军南下",②并成立了市民公会。在孙传芳的强势镇压之下,自治运动被迫转入秘密状态,但却为第二次工人武装起义做了一场群众性的舆论准备。

在上海的自治运动兴起又受挫时,国民革命军的步伐离上海也越来越近。1927年2月18日,北伐东路军前锋推进到距上海仅80公里的嘉兴,起义时机逐渐成熟。19日,中共领导下的上海总工会向全市工人正式下达总同盟罢工令。法电工人接到罢工令后,早晨6时即携带部分枪支闯入法电车间强迫正在上夜班的工人离开,又在6时45分左右在康悌路和肇嘉浜路建起木栅阻止准时上班的工人进入卢家湾。③ 这期间,法电工人有"数人被捕"④,但当日的法租界"电车、无轨电车和公共汽车之交通全部停顿",⑤实现了法电总罢工。

罢工伊始,工人就以工会名义致信大班,说明此次罢工的意图是为了协助北伐军进沪,"迫使孙传芳退出上海……并不是针对任何某一个公司,而完全是出于政治目的,所以请求公司方面不要干涉",⑥从而取得了资方的"谅解",使罢工顺利持续多日。

在总同盟罢工的四天中,"第一天,全市有十五万以上工人罢工……第二天,扩大到二十七万人……第三天……人数增加到三十五万人,第四天又增加一万多工人罢工。全部罢工人数有三十六万人"。⑦ 面对势头越来越猛的罢工,军阀与帝国主义也紧急出动了。21日,公共租界和法租界均在与华界的交界处设捕驻守,检查往来。孙传芳的上海防守司令李宝章更是派出刽子手——大刀队向

---

① 周国强讲,姜沛南整理:《回忆上海工人的三次武装起义》,前揭第4页。
② 《昨日之各团体时局宣言》,《申报》1926年11月17日,第14版。
③ 《有关"法电"罢工的翻译资料(一)》,马军、蒋杰主编:《上海法租界史研究》第2辑,上海社会科学院出版社2017年版,第164页。
④ 《有关"法电"罢工的翻译资料(一)》,第165页。
⑤ 《有关"法电"罢工的翻译资料(一)》,第164页。
⑥ 《有关"法电"罢工的翻译资料(一)》,第164页。
⑦ 朱义宽:《狂飙——上海工人三次武装起义70周年祭》,前揭第97页。

工人出击。在搜捕过程中，大刀队滥杀无辜，见从方浜剧院看完戏出来的人人手一张说明书，竟以为是传单，当即就砍杀了十几人，①甚至"浦东小贩口呼'卖大饼'，他们以为是在喊'打败兵'，也用大刀乱砍"。② 对无辜民众已是如此暴虐，工人们的遭遇则可想而知！普通民众无辜受戮，工人亦与反动军警流血冲突不断，血色恐怖带来的愤怒推动着罢工形势持续向前发展。

22日下午5时50分，停泊在黄浦江上的"建威""建康"两舰开炮轰击高昌庙兵工厂，由总罢工转入武装暴动的信号准时发出，第二次工人武装起义开始。早已怀揣武器（铁板头、小刀和第一次起义时缴获的两支短枪等）的法电工人闻声立即从工会出发，"三三两两地走着，边走边谈，态度装得特别镇静，巧妙地躲开了法国巡捕的干涉"，③朝着预定地点南市走去。但当法电工人接近南市时，南市早已被军阀部队戒严。工人们"一看'苗头'不对，没法行动，只得分头回家去了"，④第二次武装起义无果而终。

第二天，上海防守司令李宝章联合法捕房大量警探包围法电工会，在工会内胡乱抢砸，工会文件被抢走，桌椅用具被砸烂，最后"不问皂白，捕去了七人"。⑤事后，工人找杜月笙交涉营救被捕工人，无功而返。24日，上海总工会下达复工令，法电工人在取得资方和杜月笙负责保释被捕工人的诺言后，全体复工。

（三）上海工人第三次武装起义中的法电工人

1927年2月23日，中共中央与中共上海区委联席会议决定停止第二次工人武装起义，同时，下达"扩大武装组织，准备（第三次）暴动"的指令。会后，中共领导下的特别委员会成立，作为即将到来的第三次武装起义的最高决策与指挥机关，有组织、有一定数量武器弹药、受到一定训练的工人纠察队也逐渐组建起来。在反动军阀与帝国主义增兵上海的压力下，3月上旬，作为第三次武装起义的序曲，以吴淞机车厂为发端的铁路工人大罢工已扩展到沪宁铁路全线，沪宁铁路的交通和补给功能受到遏制，驻守上海的军阀成为"瓮中之鳖"。20日，北伐军先头部队进抵新龙华，起义时机完全成熟。

21日清晨，上海总工会发出总同盟罢工令，至中午12时，全市总同盟罢工完全实现，工人们随即转入武装起义。法电工人将车全部开进厂后"139名"⑥纠

---

① 周国强讲，姜沛南整理：《回忆上海工人的三次武装起义》，前揭第13页。
② 周国强讲，姜沛南整理：《回忆上海工人的三次武装起义》，前揭第13页。
③ 周国强讲，姜沛南整理：《回忆上海工人的三次武装起义》，前揭第12页。
④ 周国强讲，姜沛南整理：《回忆上海工人的三次武装起义》，前揭第12页。
⑤ 上海工人运动史料委员会编：《上海工人运动历史资料》第2辑，前揭第5页。
⑥ 上海市政协文史资料委员会编：《上海文史资料存稿汇编》，上海古籍出版社2001年版，第598页。

察队员每人携带一根绳子,并三支枪(仅两支好用)、40把月斧和一些零碎的小刀、长花枪、木棍之类的武器①到顺昌路472弄13号法电工会集中。下午一时半,整齐好队伍的工人们沿西门路向东进发,经过南阳桥,在方浜路口抓获两个逃跑的警察,缴获两支枪。随后,队伍分成东、西两股进发。向东的队伍轻而易举地占领了空空如也的沉香阁警察派出所。向东的队伍来到几近人去楼空的蓬莱路口派出所,缴了一个看门警察的枪,绑了乔装打扮正欲潜逃的大刀队长,将其在中华路上游街示众。之后,队伍来到小西门,与刚好赶来的东向法电工人队伍、南区救火会及其他工厂的纠察队会师了。会师队伍直奔大东门淞沪警察厅而去,分两路攻打前、后门,在警察厅留守的警察见工人队伍到来,即缴械投降。不战而胜的法电队伍此时又和华商电气公司、法商求新造船厂等工厂的纠察队取得了联系,集合后的队伍"人数千余,法电队伍一路领先"。②庞大的会师队伍随即前往攻打敌军在南区的最大据点——高昌庙兵工厂。为了避免不必要的牺牲,纠察队到达后首先向厂内的敌军喊话招降,长官早已潜逃的驻厂军队无心交战,听见喊话均举双手而出,工人占领兵工厂,当场缴获大量武器,南市地区的暴动历时近4小时后就此顺利结束。

22日,法电工人纠察队与其他厂的工人纠察队都在南市地区维持秩序,追捕散兵游勇,收缴武器。下午5时左右,历时30小时的闸北火车站战斗结束,第三次工人武装起义取得完全胜利。

三、上海工人三次武装起义对法电工人的影响

"上海工人连续举行三次武装起义,是在大革命高潮中,处于幼年时期的中国共产党领导下的工人运动的一次最高斗争形式",③尽管起义成果很快在"四·一二"政变中消灭殆尽,但它的成就与历史地位是不容置疑的。在三次起义中,法电工人始终响应党的号召,坚持斗争立场,积极参与革命实践,尤其在第三次起义中,作为当时上海主要军政机构所在地南市区起义主力之一的法电更是极其漂亮而高效地完成了任务,其精神与行为都是值得肯定的,而法电工人对起义全身心的投入从各方面锻炼了自身,实现了成长与发展。

(一)法电正式工会组织的成立

1921年中共于上海诞生,翌年便陆续派员打入法电秘密组建赤色工会小

---

① 上海工人运动史料委员会编:《上海工人运动历史资料》第2辑,前揭第5页。
② 上海工人运动史料委员会编:《上海工人运动历史资料》第2辑,前揭第6页。
③ 沈以行等主编:《上海工人运动史》上,辽宁人民出版社1991年版,第346页。

组。第一次工人武装起义前夕,法电参加秘密赤色工会小组的工人有 30 多人。起义失败后,中共法电党支部遵照上级指示隐蔽发展,通过工会积极活动、加紧宣传,"不到两个月,工会小组发展到三十多个,会员有一百多人"。① 工会的快速发展引起了法资方的警觉,资方指使杨嘉谟大肆造谣,破坏工会小组,同时强迫工人拍两寸照片一张,盖上手印,交到公司听候审查,并借此开除了数名工人。工人们深感侮辱,在工会小组召开代表会议后,12 月 16 日晚上,"上海法商电车电灯自来水工会"于天文台路(今合肥路)五丰里 4 号正式成立,法电工会由秘密转向公开。

转向公开的工会对资方的不合理强迫立即给予回击。工会以工人代表的名义致信资方,提出了取消拍照打手印等六项条件,限期答复。至 21 日晨,资方对工人所提条件无任何表示,车务部工人则在工会领导下开始罢工,提出了取消打手印和交照片、承认工会等十项复工条件。资方闻后宣称"此次工潮在完全不合法的情况下发生,劳方事先并未提出请求"②以掩盖前情。法租界公董局亦致函法电大班表明态度,认为"罢工事件并非平常事件,为保障贵公司的权益,我们已采取紧急措置"。③ 资方的推卸与掩瞒引起社会的强烈纷议,加之连日罢工带来的亏损,资方不得已请杜月笙作为代表与工人谈判。两次谈判后,工人所提条件基本上得到应允,未取得一致的问题则决定复工后再行磋商。23 日下午,工人回厂复工,洋大班(经理)按照工人的要求亲自出迎,工人们则"兴高采烈地开出几辆电车,悬旗鸣炮,沿干线来回游行一次,再开回厂里"④以示庆祝。第二天,工人正式复工,工会领导的第一次罢工胜利结束。

工会的建立使原本松散的法电工人拧成了一股绳,工人们有了公开而正式的组织与喉舌,力量得以集中,声音得以放大。因此,对于工人要求大班亲自迎接工人复工的要求,公司方面也只得照办,资方的"低调"在此前是未曾有过的,这反映了工会在实现工人利益诉求上的强大作用。

成立于上海工人三次武装起义期间的法电工会,自诞生之时起便一直领导着法电的工人运动,在工人的生活中占据着重要位置,是引领工人实现自我发展的重要推手,尤其在工人从"经济的"罢工到"政治的"罢工、从"自我"到"阶级"的转型中,工会起到了不可替代的作用,因而,争取工会得到资方的承认一直是法电工人运动的焦点之一,这为法电的工人运动增添了新的内容,也在不知不觉中

---

① 周国强讲,姜沛南整理:《回忆上海工人的三次武装起义》,前揭第 6 页。
② 《有关"法电"罢工的翻译资料(一)》,前揭第 162 页。
③ 《有关"法电"罢工的翻译资料(一)》,前揭第 164 页。
④ 周国强讲,姜沛南整理:《回忆上海工人的三次武装起义》,前揭第 9 页。

促进了工人自我意识的觉醒。

（二）日常生活内容的变化

三次工人武装起义期间，为了反对资方的无理要求，法电工人通过召开工会小组全体会员会议成立了法电工会、议决了对付资方的措施；在第二次武装起义中的总同盟罢工时，法电工人实现罢工后，"全体工人兴奋地拥到工会去开会"，①讨论决定罢工实现后的应对措施；当预闻即将举行第三次武装起义时，工人们即"召开了法电工会的紧急会议，确定了具体行动的步骤"。② 三次起义期间，工人们对大小事宜的置措几乎都通过开会讨论的方式来议决，开会成了工人日常生活中极其重要的一部分，这与以往工人在车间一味地埋头苦干、独自行事形成鲜明对比。开会讨论是民主、集智解决问题的方式，会议活动在工人间的产生与增加使工人们聚在一起的时间多了，参加公共活动的时间也多了，使得工人间的感情深厚起来。

第一次武装起义时中共与上海总工会即秘密组建了一支2 000人的工人纠察队，但因武器问题解决迟缓，工人来不及接受军事训练，因而在某种程度上影响了起义的成功。到第三次武装起义时，中共又组织了5 000人的工人纠察队，并"分批地对工人进行武器使用和巷战技术的训练"。③ 法电"一共编了21个组，每天夜里，一个小组一个小组地受军事训练，学习枪法，常常搞到深夜两、三点钟才回家"。④ 第三次武装起义成功后，反动势力受挫，工人获得了大量的武器，工人纠察队有组织、有计划地发展起来。23日，"上海总工会纠察队南市总队"成立，随即确定了纠察队的编制与队员的受训安排，"规定五百人以上的大厂得参加八十人；一百人以上的厂得参加二十人。当时法电虽只五百多人，但由于法电工人有坚强的组织，也表示过力量，因此就按规定参加了八十人"。⑤ 受训人员"每天上政治课，受军事训练，夜里轮班站岗，过着紧张愉快的集体生活"，⑥直到"四·一二"前夕。

（三）思想精神的丰富

中共成立不久即派员打入法电，在法电工人中宣传团结与革命的思想，并且逐渐为工人所接受。起义期间，法电工人正式成立了将自身团结起来的组织——上海法商电车电灯自来水工会。在半殖民地半封建社会的近代中国，工

---

① 周国强讲，姜沛南整理：《回忆上海工人的三次武装起义》，前揭第11页。
② 周国强讲，姜沛南整理：《回忆上海工人的三次武装起义》，前揭第17页。
③ 沈以行等主编：《上海工人运动史》上，前揭第336页。
④ 周国强讲，姜沛南整理：《回忆上海工人的三次武装起义》，前揭第15页。
⑤ 上海工人运动史料委员会：《上海工人运动历史资料》第2辑，前揭第8页。
⑥ 周国强讲，姜沛南整理：《回忆上海工人的三次武装起义》，前揭第28页。

会作为团结工人的组织,为工人的利益而发声,为国家的屈辱而抗争,具有很强的革命性,因而,工会的诞生和存在即彰显了工人的团结与革命意识,改变了工人人微言轻、如履薄冰的状况。更重要的是,三次武装起义及其期间的罢工与暴动也以胜利的姿态使工人深刻感受到了团结和革命的必要性与重要性。在1927年2月19日的总罢工中,"车、机两部全体工人的联合罢工,在法电创办以来还是第一次"。[1] 法电工会的成立、三次武装起义及期间罢工的发动既向工人传达着团结与革命精神,也是工人的团结与革命意识达到小高峰的明证。

团结与革命的实现需要纪律的约束,在三次武装起义期间,法电工人的纪律意识得到强化。第三次武装起义中,法电工人打到蓬莱路口的派出所时撞见了乔装打扮,正欲潜逃的大刀队队长"小蓬头",工人顿时情绪激昂,拳脚齐下,经领队"要革命、要守纪律"的劝说,工人才立即止住了手脚;起义胜利后,总工会通知工人复工,法电资方无理地拒绝工人上工,在上海市总工会和上海市临时市政府的书面抗议与警告下,法资方被逼让步,由法捕房政治部派员到三山会馆要求工人复工。工人提出的4项复工条件经多次谈判无果后,"很多工人表示条件不答允,决不能复工。余(茂怀)再三说服大家要服从总工会命令,顾全大局,大家才同意复工后再谈判",[2]于是,3月28日法电工人顺利复工。三次武装起义期间,法电工人多次呈现出自身的情绪与本真的行为,但最终都服从了全局与命令,这即是工人们逐渐以纪律来约束自身。

就三次武装起义的性质,工人曾致函法电公司,言明罢工"并不是针对任何某一公司,而完全是出于政治目的",[3]上海总工会在法电工人复工遭资方拒绝后亦表明:"此次总罢工完全是政治行动,并不是为了给外国人和各公司制造困难",[4]此期间的工人罢工与暴动几乎均是为了实现与北伐军的里应外合,以图消灭上海的封建军阀势力,因此,三次工人武装起义及其期间的罢工与暴动可以确定为是政治行为。1919年的五四运动虽然同为工人阶级"政治"的罢工,但却是工人完全的自发组织起来的,虽然启发了工人,但"政治"觉悟的开启与实践的锻炼毕竟有限,基本上处于"政治"的初始阶段,有较大的自发性与散漫性。三次武装起义前后,中共党支部及其领导下的工会相继在法电成立并活跃起来,利用组织的力量向工人宣传国家的政治形势,引导工人的政治倾向,领导工人投身政治运动,增强了工人对于人民、国家、社会的责任感,提升了工人的思想精神。

---

[1] 中共上海市委党史研究室、上海市总工会编:《上海法电工人运动史》,前揭第38页。
[2] 中共上海市委党史研究室、上海市总工会编:《上海法电工人运动史》,前揭第46—47页。
[3] 《有关"法电"罢工的翻译资料(一)》,前揭第164页。
[4] 《有关"法电"罢工的翻译资料(一)》,前揭第165页。

(四) 社会认可度的提升

1927年3月22日,上海工人第三次武装起义取得完全胜利,23日,法电和南区各单位工人武装从华电迁入三山会馆,成立了"上海总工会纠察队南市总队部"。"这天,各界人民给纠察队送来了大批慰问品:罐头、水果、面包。吃的喝的,什么都有。不到两小时,慰问品把一间西厢房都堆满了",[1]民众热烈欢迎工人。24日,法电工人遵总工会指令复工遭拒后,在上海市临时政府和上海市总工会的连番施压之下,法电资方被迫让步,工人复工当天,"以军乐队和国旗为前导,4个人一排,一路高呼着'工人革命成功''打倒帝国主义''肃清反动派'等口号,向法租界进发。队伍走近租界时,法捕房的代表早已在路旁迎候。工人们大踏步地跨进了租界铁门,威武地在租界游行了一周,然后走向公司。法电大班在胜利了的工人面前脱下了帽子",[2]以示欢迎。大班脱帽对工人致敬是此前未曾有的,资方"礼貌"的心理虽是伪善的,但"礼貌"的行为却是真实的。民众的热情、资方的"变脸"一致反映的都是社会对工人们的认可。

上海工人三次武装起义是沪上工人参与社会革命的大练兵,锻炼了上海工人参与革命的能力,激发了他们投身革命的热情。而法电工人是一支值得关注的革命队伍,却被忽视了。事实上,上海工人三次武装起义使得法电工人成立了正式的工会组织,提升了他们的精神境界和社会认可度,使得法电的技术和半技术工人既"工"且"士"地正规成长起来,成为该企业工人运动发生实质性转变的滥觞,以至于在"20世纪20—40年代,法电的技术工人和半技术工人在共产党和青帮工运领袖的影响下变得特别活跃",[3]在上海的工人运动中占据了显著地位。

(作者系上海师范大学人文学院硕士研究生、中国人民抗日战争纪念馆工作人员)

---

[1] 周国强讲,姜沛南整理:《回忆上海工人的三次武装起义》,前揭第27页。
[2] 周国强讲,姜沛南整理:《回忆上海工人的三次武装起义》,前揭第28页。
[3] 裴宜理:《上海罢工 中国工人政治研究》,刘平译,江苏人民出版社2012年版,第264页。

人文遗产

营造现代空间与传承文化遗产：
法国租借地广州湾的历史城区

吴子祺

1960年2月10日,周恩来总理从海南岛乘机前往湛江,视察湛江港和黎湛铁路等新建设成就。下机后,总理乘车从机场前往海滨宾馆,自西向东经过霞山区。总理向陪同视察人员表示:"与法国巴黎很是相似,房子建在树林中,显得既幽静,又雅致。"①周恩来曾经留法勤工俭学,对法国有相当的了解,为何他将湛江霞山的市容市貌与巴黎相提并论？这些风貌来自何处？当今尚存多少？政府和社会应如何面对？本文将分别从文化遗产和历史发展两方面进行讨论。

一、文化遗产视角下的旧城保护

19—20世纪西方殖民扩张在世界各地留下许多历史印记。一些学者认为,殖民者所留下的建筑是值得保存的文化遗产(heritage),而其价值长期以来遭到忽视或不被承认。② 然而,随着时间的推移和联合国教科文组织对于文化遗产理念的推广③,政府和公众开始反思这些殖民地建筑的价值。为推行殖民统治,法国当局在殖民地试验新的建筑和规划理念,使得这些建设迥然不同于当地其他的文化遗产。④研究法国殖民建筑史的Caroline Herbelin亦指出,20世纪初法国殖民当局在法属印度支那进行大规模营造,精心设计交融当地风格与现代化的殖民地建筑,有意将殖民权力通过建筑物进行"可视表达"。⑤ 对于这些物质

---

① 苗体君：《周恩来一生中在湛江仅有的15小时》，《红广角》2012年第5期,第28—31页。
② P. K. M. van Roosmalen, "Changing Views on Colonial Heritages," in Ron van Oers ed., *Identification and documentation of modern heritage* (World Heritage Series 5). UNESCO World Heritage Centre, 2003, p. 123.
③ 根据联合国教科文组织的定义,文化遗产是"过去人类所创造,由现代人类继承并传之后世,具有独特和普世价值的物质或非物质遗存。文化遗产及自然遗产是无可取代的生活及灵感的来源"。
④ Gwendolyn Wright, *Politics of Design in French Colonial Urbanism*. Chicago: University of Chicago Press, 1999.
⑤ Caroline Herbelin, *Architectures du Vietnam colonial. Repenser le métissage*. Paris: INHA, 2016, pp.13 – 15.

文化,当地民众自发接受一部分内容,甚至在殖民时代结束之后仍然延续和发展。至于我国境内遗存至今的殖民地建筑,季国良认为经过20世纪下半叶以来三个历史时期的变迁,经由政府主导的保护再利用政策和申报世界遗产的操作,以及社会思想意识的变迁,一些已实现"遗产化"的转变,其价值得到人们重视与认同。①

近年来文化保育运动②由香港传入广东各城市,一些社会人士和民间组织积极倡议保护和活化近代历史建筑,蔡天抒和袁奇峰归纳为"基于地方文化认同的社会参与文化遗产保护"。文中虽以2011年在湛江市成立的广州湾青年会馆作为案例,梳理该组织的各项文化活动,对于其"传递城市文化,用民意推进社会实践"的做法表示赞扬,但几乎未有讨论湛江民众对于城市前身——法国租借地广州湾历史(1898—1945年)的态度,以及相关文化遗产的现状。③ 据笔者观察,广州湾青年会馆活跃时期(2014—2016年)往往通过展览、演讲和文娱活动等方式传播广州湾历史文化,并主要以实体店"壹克咖啡"为场地。但随着主要成员工作重心的转移,该组织已转为停滞状态,无论是内容生产,还是社会动员,皆少见动作。但无论如何,广州湾的历史及文化遗产,已在多方努力之下,引起社会的关注和讨论。面对学界和一些社会组织的热切讨论,湛江市政府并非没有行动,但其投入大笔资金改造霞山区沿海路段的当代建筑外立面,而非修缮历史建筑的"法式风情街"项目遭受批评,从旅游投资的角度,数年来亦未取得成效。一项显著但却较少引起讨论的官方决策同样值得关注。2013年"法国遗风",成为最新评选的"湛江八景"之一④,官方强调展现广州湾历史的总公使署、维多尔教堂、东方汇理银行旧址等法式建筑"已经变成一道独特的风景"。

吕烈丹聚焦香港文化保育运动在21世纪"后殖民"情景的兴起,并详细分析2005年前后湾仔社区居民、关注团体与市区重建局关于利东街的博弈。作为观察者,吕烈丹指出前者以"保育本土历史文化"为诉求,实有助于实现"遗产化(heritization process)"的赋能(empower)效果。虽然抗争最终失败,利东街重建,但文化保育相关理念及组织却在香港持续发展。⑤ 但在另一方面,香港特区

---

① 季国良:《近代外国人在华建筑遗存的遗产化研究》,东南大学出版社2016年版,第98—126页。
② "文化保育"一般指保护、保存和活化更新历史建筑和文物遗址。香港的文化保育运动主要兴起于2007年社会人士反对政府重建"天星码头"的抗议活动,其后又在多项旧建筑议题延续。经过社会人士和学者的争取,以及联合国教科文组织对于文化遗产的推广,香港特区政府予以回应,2008年推出首期"历史建筑活化伙伴计划",逐步将文化保育列为发展局的一项政策。相关政策提出"充分顾及公众利益的发展需要、私人财产、政府财政、跨界别的合作和不同持份者的参与"。
③ 蔡天抒、袁奇峰:《以"地方文化认同"为动力的历史文化遗产保护——基于广东地方文化保育行动的实证研究》,《国际城市规划》2017年第2期。
④ 主要位于湛江市霞山区的老城区部分。见《湛江新八景》,湛江新闻网,2013年9月29日。
⑤ Tracey L.-D. Lu, "Empowerment, transformation and the construction of 'urban heritage' in post-colonial Hong Kong", *International Journal of Heritage Studies*, 2016, 22: 4, pp.325-335.

政府近年来也积极与非盈利性机构合作,设立文物保育专员办事处专司其职,活化多处旧建筑,包括 2017 年荣获联合国教科文组织"亚太区文化遗产保护奖"的湾仔蓝屋项目(圣雅各福群会运营)、由大埔旧警署改造的绿汇学苑(嘉道理农场暨植物园运营),以及 2018 年面向公众开放的大馆建筑群(香港赛马会旗下公司运营)。这些实践大多收获各界好评,推动文化保育与更广泛的社会议题相结合。

由此可见,联合国教科文组织所倡议的文化遗产政策虽然得到多国政府广泛认同,但如何协调不同持份者的利益,如何对待殖民时期留下的建筑,仍有待更深入探索和讨论。同时我们也要认识,保存和活化文化遗产不能仅仅依靠现实关怀,亦不能只以商业效益或社会利益作评估,还须考察历史内涵,在取得社会共识的基础之上保存或还原其历史风貌。

二、早期行政首府的规划及其废弃

1898 年 4 月,法国向清政府提出租借广州湾并派军登陆占领。经过一年多的勘界谈判和武装冲突,双方终于次年 11 月签订条约。1900 年 2 月,大力主张发展广州湾的法属印度支那总督保罗·杜美(Paul Doumer)视察租借地,提出法国要进行一场殖民统治中国人的"实验",为日后在中国的侵略扩张做准备。[1] 尽管如此,殖民管治广州湾的制度并非凭空而来,而是相当大程度上沿用和借鉴法国人在印度支那的民政管理制度。从政制关系上看,广州湾租借地隶属于法属印度支那,最高官员总公使(l'administrateur en chef)及各级官吏、驻军悉由越南派遣。而租借地最初的行政首府,选址设在海湾东岸的麻斜(民间称为"东营"),与西岸的军事驻地西营(Fort Bayard)隔海相望。

麻斜大致呈由北向南延伸的狭长海角地形,在法文地图上一般被标记"尼维角"(Pointe-Nivet)。[2] 在 1900 年由法国海军陆战队军官绘制的城市规划图中,共划定约 110 处有待开发的地块,其中包括若干预留地块,如官邸(Résidence)、工务局(Travaux public)、驻军营房(Infanterie)以及数条街道等,可见法当局有意将麻斜建造为较成规模的城区。然而,开展城市建设必先解决征用土地的难题,麻斜有几处"张姓世局"的村庄[3],张氏宗族在当地颇有势力。法国人到来

---

[1] Paul Doumer, *Rapport: Situation de L'Indo-Chine* (1897 - 1902), Hanoi: F. H. Schneider, Imperimeur-Editeur, 1902, p.117.
[2] Pojet de la ville de Ponite-Nivet, *Carte du Territoire de Quang-Tcheou* (1900). 湛江市城市建设档案馆藏。
[3] 光绪《吴川县志》卷 1《地舆》,第 92 页。

前,麻斜地理位置的重要性在于渡口——沟通一道海湾之隔的高州府吴川县与雷州府遂溪县,历来为海防要地。晚清海防废弛,麻斜炮台日久失修,但麻斜仍是吴川与遂溪两县相互往来的重要渡口,若干当地人经营的摊档店铺集中在以罗侯王庙为中心的麻斜街上。1898年4月法国海军登陆海湾西岸的海头汛之后,便开始留意对岸的麻斜。

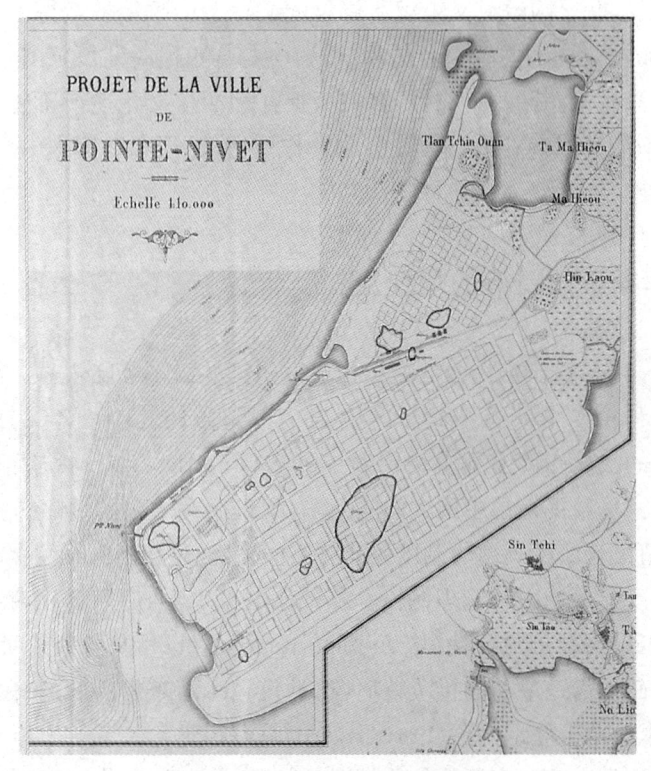

图1 1900年麻斜城区规划图
资料来源:湛江市城市建设档案馆藏。

不过法国真正开发麻斜,还是等到1899年11月中法两国代表签订《广州湾租界条约》之后。当局势趋于平定,1900年总督保罗·杜美颁令启动租借地的行政组织工作,2月9日民政官员阿尔比(又译"安公使",Gustave Alby)到广州湾就任总公使,驻守当地的法国海军中校马罗(le lieutenant-colonel Marot)向其移交权责。为了与海军分庭抗礼,阿尔比旨在新建城区而非在军队戍守的西营办公。为此,1900年9月26日广州湾法当局颁令"在麻斜河左岸[①]建设一座城

---

① 麻斜河即今湛江海湾,内陆流出的淡水由北向南注入海湾,故左岸即为东岸。

市"。随后的 11 月，广州湾法当局制定多款条文，于次年得到印度支那总督府民政部门（le Directeur des affaires civiles）批准，要求当地拥有不动产的民众向法国官员登记注册。① 与此同时，法当局划分城区地块，相关规划体现在一份名为《麻斜市地块图》（Plan de lotissement de la ville de Ma-Tché）②的 1∶5 000 地图上。这份地图经广州湾总公使阿尔比于 1901 年 2 月同意，由租借地总建筑工程师 V. Aymé 于 4 月起草，经河内总督府的工部局主任 E. Dardenne 于 5 月批准，最终得以生效，并由印度支那地理部门印刷。在图例部分，绘图者注明："土地正在迅速开发，麻斜河沿岸已开发 5 000 平方米。通过渠道向海里排泄污水已不成问题。"图中用数字标注地块，近海地带划为"区域一"（Zone 1），外围地带则划为"区域二"（Zone 2）。地块数目较 1900 年规划图有所增多，而且用打交叉的形式表示已出售的 20 多幅地块。该图还用深色表示预留土地，新增若干拟建设的设施，如帆船避风港（darse pour les jonques）、火车站车间（atelier et dépôt gare）、公共花园（jardin public）、税务局（Perception）和教堂（église）等。

另在配合商埠规划的基础建设方面，法当局拟在海角西南部建立一座 T 字形栈桥码头。由此可见，法当局有意将麻斜发展为一处兼具行政、商业、居住和防卫职能，服务于殖民统治的城区。跟随法国人而来的个别商人大概出于投机心理，也参与政府的麻斜土地拍卖。如混血儿比利（Henri Piry）投得麻斜一幅土地，按照 1901 年其与法当局关于鸦片专营权的合同，他应该在麻斜修建一处鸦片加工厂。③ 然而比利只顾鸦片出口和走私内地，没有投资修筑加工厂。1903 年 6 月总公使阿尔比指比利违约，故收回该幅土地。④

广州湾法当局开发麻斜，无可避免要面临地方社会的问题。广州湾法当局建立花园开辟公路，恰恰选址在张氏村民聚居之地，张氏宗族多条村落被划入规划图之内，使得他们与法当局的利益冲突势同水火。麻斜乡间流行一种说法，认为 1902 年当地张氏村民的抗争迫使法国公使署于当年迁离麻斜。对于事件起因，他们如此书写："1902 年法帝又强占麻斜村张氏太始祖墓陵至麻斜码头一带村庄耕地 1 500 多亩，准备兴建花园、商埠，限令村民挖迁张氏始祖墓陵、民房，

---

① *Arrêté enregistré sous le N. 2692, arrivée le 23 Novembre 1901.* INDO/GGI/46095, Archives nationale d'Outer-mer (ANOM).
② 法国学者安托万·瓦尼亚尔（Antoine Vannière）提供，原藏法国国立海外档案馆。
③ ［法］安托万·瓦尼亚尔：《广州湾租借地：法国在东亚的殖民困境（上卷）》，郭丽娜、王钦峰译，暨南大学出版社 2016 年版，第 180 页。
④ *L'administrateur en chef du Territoire de Kouang-Tchéou à Monsieur Secrétaire général de l'Indo-chine, le 23 Juillet 1903.* INDO/GGI/46095, ANOM.

激起村民反抗。"①然而,史料却对双方冲突有不同记载。张氏祖墓一通立于1902年的碑刻以克制的语气记述:"今法人租界开埠此所,庐墓田园毁迁者过半,幸蒙总公使安准修茔广以保先骸是为瘗。"②近30年后,当张氏族人回忆法当局征收土地一事,仍能忆起事发之突然与无助:"自法官莅政宰治吾民,建营楼于暗铺、炮台二岭,创花园于西山、井头二村。意(在)大开商埠,遂先远凿街途,毁地填田,掘墓拆屋。种种惨害,犹不必言。即我始祖邱坟亦几发掘,并盛言麻斜全土尽为商埠用落,皆要逐渐迁移。斯时族内人心惶惶,莫知所措。或思徙南北欲之琼,彼欲之雷。意谓我麻斜开族以来子孙繁盛,乐处于斯,而一旦流离四散,化为乌有也,尚何心于世界哉?窃幸祖宗有灵,子孙托荫,默使其废商埠而不建于我地,毁楼宇而尽徙于西营。"③由此可见,张氏将危机的化解归功于"祖宗有灵"而非他们的抵抗,可见法当局搁置开发颇为突然。此外,1903年5月张氏族长还曾写信给总公使阿尔比,指出其位于新屋仔村的土地被法华学校占用,请求政府拨出一块土地以安置"庞大的家族"。④ 由此可见,法国人占领广州湾最初几年持续开发麻斜土地,尽管张氏族人为自身利益提出各种请求,但未能有效阻止。那么法当局最终放弃麻斜城市建设的真实原因何在?

如前所述,殖民统治初期麻斜的城市建设似乎颇有成效,1902年到访广州湾的香港记者 Alfred Cunningham 写道:

> 居住区和商埠布局十分出色,开阔的道路中间和两旁种满树木,一些场地被规划为公共花园和露天场地,工程的目的是为了将此地变得美丽、卫生和健康……为官员所设的官邸,以及其他一些邮政电报局、警察局的公共建筑已经建成。一所悬挂巨幅法国国旗、有着豪华建筑特色的中式房屋,是对本地人开放的免费学校。大量私人住宅正在建造当中,大部分是小而精致的平房。⑤

该记者所指的"学校"即法华学校(École Franco-Chinoise),由法当局出资与当地华人合办,其时曾长期在法政府任职的通事张明西(1890—1947)之父张芝

---

① 张宝护编:《麻斜志》,1996年,内部资料第41页。
② 麻斜张氏始祖墓"奉天诰命"碑,碑存湛江市坡头区麻斜街道,吴子祺2014年抄录。
③ 《张氏长枝次房四修支谱序》,麻斜村委会藏。
④ *Le chef des villages de Ma-Tché Tchang-Ming-Khoi à Monsieur l'administrateur adjoint*, le 23 mai 1903,INDO/GGI/46095, ANOM.
⑤ Alfred Cunningham. *The French in Tonkin and South China*. Hong Kong: Hong Kong Daily Press, 1902.

华,就是办学合作者。而当时张氏族人在军队任低级军官者,亦不在少数。① 法国在广州湾的殖民管治吸纳部分当地人,即使法当局与地方社会面临利益冲突,这类群体亦能发挥缓和与调解的作用。换句话说,法当局在麻斜面临的主要困难,并非来自当地人的抵抗。反而是印度支那高层殖民策略的变动以及广州湾法当局与赤坎华商经济角力之失败,促使法国人在1910年前后最终放弃麻斜,转而改建赤坎埠的西营为行政首府。

海湾西岸的赤坎埠自18世纪后期起吸引潮州、福建和广州等地客商往来经营,其繁荣局面及商业中心之地位,直至广州湾时期依然保持。赤坎位于海湾深处,港口条件较好,更易于沟通内陆腹地。② 法国人将广州湾开辟为自由贸易港,欲在麻斜发展商业,必与赤坎华商相竞争。然而,麻斜的经济基础薄弱,海角易遭受台风等灾害打击,法国人开辟商埠并不顺利,没有多少商人进驻麻斜经商。1912—1915年担任广州湾总公使的卡亚尔(又译"葛公使",Gaston Caillard)回顾道:"在麻斜我们建有一条宽敞的林荫大道,在我们计划要建的新城区将建起四通八达的道路。可是港口和停泊口没有得以规划建设,遇上台风这种坏天气,船无法在麻斜停泊。由于几乎不可能在麻斜装卸货物,船只像以往一样继续驶向赤坎去,赤坎还是保持租借地贸易中心和唯一港口的地位。"③

随着保罗·杜美离任,法属印度支那高层对广州湾的策略发生重要调整,回顾1903年之后的管治理念转变,一位广州湾官员在1917年的财政预算写道:"为了租借地的政治和经济前途,1900年启动的所有大工程全部搁置。此后财政拨款仅以维护和平占领为目的,没有长远目标,1904年至1911年间,预算仅剩下行政人员支出一项……"④1905年代理总督更进一步向广州湾总公使表明。为了适应种种不明朗状况,租借地发展计划需要搁置,法当局仅在当地负"看管"责任,故尽量减少投入。⑤ 但在此期间,广州湾法当局并非全无作为,强调"文明使命"是法国殖民主义的特点之一,而向当地人输出法语文化更是一贯做法。

---

① 张兴全:《麻斜抗法斗争史》,《掌中诀》,澳门出版有限公司2012年版,第646—647页。
② 徐冠勉、吴子祺:《埠与墟——商业会馆与清代粤西南地方社会》,《历史人类学学刊》第17卷第1期,2019年4月,第1—29页。
③ Gaston Caillard, *L'Indochine, géographie, histoire et mise en valeur: Kouang-Tcheou-Wan*. cited from Joel Montague, "Kouang-Tchéou-Wan and it's place in French Indochina" -A Vision of The Former French Leasehold as Seen by An Administrator Emeritus of The French Civil Service in 1929, unpublish article.
④ *Budget annexe du Terrtoire de Kouang-Tcheou-Wan*, exercice 1917, Gouvernement général de l'Indochine, Hanoi, IDEO, 1916, p.12.
⑤ Minute de Broni, gouverneur général p.i. à l'administrateur en chef, le 16 Septembre 1905. INDO/GGI/5165, ANOM.

1906年广州湾第一家法华学校在麻斜开设,该校为学童提供中法文教育,法语分级教育逐步完善,并有学生赴河内应考医科学校。① 宣扬殖民主义的法国刊物《殖民地插图快讯》甚至称这所学校有助于法国向中国进行扩张,开展"以教育促进道德教化的工作"。② 但整体而言,彼时广州湾的状况相当凋敝,麻斜开阔的街道却只有十几栋房屋散落其间,栈桥亦弃置不用。③ 1908年9月新任总公使谢斯杰(Henri Victor Sestier)向上级提交一份措辞激烈的报告,直陈租借地凄凉衰败"可悲地证实法国的努力皆是徒劳",接着提出数项建议,包括将首府由麻斜迁到地理位置更佳,靠近商业中心赤坎的西营。④ 谢斯杰主张动用大笔资金锐意发展广州湾,显然不符合印度支那高层"以最低成本维持租借地"的策略,到任不足三月就被调离。

图 2 设在麻斜的法华学校

资料来源:"Territoire de Quang-Tchéou-Ouan," *La Dépêche Coloniale illustrée*, 7e Annee, N. 15 (15 août 1907).

可是谢斯杰所倡议的首府迁移计划,却在其后得以落实。1909年广州湾总公使杜弗雷尼勒(Paul Edgar Dufrénil)向印度支那总督报告,行政机构将由麻斜迁往西营的"风声"已引起法国侨民关注,并提出利用西营的废弃建筑事

---

① Rapport d'ensemble sur la situation du Territorire de Kouang-Tchéou-Wan, le 1er Juillet 1906. INDO/GGI/5143, ANOM.

② "Territoire de Quang-Tchéou-Ouan," *La Dépêche Coloniale illustrée*, 7e Annee, N. 15 (15 août 1907), p. 180.

③ Rapport d'ensemble de Setier au gouverneur général, le 5e Septembre 1908, INDO/GGI, ANOM.

④ [法]安托万·瓦尼亚尔:《广州湾租借地:法国在东亚的殖民困境(上卷)》,郭丽娜、王钦峰译,前揭第155页。

属可行。① 约半年之后,杜弗雷尼勒再向总督报告关于行政机构迁移的提议得到当地驻军认可,此举将有助于持续改善租借地的经济。② 次年初,首府迁移计划进入落实阶段,广州湾总公使已着手重建军方遗弃在西营的建筑,以备行政机构使用。③ 麻斜遭到废弃后,广州湾法当局一度有意将其改为第二起的首府④,以继续利用较坡头更多的公共建筑。⑤ 但显然法当局的工作重心放在西营的建设上,至1910年底,各机构已陆续搬到西营,总公使还提出修建数座官邸和办公楼的计划。⑥

占领广州湾之后,租借地法当局曾在总督保罗·杜美的主导之下制订一系列发展计划,包括规模颇为可观的城市建设。从早期规划图可见,法当局欲将首府麻斜发展为一处功能完善的城区,兼具行政和商业功能。但是由于法属印度支那高层调整殖民策略,大幅裁减对广州湾的资源投入,加上地理环境的限制,以及地方社会的竞争和不配合,使麻斜最终遭到废弃,首府迁到海湾西岸的西营。如今在麻斜,法国殖民管治的遗迹几乎全部消失,甚至早在广州湾时期,当地人只是依稀了解昔日首府的历史。⑦ 一湾相隔,西营的城市建设面貌远胜于如同郊外渡口的麻斜。

三、西营的现代化建设

法国人到来之前,西营并非城镇或墟市,仅有海头港、郑屋村和洪屋村等村落和一处海防炮台,最近的海头墟坐落在西北方向数公里之外。1900年广州湾法当局建立行政制度后,最初将西营定位为附属于麻斜的军事基地,建筑物大多数为军营。⑧ 为何法当局要将行政机构与军队分驻两岸,而非集中共用资源?法国学

---

① *Rapport politique et économique des mois d'Avril et Mai 1909*. INDO/GGI/64357, ANOM.
② *Dufrénil à M. Le Gouverneur Général de l'Indochine, le 09 Octbre 1909*. INDO/GGI/64357, ANOM.
③ *Rapport politique et économique trimestre (1er trimestre 1910)*. INDO/GGI/64358, ANOM.
④ 1900年,法当局将广州湾租借地划分为3起(circonscription),大致以海湾西岸为第1起,海湾东岸为第2起,海湾以南的东海和硇洲两岛为第3起。赤坎、坡头和淡水分别设为3起首府,每起派驻一名副公使管理。1911年后广州湾法当局调整地方区划,废除3起,改设以警卫军营官负责为主的区代表制(délégation)。
⑤ *Rapport politique et économique du 2e trimestre 1910*. INDO/GGI/64358, ANOM.
⑥ *Situation générale du Territoire du Kouang-Tchéou-Wan, le 1er October 1910*. INDO/GGI/64358, ANOM.
⑦ 张本口述,吴子祺记录,湛江市霞山区新园路,2015年2月。
⑧ Gouvernment Genéral de l'Indochine, *Annuaire général de l'Indo-Chine (1903)*, Hanoi: Imprimerie d'Extereme-Oreint, 1903.

者安托万认为,是因为法当局企图控制海湾两岸,以维持两岸的秩序,向中国政府和广州湾乃至高雷两地民众①表明法国完全占领租借地。② 不过印度支那总督府无意投入足够资源维持两处城区,合二为一势在必然。广州湾法当局之所以能够利用西营发展新的行政首府,更是因为1904年法国海军的大规模撤离。根据保罗·杜美继任者保罗·鲍(Paul Beau)的财政紧缩政策以及日俄战争的形势变化,印度支那总督府不再着力将广州湾发展为法军基地,1904年驻扎当地的海军陆战队(即红带兵)由1 000人锐减至150人。③ 因此,西营留下大量废弃的营房和军事设施,正好可为行政当局的进驻提供充分理据。如前所述,经过谢斯杰等历任广州湾总公使争取,1909年印度支那总督终于同意首府迁移计划。

1910年总公使署等行政机构全部迁到西营后,法当局设一名副公使负责西营的市政管理,此后首府一直设在该地。1911年7月4日颁布的法令一系列政制改革在广州湾推行,旨在重组和简化广州湾的行政和司法部门,其中包括上文提及的区划改革。此外,还将广州湾财政预算纳入法属印度支那总预算的一部分,既加强后者对前者的管辖,也使得广州湾法当局的财政和行政自主权进一步削弱。④ 尽管如此,广州湾亦迎来新的发展。法当局总结首府迁移所带来的好处:其一,新建设带来城区的扩张,吸引商人前来聚集;其二,带动鸦片、硫磺和硝石⑤等物资的需求上升。加上港口设施的建设,从而改善商品流通和人员流动,国内局势动荡之下,不少周边地区及广东沿海商民渐渐前来西营定居。⑥ 改革措施渐次实施,法当局也在西营大兴土木,法院、中央监狱和警卫军营房(prison centrale et garde indigène)等带有镇压职能的机关全设在西营。为了加强行政中心与商业中心的联系,连接西营与赤坎的长达12公里南北向公路工程在1912年动工。落成之后,汽车可在这条公路通行,并且连接重要的海头墟。⑦

---

① 吴川县属高州府,遂溪县属雷州府,麻斜和西营之间的海湾是高雷两地的分界线,东西两岸的方言和民俗差别颇大。

② 安托万·瓦尼亚尔:《广州湾租借地:法国在东亚的殖民困境(上卷)》,郭丽娜、王钦峰译,前揭第130页。

③ Bert Becker, "French Kwang-Chow-Wan and British Hong Kong: Politics and Shipping, 1890-1920s," in Jame R. Fichter ed., *British And French Colonialism in Africa, Asia and the Middle East: Connected Empires across the Eighteenth to the Twentieth Centuries*. London: Palgrave Macmillan, 2019, pp. 181-221.

④ [法]安托万·瓦尼亚尔:《广州湾租借地:法国在东亚的殖民困境(上卷)》,第161—162页。

⑤ 广州湾法当局对鸦片、硫磺硝石和盐实行商品专营,即由个别商人出资向政府承包,取得垄断经营权。

⑥ *Rapport complètementaire sur la situation du Territoire pendant le premier semestre 1912 au conseil du gouvernement*. INDO/GGI/64360, ANOM.

⑦ *Rapport politique et économique du 4ᵉ trimestre 1912*. INDO/GGI/643360, ANOM.

民国建立之后,为了使国人了解"僻处南疆、鲜有研究及之"的广州湾租借地,《时事新报》《东方杂志》等开始关注广州湾的发展,编译一名法国人的游历见闻来介绍广州湾的发展情形:

> 广州湾自租借后,成绩极为简单。文武官吏均居于首府白雅特城①……该城地势甚狭,故至今仅有华人住宅数十家,店铺二三十处。此外沿湾附近,警政邮便已组织完善……白雅特城位置极佳,宜于商业,筑于一高堤之上,气候尤宜于卫生,风景绝佳,建筑物甚为美观,道路亦极齐整。惟本港商业尚未发达,赤坎汽船经此停留约一小时。②

对于以法国城市建设理念而营造的西营,这位作者情绪交杂。既赞赏西营之美观,又在批评法国人经营进度缓慢之余,表达有关中法两国争夺利权的担忧。由其描述可见,西营在确立首府地位之后不久已初成规模,并与赤坎加强水陆路的联系,而租借地的殖民统治局面似乎得以改善,昔日衰敝局面有所振兴。西营多条道路均以法国政治人物、战争英雄以及地名而命名的街名(见表1),彰扬殖民主义的权力符号,而这些街道的建筑风格和氛围,亦传递出一种"殖民景观":

> 西营地方虽小,那街道之整洁雅致可就足以令你惊叹不置。那些街道是那样的宽宏和雅静,短的红墙,院内院外的花木是那样的栽植得恰到好处……看了你真会相信法国人是爱美的高贵的民族。③

表1 西营公共建筑集中的街道

原　名	今　名	建　筑
霞飞路 Boulevard maréchal Joffre	海滨大道南(海滨西二路口至青岛路口)	总公使署、邮政电报局、安菲特利特号纪念碑
福克大马路 Boulevard maréchal Foch	民有路北段	无线电台、爱民医院、马迪运动场、监狱

---

① "白雅特城"为该篇文章对 Fort Bayard 的音译,法当局和民间一般称为"西营"。关于 Fort Bayard 之得名,参阅肖玮:《法国租借地广州湾首府巴亚尔堡(Fort Bayard)命名原因初探》,《乐山师范学院学报》2015年第11期。
② 汉声:《法人广州湾之经营》,《时事汇报》1914年第5期,第15—17页。
③ 王雪林:《广州湾一瞥》,《统一评论》1937年第3卷第11期,第7—8页。

(续表)

原　　名	今　　名	建　　筑
比利时街 Rue de Belgique	延安路	总公使官邸、官员住宅、东方汇理银行、福音堂
比利基场前 Klobukowski	青岛路	维多尔天主教堂、金鸡纪念碑
工程街 Rue des Tavaux Publics	土木路	工务局、越南会馆
Avenue Paul Beau	解放东路	红带兵营

资料来源：韦健：《大广州湾》，东南出版社1942年版，第14—19页。

图3　20世纪20年代的西营街景

资料来源：Joel Montague 收藏品。

西营地势相对平坦，法当局的机构和官邸主要设在北部，即上表所示的街道；南部临海区域则较为低洼，因此成为帆船避风塘以及华人经商和居住之所在。首府设在西营之后，但与军队同一时间进驻的巴黎外方传教会仍然坚守当地。曾协助法军占领广州湾的范兰神父（Auguste Ferrand）于1902年在西营建成一座哥特式建筑的维多尔教堂。但范兰与其继任者罗凌神父（Ferdinand Laurent）皆不甚重视面向当地华人的传教工作，更多服务于法国人社群和随教会迁来的外地民众(如涠洲岛)。1905 年法国颁布的政教分离政策,以及"殖民价值观逐渐内化"形成的报复性懈怠心理作祟,使得天主教在当地的发展甚为缓慢。① 但是,凭着与法当局的密切关系,以及上级教会的财政支援,广州湾天主教会在西营购置多幅土地。1917 年谢兰神父(Etienne Marius Cellard)接任教区工作后,大批雷州教民为了逃避动荡不安的政局而移居广州湾,在教堂邻近的海头港村形成聚居点。② 天主教占据西营城区的相当一部分空间,而高耸的两座塔尖,更成为海上望向西营的醒目地标。反观同一时期的赤坎,法当局将其比喻为越南堤岸:"居住在这一大型城区的富商们很乐于看到,他们事实上一直拥有的自治权得到我们 1912 年 6 月 27 日法令的正式确认。"③其后,华人富商更被进一步赋予政治权力,1916 年 5 月 2 日的法令规定,法国人担任的赤坎市长由 12 名华人组成的市政委员会辅佐,以确保赤坎的华人自治权。次年,广州湾商会正式成立。④ 可以说,南北相对的西营和赤坎沿着不同的路径发展:前者由法当局主导建设,后者则听任华商投资开发。

20 世纪 20 年代初,曾任法属印度支那总督的时任殖民部长阿尔贝·萨罗(Albert Sarraut)致力推动新的殖民策略,主张在法国殖民地与当地人建立"殖民合作"。萨罗的多位亲信在印度支那各地担任长官,推行一系列改革和建设,包括赋予当地精英更多权力。广州湾亦受惠于此,华人代表进入咨询委员会,法当局投资增多,进出口贸易数额持续上升。⑤ 而巴黎外方传教会也看好广州湾的发展形势,适逢 1921 年从广州教区划出北海和海南代牧区,俄永垂主教(Mgr Gauthier)一度选择西营维多尔教堂作为主教府。⑥ 为了实现"文明使命",在克劳泰默(Jean-Félix Krautheimer)和赖宝时(Paul Blanchard de la Brosse)两任总公使任内(1919—1926 年),广州湾法当局积极推动现代化建设,以增强殖民统治的合法性。法当局甚至认为其在广州湾的经营,能够成为法国面向全世界以及中国的"模范建设(un établissement modèle)"。为此,一系列大型工程先后动工,海堤和码头,以及连接租借地内外的四通八达道路迅速改变了西

---

① [法]安托万·瓦尼亚尔:《广州湾租借地:法国在东亚的殖民困境(上卷)》,郭丽娜、王钦峰译,前揭第 280—281 页。
② 李河口述,吴子祺、李宜珍记录。2017 年 4 月,湛江市霞山区社坛路。
③ *Rapport politique et économique du 3ème trimestre 1912*. INDO/GGI/643360, ANOM.
④ *Rapport au Couseil de Government général de l'Indochine*（1920）, Hanoi-Haiphong: Imprimerie d'Extrême-Orient, 1920, p.99.
⑤ Patrice Morlat, *Indochine Années Vingt: Le rendez-vous manqué*（1918 - 1928）, Paris: Les Indes Savantes, 2005, pp. 332 - 340.
⑥ *Lettre de Mgr Gauthier au Supérieur général des Missions Etrangères*, le 18 Janvier 1925. A2105, Archives des Missions Etrangères de Paris.

营的面貌。①

　　而萨罗及其亲信所倡议的"殖民合作"之关键,在于培养通晓法语的当地人才。② 对于广州湾而言,在屡设屡废的法华学校基础上建立一所新的中学——安碧沙罗学校(Collège Albert Sarraut),能够帮助法当局训练一批本地人才充实政府部门,以应付各类意外事件,并且协助殖民统治。③ 1922 年 8 月 3 日,广州湾中学教育终于创设于人口仅有 6 000 多人的西营,开设法、中、越不同语言教授的班级。④ 与此同时,医疗卫生之建设被法当局视作现代化的重要手段,1922 年,赖宝时总公使主持爱民大医院(l'hospital indigère)启用仪式,宣告法当局的医疗服务面向当地华人开展。医院设在福克大马路,初设病床 12 张,以及女性病床 6 张。⑤ 医院聘请留学越南归来的黄宁民医生,既象征法当局对当地民众的"关爱",宣扬其殖民统治的政绩与正确性,又展示法当局与华人的"合作"。同时,进一步开拓城市的空间边界,推动城区发展。根据 1928 年绘制的西营城区地图,城区被划分为 100 多幅大小不一的地块,建成面积约 4 平方公里。法国人区与华人区有明显分隔,法国人居住在城区北部,庭院式建筑物较为疏松,而华人和越南人则住在地势较低洼、易受海潮侵袭的城区南部,多为骑楼式的密集建筑。法属印度支那国防军(infanterie coloniale,俗称"红带兵")所占地块有 5 幅,其中位于西北的 3 幅面积颇大;由印度支那总督府派驻的海关及专卖局(Douane et Régies,1914—1928 年向持牌商人发售鸦片)在法国人区核心占有一幅地;广州湾政府和警卫军(grade indigère,俗称"蓝带兵")所占地块多达 23 幅,包括总公使署、司法机构、各级官员和军官住宅、监狱、警署和学校等设施。而在海岸一带,法当局建成堤岸码头 3 处和栈桥码头 1 处。此外,亚细亚石油公司、美孚石油公司和东方汇理银行等在海滩设有多个货栈仓库,反映城市建设有助于商贸发展。⑥ 不过大型轮船仍不能直接靠岸上落客货,需要小艇接驳,码头设施不甚完善。

---

① *Rapport au Couseil de Government général de l'Indochine* (1922). Hanoi-Haiphong: Imprimerie d'Extrême-Orient, 1920, pp. 387 - 388.
② Kelly, Gail P. "Colonial Schools in Vietnam, 1918 to 1938." *Proceedings of the Meeting of the French Colonial Historical Society*, 1977, vol. 2, pp. 96 - 106.
③ *Rapport au Couseil de Government général de l'Indochine* (1922). p.389.
④ *Rapport au Couseil de Government général de l'Indochine* (1923), Hanoi-Haiphong: Imprimerie d'Extrême-Orient, 1920, pp. 372 - 373.
⑤ Bertrand Matot, *Fort Bayard*, *Quand la France vendait son opium*, Editions François Bourin, 2013, pp.121 - 122.
⑥ *Carte du centre urbain de Fort-Bayard* (*document cartographique manuscrit*), 1928. Bibliothèque nationale de France.

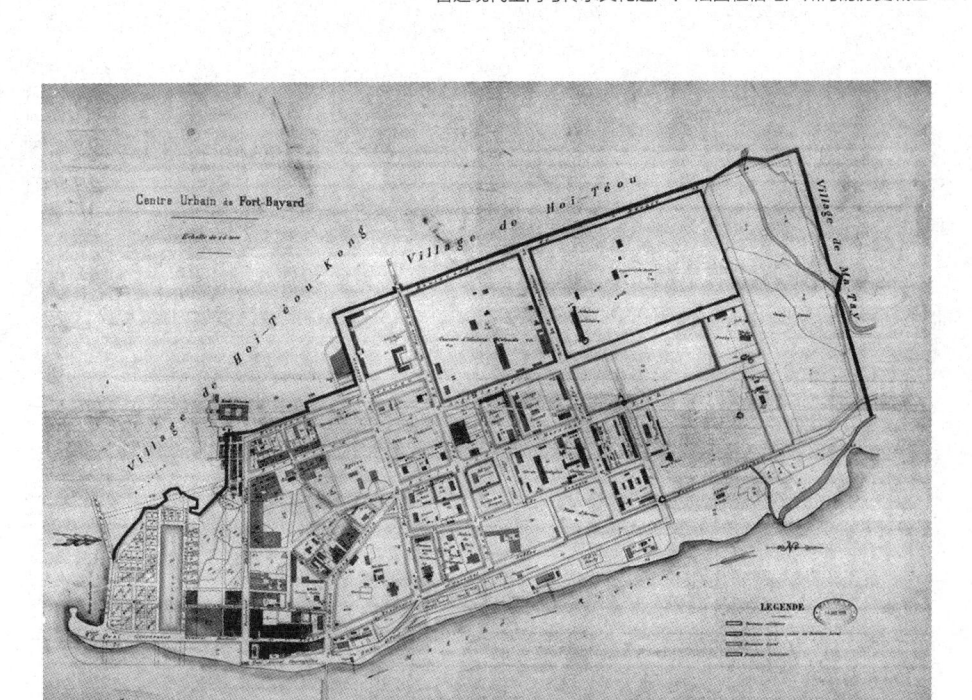

图 4　1928 年绘制的西营城区地图稿本

资料来源：法国国家图书馆藏。

电力供应与殖民管治之关系广为学界讨论，[1]广州湾法当局 1922 年便提出建立供电设施，向西营和赤坎两座城区输送电力，但未能即时得到支持。尽管当局认为供电具有诸多经济益处，而且各方面条件也有利于发展。晚至 1926 年，终于有法国公司愿意投资电力事业，1928 年设在西营的电厂建成，商业前景令人乐观。据广州湾法当局所记，东洋电灯公司（Société indochinoise d'électricité，后称"越南电力公司"）克服重重困难，包括中国商人的抵制，终在 1929 年 10 月 20 日向西营和赤坎输送电力，点亮电灯。这一场景引起侨民和租借地内外民众的一片轰动，许多人慕名前来围观。[2] 法国公司对广州湾的投资，无疑增添殖民管治的实力和声誉。1924 年，随着广州湾贸易（尤其是鸦片贸易）快速增长，开设金融机构已成当务之急，法当局再次促请东方汇理银行（Banque d'Indochine）在广州湾开设支行。1925 年 2 月，西营支行正式设立。[3]需要注意的是，东洋电灯

---

[1]　Sunila S. Kale. "Structures of Power：Electrification in Colonial India." *Comparative Studies of South Asia, Africa and the Middle East* 2014：34(3)，pp. 454－475.

[2]　Rapport politique mensuel du mois d'octobre 1929. INDO/GGI/40528，ANOM.

[3]　[法] 安托万·瓦尼亚尔：《广州湾租借地：法国在东亚的殖民困境（下卷）》，郭丽娜、王钦峰译，前揭第 90—92 页。

公司和东方汇理银行在广州湾的业务皆以"西贡纸"(piastre,法属印度支那官方货币)交易和结算,法当局是其主要服务对象,两家企业的开设有助于维护法国殖民管治。而宏伟的银行大楼和新奇的工业厂房,进一步充实西营城区的首府职能。

法国人在西营的生活如何? 1921年12月为了交涉剿匪事宜的粤军将领黄强①留下一段珍贵记录:

> 与柯公使往参观西营全区,有荟英堂一所,建筑未竣,工程极大,约费三四万金。其形式祠堂学校兼而有之,牌位极多。晚饭时,柯总公使并约花厅长、某武官同席。明日适为西人冬节日(即圣诞节,引者注),十二夜赴教堂念经,弟与法公使均非天主教中人,然亦同去。公使夫人唱经,某武官拉维阿铃琴和之。弥撒后,俄主教演说中法两国提携之必要,及此次来雷琼钦廉各属希望教会各种事业,娓娓动听。二时返到公使家中,西例是夜应会餐一切肉食,俱制冷。同餐十余人,俱租界内之法国官商,商谈剿匪事,咸愿极力赞助。四时方散席,旋即就寝,六时起床。
>
> 廿五日下午五时,所有租界内法国人民,无论男女老幼,概到使馆茶会。柯公使预在家中以松树一株悬有各种日用品及玩具,西人名圣诞节树。并由其家人手制各种物品,陈列两侧,旋以女童两人,分携木匣,内盛号码。先儿童,次女人,次男人,按此捡票,号码若干。另有一表,由公使宣布注明得何物品,计捡五次,弟首次得蜡制儿童一个,全场闻笑不已。盖此应为妇人所得之物也。二次烟嘴,三次烟卷,四次帐钩,五次烟卷。公使夫人以弟所得各物俱不适用,乃以第五次奖品换一乃女公子所制之盛邮票铁绘木匣,以为纪念。七时散会,俄主教、谢教士邀到其教堂晚饭。②

素与法国人交好的黄强到访广州湾,得到时任总公使柯德玛③和传教士俄永垂和谢兰的盛情款待,参加平安夜的子夜弥撒和圣诞节的法国人聚会。从他的叙述可知,尽管柯德玛不信仰天主教,仍然遵照传统,维系行政当局与教会的关系。总公使家庭肩负社会责任,需要组织社交活动,沟通法国人社群。此外,

---

① 黄强(1887—1974),字莫京,广东龙川人。黄强早年在广州学习法语,后长期跟随陈炯明,二次革命失败后留学法国。1920年陈炯明率粤军回师广东,次年任命黄强为第七路军司令,驻守雷州剿匪。
② 黄强著,黄景星编:《黄司令官造雷平匪实纪》,雷城道南印务局1922年版。
③ Jean-Félix Krautheimer(1874—1943),曾两度(1919年1月—1922年3月和1922年12月—1923年4月)担任广州湾总公使。

辅佐和支持法当局的华人绅商虽然也参加聚餐,但未有真正融入法国人的生活。黄强所提及的"荟英堂"是广州湾华人创办的第一所新式学校益智学校,位于海头港村,处于西营城区的西部边缘。该校1924年启用,向广东省政府登记办学,其办学经费几乎完全来自绅商捐款。值得注意的是,与法当局关系密切的华人领袖陈学谈及其亲友经营的鸦片公司"广宏安号""陈饶裕"和赌博公司"五行俱乐部"捐款名列前茅[1],反映他们获利甚丰,势力庞大,并不忌讳可能招致的负面评论。[2] 为了维持城市的整洁,广州湾法当局经常役使囚犯扫街和铺路。囚犯戴着沉重的枷锁和脚镣,在法越军警监管下辛苦劳动,体现殖民统治对华人的压迫。[3]

  西式建筑风格的政府机关也表现殖民管治的威严,如向海而立的总公使署于20世纪20年代初落成,楼顶矗立一座钟楼,使华人印象深刻。[4] 在益智中学教师、浙江人程鼎兴的观察中,西营"各办公处及东方(汇理)银行、洋楼均极宏丽。法国式的建筑终不脱农场风味,各大洋楼外照例都有园地,以短墙包围,种植林木草花,荫森幽美。马路也如上海那样两旁人行道上排植桐槐外,复增加草地两直,看去无异绿绒毡毯铺垫一般,车道即在此两草毡间。"[5]此外,法当局还专门在西营树立两座纪念碑,凸显殖民地空间的属性。不过对于华人而言,他们似乎不甚了解纪念碑的真正含义。安放在维多尔教堂前的金鸡纪念碑(Le Monument aux Morts),本为纪念第一次世界大战为法国牺牲的广州湾警卫军参战者,但在记者韦健笔下,却被误记为:"巴黎首遭德机空袭,当其时天色未曙,并无准备。幸得一雄鸡高叫惊醒军民,始将敌机击退。"[6]1940年法国本土战败,法属印度支那面临日军压力,为了宣扬法国在广州湾的殖民管治和历史背景,当局授意远东学院在西营海边建造一座安菲特利特号纪念碑(Le Monument d'Amphitrite),纪念1701年法国商船首先发现广州湾。当年11月,法属印度支那总督德古视察广州湾,主持纪念碑的揭幕礼。[7] 然而好景不长,第二次世界大

---

 ① 《益智声》第5期,广州湾益智初级中学学校出版社,1929年7月10日。
 ② 陈学谈(1881—1966),广东遂溪人,其家乡北月村位于广州湾租借地南部。1911年陈学谈得到海头墟地主邱曙光帮助组织一支民团,平定其他匪帮,获取法当局赏识。1916年陈学谈担任赤坎公局长,使其民团合法化,并在1922年协助黄强剿匪,获陈炯明委任为遂溪县长和雷州善后处长。虽然陈学谈不久后辞职,但依然保存广州湾内的势力。与此同时,陈学谈竞投鸦片批发牌照,联合其他华商操纵鸦片生意。国民革命期间,遂溪籍共产党员黄学增多次要求政府惩办陈学谈,均不了了之。因此,张发奎将陈学谈称为"广州湾的杜月笙"。
 ③ 陈以大:《"囚徒"越狱抗法斗争记》,《湛江文史资料》(第1辑),1984年,第58—62页。
 ④ 祝宇口述,吴子祺、郭康强记录。湛江市霞山区人民大道,2017年2月。
 ⑤ 程鼎兴:《广州湾一瞥(上)》,《中央日报》1936年8月28日。
 ⑥ 韦健:《大广州湾》,东南出版社1942年版,第18—19页。
 ⑦ Jean-Yves Claeys, "L'Amphitrite à Kouang-Tchéou-Wan," *Indochine hebdomadaire illustré*, 1er année N. 12 (1940), p. 1.

战后期日军占领广州湾推翻法国殖民统治,1945年广州湾回归中国之后,新成立的湛江市政府在纪念碑刻上"还我河山",20世纪50年代初再改为"巩固海防",数年后被拆毁。无论是国民党政权短暂的执政时期,还是中华人民共和国成立以后,当政者皆着力清除法国殖民管治所遗留的印记。据国民党首任湛江市长郭寿华统计,政府接收法方屋舍共130栋,[①]大多位于西营。中华人民共和国成立后湛江地方政府对殖民历史持批判态度,许多法国人留下的建筑物被拆除或改建,带有殖民印记的"西营"一名也在1958年改称"霞山",此后广州湾时期的文化遗产遭到难以复原的破坏。

图5 印度支那总督德古(Decoux)参观安菲特利特号纪念碑

随着近年来社会各界重新审视广州湾历史文化,2013年湛江市政府出资,交由湛江市旅游投资集团负责的霞山"法式风情街"项目启动,范围为海滨大道

---

① 郭寿华:《湛江市志》,大亚洲出版社1972年版,第144页。

南至青岛路相交处共计约 800 米的临海路段。主要做法是，将楼房临街外立面和一楼商铺按照"欧陆风情"进行改造招商。由于真正的历史建筑仅存总公使署、"法军指挥部"、①邮政电报局和东洋电灯公司厂房旧址等数处，昔日庭院式的住宅全遭拆毁，20 世纪 80 年代建成四五层高政府宿舍楼，街区风貌和肌理已改变。因此，难现"风情"的法式风情街项目备受质疑和批评。

结　语

正如 1898 年法国猝然向清廷提出租借广州湾，1900 年正式建立殖民管治之后，法当局在广州湾的早期建设同样面临种种不确定性。法国人经营粤西南地区一处陌生而形势复杂之地，单靠法属印度支那的经验和制度显然不足以应付。

保罗·杜美雄心勃勃地指令殖民地官员占据海湾两岸的麻斜和西营，企图发展两处城区以全面控制租借地，并与根基牢固的华商争夺商贸发展之权。但由于法当局首府选址失误，麻斜地理环境不甚理想，加上印度支那高层改弦更张大幅压缩资源投入，使得广州湾行政当局在麻斜的建设遭遇严重困难，无法落实城市规划。因此法当局的城市建设不能吸引华人定居和促进商业发展，仅有若干行政机构勉强支撑。1909—1910 年，广州湾总公使终于劝服上级同意，将首府迁到西营，务求集中资源建设。第一次世界大战后法当局持续建设西营，得到教会和部分华商支持，20 世纪 20 年代迎来蓬勃生机。这一时期萨罗及其亲信赖宝时等推行政治改革，增加投资和基础建设以拉拢民心。受此利好所及，广州湾法当局开通多条道路，扩大西营城区面积，并先后建造中学、医院、电厂和银行等传播"文明使命"的公共设施，试图主导租借地的现代化进程。而富有殖民主义色彩的路名和纪念碑，反映法当局从文化层面维持殖民管治的用心。但由于法语不普及等缘故，普通民众显然难以理解其中意义，对于西营的"法国风情"亦往往只有粗浅的印象，难以形成认同感。

1945 年第二次世界大战结束后，法国临时政府向中国国民政府提前归还广州湾租借地。②新成立的湛江市接收法当局多座建筑并大多继续使用，又出于政治考量清除殖民痕迹；中华人民共和国成立后出于意识形态和现实需求而改建旧城区。总体而言，20 世纪下半叶广州湾时期的旧建筑屡屡遭到毁坏。随着

---

① 2013 年，广州湾法国公使署旧址和法军指挥部旧址被列为第七批全国重点文物保护单位。"法军指挥部"实为总公使官邸。官方申报资料有误。

② 郭康强：《抗战胜利前后重庆国民政府收回广州湾租借地的谈判及接收》，第二届"广州湾历史文化国际学术研讨会"论文，广东湛江，2019 年 12 月。

文化遗产理念日益得到官方和民间的认同，人们逐渐反思对待"殖民侵略"所遗留建筑之态度。地方历史文化日益受到重视和提倡，社会一些群体开始呼吁保护和活化利用历史建筑，部分团体声张文化保育理念，寻求参与地方公共事务。某种程度上，保存殖民时期建筑已成为各界赞同的共同认识，但如何书写和叙述这些文化遗产的历史，如何看待其中意义，乃至如何利用建筑物本身，仍时常引起争议。[①] 意识形态、文化诉求和商业利益等因素互相纠缠。依笔者之见，为了保护和传承广州湾文化遗产，政府和社会各界需要凝聚共识，承认广州湾历史是湛江乃至粤西南地区现代化进程的重要文脉，从而妥善保护和活化相关历史建筑，为旧街区谋划新前景。

图6 20世纪50年代中期的霞山基本保持广州湾时期风貌，对岸是麻斜
资料来源：湛江市档案馆藏。

(作者系法国社会科学高等研究院博士研究生)

[①] 2018年湛江市人大常委会通过《湛江市历史建筑保护条例》，指出城市发展导致部分历史建筑损毁，需要加强文化遗产保护传承与合理利用。不过，该条例的执行层面有待落实。

建筑的功用与生态变迁：上海外滩法国邮船公司大楼考略(1937—1949)

彭晓亮

任何一幢建筑都是有其功用的,而自开工建造的那天起,它就改变了所处地域的空间布局和环境生态。本文拟以上海外滩历史建筑之一——原法国邮船公司大楼为考察对象,梳理其从设计、建造到具体如何使用的生态变迁历程,试图以文本形式来复原该建筑的历史与人文风貌,从而见证上海城市发展变迁的时空动态性以及与世界联系的密切性和广泛性。

一、上海法租界外滩矗立起的大厦

上海外滩中山东二路辟筑于1860年,初名黄浦滩马路,因位于法租界境内,亦称法兰西外滩、法租界外滩、法租界黄浦滩、法外滩路。

1936年,法租界公董局决议对该路进行改造:"改造法外滩马路案。本董事会议决,准将法外滩西隅半边马路改造,以使隆起部分提高至常状二百分之一。惟本局不能受前数十年之路面图样所束缚,故不担负路旁私产之改造费。但本局各机关可就其能力所及,予路旁各地主以实行改造上之便利。"[①]1940年4月,公董局董事会常务会议决定对法租界外滩进行拓宽:"公董局董事会一九四〇年四月二日常务会议摘录——放宽法外滩案。本局各机关为避免码头拥挤及筹划将来起见,将意见提出讨论。本董事经将该意见审查后,决定放宽新开河与小东门捕房间之法外滩一段至二四.三八公尺(八十英尺)。该项决定于该路两旁之房屋翻造时,随时实行之。(见本期公报发表之图表)"[②]法外滩路于1943年改称南黄浦滩路,1945年改称中山东二路,位于今上海市黄浦区境内。

本文考察的建筑,位于今中山东二路9号,原名法国邮船公司大楼

[①] 《上海法公董局公报》,第6年第240号,1936年10月29日,第5页,上海图书馆藏。
[②] 《上海法公董局公报》,第10年第421号,1940年4月18日,第2页,上海图书馆藏。

(Messageries Maritimes Building),简称法邮大楼或 M. M.大楼,上海解放后曾一度改称浦江大楼,现为上海市档案馆外滩馆。

法邮大楼由法国邮船公司斥资,中法实业公司(Ledreux Minutti & Co.)合伙人、瑞士籍建筑师米吕蒂(Rene. Minutti)[①]设计,上海潘荣记营造厂[②]施工,1937 年年初开始建造,1939 年年初建成使用。该楼为钢筋混凝土结构,11 层,总建筑面积 9 000 余平方米,属现代派风格,毗邻法国驻沪领事馆原址。

图 1　上海法国邮船公司大厦设计图

资料来源:上海市建筑协会《建筑月刊》第 5 卷第 1 号,1937 年 4 月发行。上海图书馆藏。

---

① Rene. Minutti (1887—1971),生于瑞士日内瓦,1909 年毕业于苏黎世工学院,1920 年到上海,30 年代在上海有回力球场(Auditorium)、毕卡第公寓(今衡山宾馆)、震旦大学(今上海交通大学医学院老红楼)等建筑作品,设计风格以简洁著称。

② 潘荣记营造厂,位于上海汶林路 120 号(今宛平路),创立于 1910 年代,承接工程案例众多,包括上海宏恩医院、毕卡第公寓、毕业公寓、上海百代公司新厂、西安自来水厂等。

建筑的功用与生态变迁：上海外滩法国邮船公司大楼考略（1937—1949）

图 2　潘荣记营造厂广告
资料来源：同图 1。

图 3　建造中的法邮大楼　　　图 4　20 世纪 40 年代法邮大楼全貌

上海解放后,该大楼由房管部门接管,先后有上海机电设计院、第九设计研究院、第一机械工业部设计总局船舶设计处、中国畜产公司华东区公司上海分公司、上海船舶公司、上海居住开发公司、上海住宅总公司等多家单位入驻,1994年被上海市人民政府批准为"上海市优秀历史建筑"。2004年4月,作为上海市档案馆外滩馆正式开馆。

笔者经查阅上海市档案馆馆藏相关档案史料,并参考上海图书馆馆藏文献,《黄浦区志》《黄浦区续志》《上海对外经济贸易志》《上海金融志》《上海外事志》等志书及《老上海行名辞典(1880—1941)》,试对曾入驻法国邮船公司大楼的洋行、公司、领事机构及近现代名人作一梳理,以期追溯建筑的历史生态。

二、入驻法邮大楼的洋行、银行、公司

自1939年建成至1949年,法邮大楼中先后有洋行、银行、保险、造纸、航空、航运等众多行业入驻。其中有外资,包括法、英、美、德、瑞士、俄、捷克、挪威、埃及等国,亦有华资及中外合资。据笔者不完全统计,总数计有60余家。兹列表概述:

表1 驻法邮大楼的洋行、银行、公司

类别	名称	成立时间	经营范围	负责人	所处楼层办公室
法商	法国邮船公司(又名法国火轮船公司)Compagnie Des Messageries Martime (French Mail Co.)	1862年	主营航运	远东兼经理:J. Cochet 驻沪经理:却尔斯·米奥利司(C. R. Miollis)	1楼
	法国航空公司(Air France)	1947年10月	航空	经理娄澹如(Robert Jules Ledez),却尔斯·米奥利司	1楼
	法国远东建业公司(Societe Immobiliere D'Extreme-Orient)	1938年	房地产		
	华兴懋业公司(Societe Financiere D'Entreprises En Chine)	1937年	进出口		2楼
	巴黎工业电机厂股份有限公司	1926年	进出口	董事兼驻中国总经理濮佛乐(Michel Pavlovsky),俄国人	7楼78室

(续表)

类别	名　　称	成立时间	经营范围	负　责　人	所处楼层办公室
	中法工商银行 Banque Franco-Chinoise Pour Le Commerce Et Industrie	1925 年	银行		1 楼 （1939 年 3 月 20 日迁入）
	法商祥利洋行（Azadian FILS.）	1857 年	出口	经理 C. Azadian	3 楼
	祥利行有限公司	1903 年	进出口	西阿植定	3 楼 38 室
	百赉洋行 J. P. Pasquier		进出口	J. P. Pasquier	9 楼
	又勤钢厂 Ugine Steel Works		钢铁	M. Delaquaize G. Coquelet M. Calloch	9 楼
	中法求新制造厂 Societe Franco-Chinoise De Constructions Metalliques Et Mecaniques		造船	H. J. Lubeck 董事 J. Cochet 经理 D. Martinoli	
	太东洋行 East Pacific Trading Co.	1949 年 3 月	进出口	A. B. Carvalho	4 楼 46 室
英商	免那洋行 John Manners & Co., (Shanghai) LTD.	1940 年开业		经理毕季德（J. A. Picciotto） 意大利籍	3 楼 36 室
	英国制蛋有限公司 British Egg Packing & Cold Storage Co., LTD.		制蛋	J. Sakin E. E. Parsons A. Sakin	5 楼
	英商达利洋行（远东）股份有限公司,原名英商大利洋行（远东）股份有限公司 EMM. Yannoulatos（Far East）LTD.	1946 年 5 月 15 日	进出口贸易、运输、码头、仓库、保险、报关、理货装卸、代理以及投资	外籍董事爱克石考土司（Panayote. Exacoutos）希腊籍；华人董事陈友欧	6 楼 62 室
美商	美国太平洋企业公司 American Pacific Enterprises, Inc.	1945 年 8 月		李竞荣	3 楼 30 室

(续表)

类别	名称	成立时间	经营范围	负责人	所处楼层办公室
美商	美隆洋行 A. P. Pattison & Co.	1946年	进出口烟叶、糖、米、钢材、木材	A. P. Pattison G. P. Pattison	5楼58室，后改54室
	大美汽水厂股份有限公司事务所 Crown Aerated Water Company Federaling, U.S.A.		汽水制造及蒸馏水	董事 R. H. Parker H. F. Payne V. O. Remedies	5楼50室
	美福洋行 Geo. H. M. Fadden & Bro.		棉花	E. O. Taunton	4楼48室
瑞士商	百利洋行 Bryner & Co., (Shanghai) Ltd.	1940年	航运，火险，水险等	欧司拓罗武莫夫	
	巴噜士水险公司（瑞士商百利洋行下属的保险公司）	1864年	水险	古文辉	
	达昌洋行（或称达昌两合公司） De Schulthess & CO.				8楼80室
	雀巢奶品股份有限公司 Nestle's Milk Products (China) LTD.		奶品	E. Mandelert	8楼88室
德商	华薛德尔洋行				
捷克商	斯可达工厂国营公司上海分公司（Skoda-works, National Corporation Shanghai Branch）	1929年	进出口	驻华总代表吴办农（Frantisek Urbanek），捷克籍 驻沪经理 A. G. Pisarevsky 华经理：郑益之	6楼66室
俄商	德克洋行 (Terk Co., Mark)		专营呢绒进出口	业主兼经理：立陶宛侨商特克（Terk, M. B.）	4楼，后迁至四川（中）路346号
	凯绥建筑公司 (Cathay Construction Co.)	1930年前后开业	建筑	经理叶马诺夫（Emanov, N. N.）	工地：同孚路243号

（续表）

类别	名称	成立时间	经营范围	负责人	所处楼层办公室
俄商	科学研究服事所（Scientific Research Services Bureau）		统计分析、数学分析、科学研究与咨询	业主兼经理为格鲁金（Grudin, I. S.）	4楼48室
	刘维庭洋行	1949年	进出口	刘维庭	4楼41室
埃及商	埃及贸易公司（Egyptian Trading Co.）	1932年	进出口烟叶、呢绒、苎麻等	董事阿萨杜霖（Haig Assadourian）经理埃玛琴（E. Hamamdjian）买办：孙经翰	4楼44室
挪威商	鲍利葛造纸厂发行所（Borregaard, A/S）		洋纸进口	经理 C. N. B. Aall 买办：徐大统	5楼55室
华商	大统纸业公司			徐大统	5楼
	大中华造纸厂公司事务所		造纸	刘荇荪	5楼
	福华人寿保险公司	1947年4月	人寿保险	董事长吴任沧，总经理沈孝明	5楼
	光华保险公司	1941年9月	保险	汪葆楫等	5楼54室，后改8楼86室
	立达企业股份有限公司	原设重庆，抗战胜利后迁沪	法国卷烟纸进口，刺绣等产品出口	总经理胡彦久，湖南长沙人	2楼
	中国船务公司				3楼
	中国彩帷绒刺绣厂				3楼
	中汇贸易行		进出口（出口：茶、食粮、猪鬃、肠衣；进口：布匹、颜料、脚踏车）	经理钟德隆，浙江镇海人，法国邮船公司华经理	3楼34室
	东亚软木行，又名上海东亚软木公司（East Asiatic Corkwood Co.）		软木进口		

(续表)

类别	名　　称	成立时间	经营范围	负　责　人	所处楼层办公室
华商	平安轮船公司（原名平安轮船局）	1947年9月	航运	郑孙文淑、郑延益	4楼42室
	公茂机器造船厂		造船、修船	总经理：郑孙文淑 经理：郑延益	4楼42室
	得泰商行	1946年11月	出口生丝、废丝、绸、烟叶、羊毛等	经理尤恒颐，江苏吴县人，曾任法商信孚洋行出口部主任	3楼38室
	新丰棉号	1949年9月	棉花、纱布、土产	经理陈清琤，浙江鄞县人	4楼48室
	众孚仓库			陈谷声	9楼94室
	上海联合行		进出口	总经理施雷登（L. Clyde Slaton, Jr.），美国籍	3楼30室
	华业信托公司 (Cosmopolitan Trust Co.)			谭敬，广东开平人	6楼68室
	德大牛肉庄公记 (Cosmopolitan Butchery)				
	裕丰贸易公司		纸张进出口	刘荇荪、王文德、王文华、洪铭才、翁馥棠、朱文森	
	恒安机器造船厂股份有限公司		造船		9楼96室
	和济申庄		贸易	顾士清	
	春元行		五金、杂粮进出口	陆寄春	
	上元企业公司				8楼88室
	瑞士贸易推进局 (Swiss Office for Development of Trade)	1934年		经理 S. H. Yeh；副经理 Y. Z. Koo；主席 S. P. Yue	

(续表)

类别	名　称	成立时间	经营范围	负责人	所处楼层办公室
中外合资	国光银公司 (The Finance Insurance & Mercantile Co.)	1939年3月	抵押放款、保险	董事 I. J. Yishri, 叙利亚人; 华人董事 B. H. S. Ching; 买办刘鸿源, 江苏吴县人	5楼50室
	中希轮船公司 (China Hellenic Lines, Ltd.)				
	中黎机器股份有限公司 (Sino-Foreign Engineering & Supplies Co., Ltd.)	1946年	进出口（巴黎工业电机厂股份有限公司与金城银行合办）	董事：周作民 P. Pavlovsky	78室
其他	施德姆洋行 (G. Stamatelatos & Co.)		进出口及船商	经理 G. Stamatelatos 协理 W. T. Chen	
	大德行				4楼
	联益经理公司 (United Agencies)			董事：T. V. Vlachos	7楼70室
	本特洋行 (Bent Bros & Co.)	1918年	进出口	创办人 J. M. Bent 及经理 W. J. Bent, 均为西伯利亚人	4楼
	东方航业公司 (Eastern Shipping Agency LTD.)			董事：J. R. Jones, H. J. West, G. M. Stamatelatos; 运输部经理 W. T. Chen	
	新泰行				9楼90、91室
	泰康航业公司				4楼

兹就已掌握的资料，对以上入驻法邮大楼的部分洋行、企业作一简介：

中法工商银行　1925年由中法实业银行改组而成，业务规模不大。1939年3月迁入法邮大楼，1949年年初停业清理，1950年正式停业。

求新造船厂　1919年，在原华资求新机器轮船制造所的基础上，中法合资创办求新造船厂，为法商在上海最大的工业企业，从事建造及修理船只、船坞及

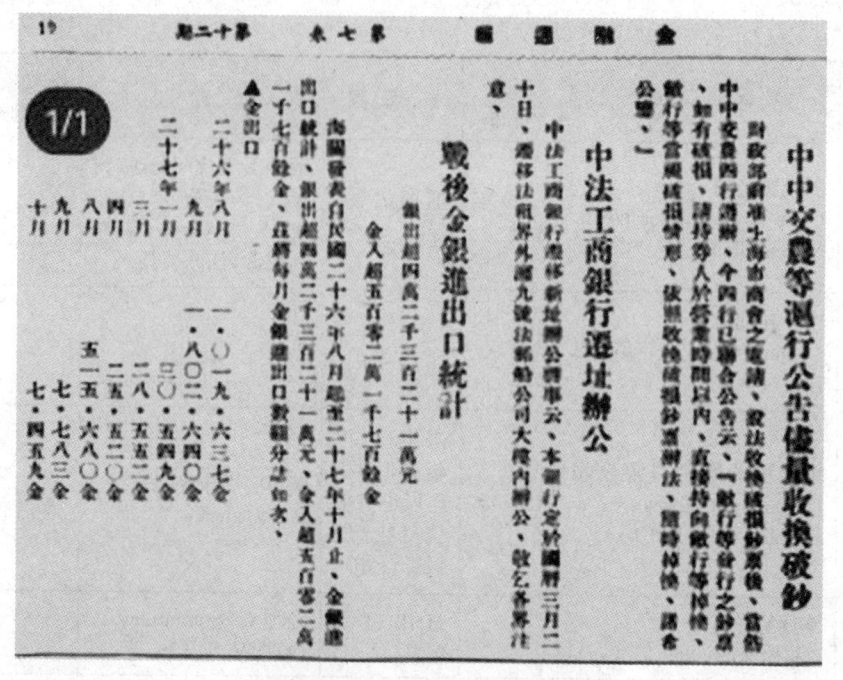

图 5　中法工商银行迁址启事

资料来源：中央银行经济研究处编《金融周报》第 7 卷第 12 期，1939 年 3 月发行。

机器，资本金白银 120 万两，中法各占 50%。在南市机厂街拥有土地 143 亩，江南水面线 400 英尺，锚地可停泊全长 250 英尺的轮船 5 艘。有干船坞 1 座，能建造 300 吨船舶，修理 2 500 吨船舶。

国光银公司　1939 年 3 月成立，中法合办，性质为无限公司，下设放款部、保险部、账务部等部门。主要经营抵押放款、保险，及代办棉纱、面粉运往英国等业务，在印度、伦敦、纽约等处设有分行。董事 I. J. Yishri，叙利亚人，曾经营工程业。另有华人董事 B. H. S. Ching，曾在英商天祥洋行任事。买办为刘鸿源，江苏吴县人，曾任华商电气公司董事、中国房地产公会委员、通和银行总经理，一大银公司总经理。

英商达利洋行（远东）股份有限公司　原中文名称为英商大利洋行（远东）股份有限公司，1946 年 5 月 15 日注册设立，1947 年 12 月改称"英商达利洋行（远东）股份有限公司"。该公司主要经营进出口贸易、运输、码头、仓库、保险、报关、理货装卸、代理以及投资等业务。外籍董事爱克石考土司（Panayote. Exacoutos），希腊籍，1898 年生，1936 年 2 月 28 日来华。华人董事陈友欧。

巴黎工业电机厂股份有限公司　1926 年成立，经营进出口，资本额 500 万法郎。董事兼驻中国总经理濮佛乐（Michel Pavlovsky），俄国人，1889 年生。

法国航空公司　1947 年 10 月成立，资本 1.2 亿法郎。经理娄澹如（Robert Jules Ledez），法国籍，1900 年生。

立达企业公司　全称立达企业股份有限公司，原设重庆，抗战胜利后迁沪，在广州、汉口、昆明、桂林等四地设办事处，经营法国卷烟纸进口、刺绣等产品出口业务。总经理胡彦久，湖南长沙人。

福华人寿保险公司　1947 年 4 月，由吴任沧、赵棣华、王艮仲等创立。董事长吴任沧，董事包括赵棣华、王艮仲、陈宝骅、秦文杰、张兆金、程庸畴、邬申彰、余新、沈孝明、奚景高，监察为汪葆楫、蔡震寰、徐宗士，总经理沈孝明，协理奚景高。主任医师林卫光，毕业于圣约翰大学医学院，曾任上海同仁医院医师。精算顾问孙浩然。

本特洋行　经营进出口贸易。1918 年成立，原在四川路 110 号，太平洋战争爆发后，迁至法邮大楼。创办人 J. M. Bent 及经理 W. J. Bent，均为西伯利亚人。

东亚软木行　又名上海东亚软木公司，主要经营软木进口，经理钟德隆，浙江镇海人，毕业于中法学院。

中汇贸易行　经营茶叶出口、五金及化工原料进口等，经理钟德隆（法国邮船公司华经理）。主要出口商品有茶、食粮、猪鬃、肠衣等，进口商品包括布匹、颜料、脚踏车等。

得泰商行　1946 年 11 月成立，主要经营出口生丝、废丝、绸、烟叶、羊毛。经理尤恒颐，江苏吴县人，曾任法商信孚洋行出口部主任。

美国太平洋企业股份有限公司上海分公司　1945 年 8 月成立，经理李竞荣，上海人。

平安轮船公司　原名平安轮船局，1947 年 9 月成立，所属轮船有大华号、平安号等，有上海至温州、福州等多条航线。董事包括郑孙文淑、郑瑞珠、郑延益，监察人为郑延寿、郑延龄。

另据汪之成《近代上海俄国侨民生活》[①]一书考证，在沪俄侨亦创办了众多洋行公司，其中驻法邮大楼的有三家：

德克洋行　业主兼经理系立陶宛侨商特克（Terk, M. B.），专营呢绒进出口。

科学研究服事所　业主兼经理为格鲁金（Grudin, I. S.），从事统计分析、数

---

① 汪之成：《近代上海俄国侨民生活》，上海辞书出版社 2008 年版，第 557、560—561 页。

学分析、科学研究与咨询。

凯绥建筑公司 经理为叶马诺夫(Emanov, N. N.)。

三、法邮大楼里的近现代名人

东吴大学法学院是近代中国法学教育之重镇,培养了大批法律精英,其中就曾有十余人与法邮大楼结缘,先后在该楼中设所办理律务。据1947年编印的《上海市律师公会会员录》记载,截至1946年12月,先后有端木恺、赵从衍、汪葆楫、施霖、周孝伯、周静窠、艾国藩、俞炳文、程有璋、王善祥、朱仁、朱永璋等12人在法邮大楼办公。其中,赵从衍在3楼,汪葆楫、俞炳文、程有璋在5楼,艾国藩、朱永璋在6楼,端木恺、施霖、周孝伯、周静窠、王善祥在7楼,朱仁在9楼(见表2)。

表2 曾驻法邮大楼律师名录(以姓氏笔画为序)

姓 名	字	祖 籍	毕业学校	加入上海律师公会时间	法邮大楼办公室
王善祥	士 元	安 徽	东吴大学法学院	1945年10月	7楼
艾国藩	伯 屏	江苏江都	东吴大学法学院	1929年2月	601室
朱 仁		浙江吴兴	东吴大学法学院	1933年5月	96室
朱永璋	树 纲	江苏常熟	东吴大学法学院	1941年5月	601室
汪葆楫	叔 用	江苏吴县		1935年7月	5楼
周孝伯		江苏海门		1946年12月	70室
周静窠(女)		江苏南通		1945年10月	70室
赵从衍	祁 仲	江苏武进		1937年1月	36室
俞炳文		浙江海宁		1935年2月	54室
施 霖	芍 苏	浙江杭县		1930年1月	70室
程有璋	达 民	江苏常熟		1935年3月	5楼
端木恺	铸 秋	安徽当涂		1945年10月	70室

资料来源:根据《东吴大学法律学院同学录》(1934年7月编印)、《上海市律师公会会员录》(1947年编印)制成。

以上律师,其中有几位或从政,或经商,成为近现代中国声名显赫的人物,如端木恺、施霖、赵从衍、汪葆楫,兹分述之:

端木恺（1903—1987） 字铸秋，安徽当涂人。复旦大学文学士、东吴大学法学院法学士、纽约大学法学博士。曾执律师业多年，并历任东吴大学法学院教授，安徽教育厅秘书、科长，省立安徽大学法学院院长，国立中央大学行政法教授，行政院政务处参事，安徽省民政厅厅长，行政院会计长，国家总动员会议副秘书长、代秘书长，粮食部政务次长，立法委员，司法院秘书长。1945年10月加入上海律师公会。1949年任孙科内阁秘书长。后去台湾，任"总统府"国策顾问，1969年任台湾东吴大学校长，1983年任该校董事长，1987年病逝。著有《社会科学大纲》《中国新分析法学简述》等。

赵从衍（1912—1999） 字祁仲，江苏武进人。毕业于东吴大学法学院，毕业后为执业律师，1937年1月加入上海律师公会。1940年汪伪政府成立，赵从衍因不愿在伪政府注册登记，遂弃律师业，转行做贸易，先与人合作销售进口香烟，后又从事船务。1948年冬，赵从衍离沪赴香港，后创立华光航运公司，兼营地产，利用香港成为国际航运中心的有利时势，迅速壮大，与包玉刚、董浩云、曹文锦等并称"香港四大船王"，成为香港著名富豪之一。1999年病逝于香港。

汪葆楫（1908—2005） 字叔用，江苏吴县人，1934年毕业于东吴大学法学院，获法学学士学位。1935年6月取得律师执照，7月加入上海律师公会，曾任中华劝工银行法律顾问。1936年"七君子"入狱，汪葆楫受沙千里委托，担任其辩护律师，积极奔走营救。全面抗战爆发后，汪葆楫开始涉足商界。1939年集资盘下文化墨水厂，1940年创设国富信托公司（后改为银行），任常务董事。同年还盘下孔雀化工社，生产化妆品。1941年11月，与亲友创立光华保险公司，设于法邮大楼内，任常务董事。太平洋战争爆发后，日军占领租界，汪葆楫不甘日寇屈辱，停止律师业务。1942年集资开设富华布疋公司，任总经理。1983年被聘为上海市文史研究馆馆员。在其1990年写的自传中，汪葆楫对其一生所从事的主要事业作了回顾，其中提及在中山东二路M.M.大楼（即法邮大楼）创设光华保险公司。在耄耋之年仍对这幢建筑念念不忘，可见其与该楼的渊源及感情之深。

周孝伯 江苏海门人。曾加入杜月笙创立的恒社，任理事会理事。1946年12月加入上海律师公会。据民国名医陈存仁《阅世品人录》一书记载，周孝伯为杜月笙门生，曾与红极一时的电影皇后张织云结婚，不料仅三个月便闹僵，女方要他赔偿巨资，最后由杜月笙亲自出面调解，才得以全身而退。

除了以上法律精英外，还有三位近现代名人，也与法邮大楼有着密切的关系。

俞开龄（1896—1962） 江苏丹徒人，1920年毕业于圣约翰大学，获经济学学士学位。投资银行家及万国证券物品经纪人,为沪西别墅、银行俱乐部、扶轮社、上海留美学生同学会等会员。俞开龄自 1942 年起在法邮大楼自营业务,余暇莳花弄草为其嗜好。俞开龄之妻李采兰出身宁波望族,系慈善家李善祥长女。曾任国防部部长的张爱萍上将与俞开龄为连襟。

徐大统(1909—1982) 浙江镇海人,毕业于圣约翰大学,曾任上海市纸商业同业公会常务理事、伦社理事长、统益纸号总经理、挪威鲍利葛造纸厂华经理。据陈存仁《银元时代生活史》叙及,徐大统童年时曾就读上海大东门育才小学。1947 年出版的《上海时人志》曾对徐大统作如下评论:"头脑清晰,思想前进,有志商业,操奇计赢,长才克展,对于纸类经营,更为同业之巨擘。"现香港圣士提反女子中学有徐大统纪念大楼。其女范徐丽泰曾任香港立法会主席、全国人大常委会委员等职。

郑延益 1923 年 5 月生于浙江慈溪,6 岁学习小提琴,8 岁时举家移居新加坡,11 岁上台演奏门德尔松的《E 小调小提琴协奏曲》。全面抗战爆发后,郑延益曾辗转香港、上海、重庆等地,在上海停留期间,入国立音专随艾德勒学习,并加入工部局管弦乐团,与黄贻钧、谭抒真是乐团中仅有的三位华人演奏员。他在重庆中华乐团中任副首席后,于 1948 年再赴新加坡。中华人民共和国诞生后,上海成立了中央音乐学院华东分院(上海音乐学院前身),郑延益应谭抒真之邀,于 1954 年回国任教。他于 1974 年 11 月移居香港,授琴之余在各种媒体上发表大量音乐评论文章,被誉为"亚洲第一乐评人",曾著有《春风风人——郑延益乐评集》。

四、驻沪领事机构与法邮大楼

上海,因其独特的经济地位及政治因素,在风云变幻的近现代中国外交及外事活动中扮演着重要角色。因地处外滩,拥有得天独厚的地理位置及舒适的办公环境,法邮大楼也吸引了一批外国驻沪领事机构入驻。据《上海外事志》记载,1945 年第二次世界大战结束以后,各国纷纷在上海设立使馆或使馆办事处。其中,曾驻法邮大楼的有荷兰驻沪总领事馆、瑞典驻沪总领事馆、瑞士驻沪总领事馆、希腊驻沪总领事馆、巴拿马驻华公使馆。

荷兰驻沪总领事馆 初为领事馆,1852 年开设,1901 年升格为总领事馆,馆址初设在静安寺路 169 号,后几经迁址,1941 年 12 月停闭。1945 年 11 月在中山东二路 9 号法邮大楼重开。总领事麦德保(D. G. E. Middelburg)到任前,曾由杨连山(Janan Vandenberg)代理。1948 年 1 月,麦德保调任比利时安特卫普,施文德兰(Jonkheer G. R. G. van Swinderen)接任。

瑞典驻沪总领事馆　1856年,瑞典、挪威联邦政府在沪开设领事馆,美国人金能亨(Edward Cunningham)为首任领事,1857年升格为总领事馆,福士(Paul S. Forbes)为首任总领事。1905年瑞典、挪威各自独立后,1907年阿里沙巴沙(Richard Bagge)任瑞典驻沪首任总领事。馆址先在爱文义路502号,后陆续迁至威海卫路5号,吕班路75号,蒂罗路102号,圆明园路169号。抗日战争胜利后,迁至法邮大楼,总领事 P. Prip。

瑞士驻沪总领事馆　1921年8月设立,伊斯勒为首任总领事,长期负责瑞士对华交涉事务。馆址初设静安寺路95号,继迁霞飞路1415号,再迁善钟路133号,1935年7月迁至霞飞路1469号。第二次世界大战期间,因瑞士为中立国,领馆未曾停歇,曾在法邮大楼8楼办公,总领事 A. Robert,并在6楼设英美荷侨民利益办事处,代为照管上述3国在沪利益及侨民事务。1946年,馆址迁至威海卫路771号。

瑞士驻华商会　由瑞士商人毕立德(Bruno Britt)等三人筹备发起,1947年1月成立,以促进中瑞贸易为宗旨,共有会员31家。毕立德自任会长,瑞士驻沪总领事柯克博士(Dr. A. Koch)任名誉会长。

希腊驻沪总领事馆　1934年8月开设,馆址在仁记路120号,第二次世界大战期间关闭。1946年恢复,馆址在法邮大楼。

巴拿马驻华公使馆　曾设于法邮大楼6楼,首任公使白善乐(Julio E. Briceno)。

小　结

法邮大楼作为上海外滩建筑绚丽画卷中凝练的一笔,以其简约之美而独具特色,别具一格,它改变了外滩的空间风貌。大楼自建成以后,无论业主法国邮船公司,还是众多洋行、银行、公司、律师事务所,以及各国驻沪领事机构等租户,其功用主要作为商务与行政办公使用。业主与所有租户的活动,共同构成了该大楼的常态样貌,体现着上海作为国际性城市的生态特征。而复原这样的建筑和人文生态,有助于更深入了解近代上海的世界性和多元性。

(作者系上海市档案馆副研究馆员)

上海八仙桥法兵纪念碑始末

刘 华

1853年3月,太平军沿江东下,定都南京;9月初,小刀会占领上海县城。1855年1月6日法国军队与清军联合进攻上海县城北门。"早晨6时,安置在领事馆附近的两门炮向北城开火。与此同时,有两列纵队,每队四排,共两百四十人,在围墙的掩护下排列好,准备攻打。"①此次进攻失败,法兵13人丧命,伤30余人,是为小刀会起义历史中比较出名的"北门之战"。

死亡的13名法兵中,包括三名军官。"为了在围绕县城并与叛军的防御工事平行的护城河上架设一座便于其他战友通过的桥梁,工兵连的Durun中尉英勇地冲到了最前面。就在这座桥梁刚刚完成架设的时候,他被一颗叛军射来的子弹击中而牺牲";"在爬上城墙缺口处的时候,……,他们把一门霰弹大炮架设在我们攻城部队的正前方,并在那里向第一批登上坍塌处最高点的突击队员射击。正是在这里Petit和他的三名士兵被杀"②;"迪斯克里少尉受了重伤,几天后也死去了。"③

一、立碑、移碑和碑的形制

1855年1月9日,法国驻沪领事爱棠通告法侨说:"法国人的血,已为公义而神圣的利益,在上海县城上流去了;此班博爱的牺牲者,为他们自己的尊严而奋斗,勇敢地战死了。你们都应晓得,他们是为保护外侨全体利益而向那一班中国强盗和外国流氓作战的;他们今要用以生命换来的代价,向所亲爱的祖国,和所护卫的宗教,以及一般的同胞,要求一座纪念碑。此碑是用以追思他们的功绩,和表示我们的感恩。此种神圣的本分,是该由在中国的全体法国人来完成。"④

---

① [法] 梅朋、傅立德:《上海法租界史》,倪静兰译,上海译文出版社1983年版,第156页。
② [法] 于雅乐:《法国人在上海:1853—1855年清军围困上海的经过》,蒋杰译,上海市档案馆编:《上海档案史料研究》第21辑,上海三联书店2016年版,第145页。
③ [法] 梅朋、傅立德:《上海法租界史》,倪静兰译,前揭第158页。
④ 上海市地方志办公室、上海市历史博物馆编:《民国上海市通志稿》第1册,上海古籍出版社2013年版,第684页。

这座纪念碑的造价约需 1.2 万法郎。[①] "爱棠先生在法国人当中发起了一场募捐活动";"几天时间内,募捐就获得了足够多的资金。牺牲者的墓园应该建在领事馆附近的地方,我们打算一旦事件结束,上海的正常秩序得以恢复,就把其他的牺牲者的遗体迁往这个墓园,使他们可以安息在他们为了它的权利与荣誉而战的法国的国旗下。"[②]

"1855 年 3 月 15 日。在这一天,1 月 6 日牺牲的法国军人的遗体,被运往修建在领事馆旁的墓园当中,以示敬仰。在这个墓园完工之前,他们的棺木被停放在董家渡大教堂内。"[③]"整个队伍排成两行,气氛严肃,秩序井然。圣咏的歌声和高唱着的中国经文声此起彼伏,启应不绝。队伍就这样在坍毁的城厢中,沿着不久前被水兵们攻下的东门炮兵阵地的废墟前进。队伍在城北,离洋泾浜不远,即将树立纪念坊的地方停住了。"[④]

"到 1857 年 1 月 6 日[⑤],法军袭击上海城两周年纪念日,纪念碑已经落成。在洋泾浜,由江西主教达尼古(Danicourt)举行大礼弥撒,郎怀仁神父对到堂的法国领事馆和法国海军的许多官长讲道,然后大家到离堂不远的纪念碑前。祝圣完毕,大家最后一次为安息在纪念碑下的各人祈求。"[⑥]

"1864 年,根据比索内[⑦]和巴隆的建议,公董局董事会皮少耐饬令道路检查员拉家塞(lagacé)越界在八仙桥一带乡村购置六十多亩的地皮,作为法租界新公墓。而当时英租界也有同样的目的,这六十多亩的土地,法租界仅购买了 25.584 4 亩土地,其余留给公共租界。"[⑧]这处很长一段时间在地图上被称为"新公墓"的地方即后来的法租界八仙桥公墓。[⑨] 法兵纪念碑搬迁到此地的时间,存

---

① 高龙倍勒:《江南传教史》(选译),中国科学院上海历史研究所筹备委员会编:《上海小刀会起义史料汇编》,上海人民出版社 1958 年版,第 914 页。
② [法]于雅乐:《法国人在上海:1853—1855 年清军围困上海的经过》,蒋杰译,前揭第 148 页。
③ [法]于雅乐:《法国人在上海:1853—1855 年清军围困上海的经过》,蒋杰译,前揭第 153 页。
④ 3 月 15 日追悼礼的过程可参考:[法]史式徽:《江南传教史》第 1 卷,天主教上海教区史料译写组译,上海译文出版社 1983 年版,第 307—308 页。据书中所述,该处文字系转引于费都尔神父同年 3 月 26 日的追述,故所述颇为详细。
⑤ 但法国《画报》杂志于 1856 年 7 月 5 日已发表了纪念碑落成典礼的报道。见[法]梅朋、傅立德:《上海法租界史》,倪静兰译,前揭第 537 页。经核查此报道名为:La France en Chine. Monument élévé à la mémoire des marins et soldats tués à l'attaque de Shang-hai,见 *L'Illustration, Journal Universel*,1856 年 7 月 5 日,第 15、16 版。一个合理的推测,纪念碑完工于 1856 年 7 月 5 日之前。
⑥ 《上海小刀会起义史料汇编》,第 915 页。史式徽著《江南传教史》中有大致相似文字,时间同为 1857 年 1 月 6 日。[法]史式徽:《江南传教史》第 1 卷,天主教上海教区史料译写组译,第 308 页。
⑦ 应为皮少耐。——作者注
⑧ 牟振宇:《近代上海法租界城市化空间过程研究(1849—1930)》,博士学位论文,复旦大学历史地理研究中心,2010 年,第 45 页。
⑨ [法]安克强:《上海租界公墓研究(1844—1949 年)》,《中国海洋大学学报(社会科学版)》2008 年第 5 期。

在多个说法。

有看法认为是 1912 年上海拆城时候,"这个'法兵坟山'被拆除,葬在这里的法兵遗骨以及墓碑一起移到八仙桥外国坟山"。① 但 1900—1914 年法租界内严格禁止举行任何墓葬。②

两部《江南传教史》都认为此事发生距离纪念碑落成时间不久。"几年之后,法租界里住满了中国人。于是,人们就把这座纪念碑搬到一个公墓里,它至今还屹立在该公墓中心。"③"几年之后,因为法租界上华人拥挤,所以这个纪念碑迁移到坟地里去。现在它还在坟地的中央。"④但在法"租界最初二十年,法国团体规模很小,还没有独立建公墓的必要",⑤故法八仙桥公墓直到 1871 年始葬;⑥1876 年,始造高 7 尺 3 寸的围墙。⑦

据《法国人在上海:1853—1855 年清军围困上海的经过》一文:"1 月 6 日阵亡将士的纪念碑在直到近些年,还矗立在领事馆旁边。然而,由于一些新的建筑遮蔽了它,我们决定把这一纪念碑迁往上海市政公墓法国区的核心位置,它现在就矗立在那里。"⑧该书于 1884 年由巴黎 E. Leroux 出版社出版。⑨ 若据此,纪念碑转移应在 1884 年之前的"近些年"。

倪静兰译《上海法租界史》的说法是:"纪念碑竖在那儿有二十年左右,后来,周围的建筑多起来了,把碑遮得看不见了,就决定迁移到八仙桥公墓。"⑩纪念碑落成时间按法国《画报》杂志,应在 1856 年 7 月 5 之前;后推 20 年左右,即为 1876 年左右。考虑到 1876 年法八仙桥公墓修建围墙一事,纪念碑较大可能是在 1876 年前后迁移。

纪念碑初落成时,法国《画报》杂志发表了一篇报道,对纪念碑的形制作了详细描述:"纪念碑安置在距离攻打地点二百米的地方","三十六根等距离排列的

---

① 薛理勇:《上海滩地名掌故》,同济大学出版社 1994 年版,第 116 页。该作者还有另一主张,即约 1900 年因人口稠密搬迁到八仙桥公墓内。薛理勇:《被误读的老照片》,上海书店出版社 2013 年版,第 139 页。
② [法]安克强:《上海租界公墓研究(1844—1949 年)》,《中国海洋大学学报(社会科学版)》2008 年第 5 期。
③ [法]史式徽:《江南传教史》第 1 卷,天主教上海教区史料译写组译,第 308 页。
④ 高龙倍勒:《江南传教史》(选译),第 915 页。
⑤ [法]安克强:《上海租界公墓研究(1844—1949 年)》,《中国海洋大学学报(社会科学版)》2008 年第 5 期。
⑥ 根据《上海公共租界工部局年报》《上海法租界公董局工作年报》相关资料整理编制的"上海租界主要市政公墓一览表"。王云:《上海近代园林史论》,上海交通大学出版社 2015 年版,第 144 页。
⑦ 《上海法租界公董局关于八仙桥公墓的文件》,U38-4-3285,上海市档案馆藏。
⑧ [法]于雅乐:《法国人在上海:1853—1855 年清军围困上海的经过》,蒋杰译,前揭第 153 页。
⑨ [法]于雅乐:《法国人在上海:1853—1855 年清军围困上海的经过》,蒋杰译,前揭第 123 页。
⑩ [法]梅朋、傅立德:《上海法租界史》,倪静兰译,前揭第 160 页。

灰色花岗石柱子支撑着用大块石板砌成的平台,石板是红黑两色交叉铺砌的花岗石。平台上安放着棱锥体的尖塔。这座尖塔是四方形的,每一面宽二米半,高五米。底部是漂亮的绿色花岗岩石料,每一面都是单独一整块;台脚和檐口是黑色花岗石。""支承尖塔的座墩四角搁在四个球上,座墩是白色大理石,每个面都是单独一块。尖塔和底部一样,也是绿色花岗石;在'贞德'号上制作的一个镀金的铁球和铁十字架装在整个纪念碑的顶上。""尖塔对着县城的一面雕刻着法国的武器。"白色大理石座墩四个面上分别刻有题词,"南面的题词是最主要的,是向我们的战斗兄弟表示敬意","另外三面用中文刻着本省巡抚的题词"。① 将上述描述文字及《画报》杂志 1856 年 7 月 5 日报道所配纪念碑手绘图像与八仙桥公墓时期的法兵纪念碑照片相对照,可以发现迁移前后纪念碑的形制没有明显改变。

南面大理石石板上的拉丁文题词为：②

AD MEMORIAM GALLORUM③
QUI VENDICANDO JUSTITIOE ET HUMANITATIS JURA
CONTRA PIRATAS CIVITATE CHANG-HAI POTITOS
PRO PATRIOE DECORE VIA DIE JANNARII MDCCCLV CECIDERE
HOC MONUMENTUM COMMILITONES CONCIVES ET AMICI
EREXERUNT

其下的花岗岩平台所录法兵名单如下：

---

① 更详细描述,见[法]梅朋、傅立德：《上海法租界史》,倪静兰译,前揭第 537—538 页。
② 这篇拉丁文题词有多个版本的译文。《上海碑刻资料选辑》所载译文和中国科学院上海历史研究所筹备委员会译自高龙磐《江南传教史》的译文相一致,唯后者于阵亡名单后有"息止安所"四字,该译文为："纪念因激于公义与人道而攻打侵犯上海城之盗匪,于一八五五年一月六日为国争荣而阵亡诸法人。同国骈肩作战诸友,谨立此碑。"上海博物馆图书资料室编：《上海碑刻资料选辑》,上海人民出版社 1980 年版,第 498、499、500 页；《上海小刀会起义史料汇编》,第 916 页。另一被广泛引用译文见倪静兰译《上海法租界史》："纪念这些法国人,他们为正义和人道,攻打侵占上海县城之盗贼,于 1855 年 1 月 6 日为祖国争光而阵亡,他们的同胞与朋友谨立此碑。"《上海法租界史》,前揭第 168 页。另,1958 年《上海小刀会起义史料汇编》和 1980 年《上海碑刻资料选辑》所载法兵阵亡名单译文为："贞德号"：海军少尉,狄司克里；二等兵,雷上德；水兵,宫少林；海军上尉,杜伦；海军少尉,贝蒂。"高尔拜号"：步兵,托阿力；水兵,布非；一等兵,陶米尼西；水兵,皮阿尔；水兵,艾文；水兵,马西；一等兵,齐古；水兵,勒盖夫。
③ 此拉丁文题词排版,参照笔者所见拓片图影作了调整,与其在《上海碑刻资料选辑》的格式略有区别；阵亡法人名单排版则仍依《上海碑刻资料选辑》。拓片图影见《被误读的老照片》,前揭第 139 页。另,比照上海市历史博物馆馆藏"法人小刀会之墓碑"拓片(K2464)和老照片,拉丁文题词和阵亡法兵名单应在纪念碑的不同位置：献词在"支撑尖塔的座墩"南向的白色大理石板上,名单在座墩下的"红黑两色交叉铺砌的花岗石"平台上。

DISCRY ENSEIGNE DE VAISSEAU JEANNE D'ARC 1855	LEJAMTEL S.D MAITRE	CONSOLIN MATELOT	DURUN LIEUT. T DE VAISSEAU	PETIT ENSEIGNE DE VAISSEAU
TROALLIC SOLDAT D'INF. IE	DOMINICI Q.ER MAITRE	EVIN MATELOT	JEGO Q.ER MAITRE	
BUFFET MATELOT COLBERT 1855	BIHARRE MATELOT	MASSIE MATELOT	LEGAFFE MATELOT	

白色大理石座墩"另外三面用中文刻着本省巡抚的题词""已经完全消失了——如果说它曾经存在过的话"。①

二、碑前的纪念活动

八仙桥军人纪念碑前的纪念仪式,笔者粗略检索所及,发现有:1922 年、1927 年、1932 年、1939 年的停战日纪念和 1941 年的法国国庆日纪念。② 各摘引材料如下:

1922 年 11 月 11 日"欧战停止之和平纪念日","上午十时许,法国总正副各领事,暨海陆上级军官四员,法总巡法兵士二十四名,安南军乐队一队,安南兵士两百四十名,法国教士二十余名,童子军四十名均戎装列队至法租界维尔蒙路外

---

① [法]梅朋、傅立德,《上海法租界史》,倪静兰译,前揭第 537 页。梅朋、傅立德的《上海法租界史》1929 年由巴黎泼隆书店出版,也即"巡抚的题词"在 1929 年之前已消失。

② 在上海的法兵墓当然不止八仙桥公墓一处,但能获如此"身后哀荣"的,似乎也仅此一处。如,1920 年吴淞的法兵墓已"势将湮没":"驻沪江苏特派交涉员许沅昨接驻沪法总领事雷务来函略谓:查一千八百六十四年有战死法军官及水兵约八九人就近葬于吴淞,现因该墓地被人作践,势将湮没,由现泊浦江法军舰克赛克斯号内东方海军总司令发起不日拟将各遗骸迁葬上海法国公墓内。"《迁葬法国军人坟墓之知照》,《申报》1920 年 8 月 24 日,第 11 版。上海之外,同时期的杭州"相助中国剿除发逆"法国军官墓,也差不多命运:"驻沪法国总领事巨赖达君函致浙抚略谓本总领事访悉杭州省垣安葬法国官兵坟墓碑铭系为纪念当年法国兵官等相助中国剿除发逆而设,现在该墓碑均已剥蚀损坏。土人竟将粪秽等物,堆积该处,以为壅田之用。"《交涉:函请保法兵坟墓浙江》,《申报》1909 年 6 月 22 日,第 11 版。

国坟山，行祭阵亡将士典礼。祭毕即整队回顾家宅法国营盘而散。法总巡费沃礼预令各捕房悬灯挂旗并在霞飞、敏体尼荫路、恺自尔路一带沿途装设木杆，杆上悬旗举行祝典。午后各救火车均悬旗列队至顾家宅花园操演并在界内各马路游行，晚间法国公园开跳舞厅聚餐会"。①

1927年11月11日，"本埠纪念礼节一仍曩年首奠花圈于浦滩纪念碑前，由领袖领事克宁瀚于上午八时半举行，凡各国海陆军及商团巡捕均将拨队襄礼，而官吏绅商与退伍军人亦必联袂偕往，其后则有大祈祷，新北门外天主堂定于九时开祷，三马路大礼堂定于十时三刻为始，八仙桥坟山则于十一时纪念阵亡法兵，此外皇家航空协会定于十一时半在汇丰银行楼上开庆祝和平会，下午二时劳神父路有法兵之游艺会，下午八时后法总会复开盛大之庆祝宴，宴毕将继以跳舞而终"。②

1932年11月11日，法国停战日这天，首先在领署行升旗礼。在殖民地步兵团和领署卫兵、梅礼霭（Meyrier）先生、领署成员、各级军官的注目下，三色旗升起，军乐队演奏马赛曲。在圣约瑟教堂举行特殊弥撒。宗教仪式结束后，在八仙桥墓地举行纪念活动。来自马恩和法国志愿军的士兵围绕纪念碑形成了方形阵列。纪念碑基石前是手拿鲜花的学童。梅礼霭先生在讲话中谈到了来自法国各个城市和村庄的150万名男子，来自世界各地，响应他们国旗的号召，为国家献出生命。他谈到了法国的力量和伟大，以及那些为确保自由而牺牲的人，他们仍然在人们的记忆中鲜活的存在。随后，宣读那些来自上海的牺牲者的名字，每念一个名字，一名老兵以"死的光荣"（Dead on the field of honour）回应。然后在纪念碑底部敬置花环，学童们也将手中的鲜花依次献上。③

1939年11月11日，"值兹欧洲二决大战日趋紧张之际，重临此日，均具特殊深思"。"法租界内，则由法总领事鲍黛芝主持典礼，在天主堂街天主堂开会。参加者有法总领事、法国驻沪海陆军长官、法公董局代表及法侨学生、童子军等数百人，举行追思仪式。至十时许，复全体前往维尔蒙路法国坟山内举行献花。""途经法大马路及霞飞路时，沿途密布巡捕，禁止两旁行人穿越马路。"公共租界，则于"和平神前，奏乐献花"，大英礼拜堂举行追思仪式。④

---

① 《欧洲休战纪念之庆典》，《申报》1922年11月12日，第13版。
② 《今日欧战休战纪念日》，《申报》1927年11月11日，第14版。
③ Shanghai Remembers: Armistice Day Celebrated with Fitting Sense of Solemnity and Reverence, *The North-China herald and Supreme Court & Consular Gazette* (1870 - 1941); Nov 16, 1932; ProQuest Historical Newspapers: Chinese Newspapers Collection, p.255，上海图书馆ProQuest历史报纸数据库。
④ 《昨日欧洲休战纪念》，《申报》1939年11月12日，第10版。

1941年法国已"国势大变","旅沪法侨昨日以贝当元首意志,用沉肃态度庆祝法国民主纪念日。晨八时三刻,驻华法大使戈思默、偕法总领事马杰礼等官员,在八仙桥公墓内纪念碑前献置花圈。法兵仪仗队与童军分列碑前致敬。九时半,大使复在法领署内主持升旗礼,旋马杰礼招待法侨。查往年每逢法国民主纪念日,法租界法军与巡捕必在顾家宅公园举行盛大操演,并有儿童竞技;入夜法租界外滩与霞飞路上满悬三色电炬,灿烂如画;公园中游人如织,参观焰火。"①西文报纸对八仙桥公墓纪念碑前的仪式活动,有更详细描述,并配发了照片。"纪念152年前攻克巴士底狱的第一个活动发生在八仙桥公墓内。纪念碑前有法国国旗和长长的仪仗队。他们来自公董局警务处以及法国在上海的海陆驻军,仪仗队共200人,在通往纪念碑的通道两侧形成整齐队形。穿过行'持枪礼'的人墙后,戈思默先生在纪念碑前献置花圈。总领事马杰礼和上海退伍军人协会主管 A. Plessis 上尉出席了公墓活动。A. Plessis 上尉宣读了那些为法国牺牲人员的名单。"②

很明显,八仙桥军人纪念碑前举行的欧战停战纪念日活动,不会只有前述的1922年、1927年、1932年、1939年四次。其中1927年和1939年的纪念活动报道都提到,与法租界在八仙桥纪念碑前的活动对应,公共租界类似活动是在外滩和平女神像前举行。另外,在欧战停战日纪念和法国国庆日纪念之外,也有其他纪念活动在此举行③。虽然前述八仙桥军人纪念碑公共纪念活动和仪式的梳理明显粗陋,但已经可以说明它是上海法租界内一个重要的公共建筑物和公共仪式举行地。例如,有材料提到1938年的八仙桥法军纪念碑已经是这一片区最重要的纪念建筑。④ 大概正是基于此,1938年10月法租界公董局对八仙桥纪念碑(法文:Cimetiere de passienjao munument militaire)整修。碑身的石板采用钢筋混凝土材料完全重做,原来的样式和颜色依然保留,修补各处接缝,铭文部分重新涂以黑漆。⑤

---

① 《昨法国民主纪念日,在沉肃中度过》,《申报》1941年7月15日,第7版。
② French Observe July 14 Quietly, *The North-China herald and Supreme Court & Consular Gazette*(1870 – 1941); Jul 16,1941; ProQuest Historical Newspapers: Chinese Newspapers Collection, p.94.
③ "十几年后,这座纪念碑被迁移到八仙桥的法国人公墓。每逢'北门之战'纪念日,上海租界的法国人常会举行所谓的追思仪式,日后来沪的法国官兵也会来此'瞻仰'这些侵略者。"江天岳:《法国海军与上海小刀会起义的失败——以法方新档案史料为中心的研究》,《世界历史》2018年第2期,第116页。
④ The most important Memorial in the French portion of Pahsienjao is that erected to the French Officers and Men who lost their lives, *Oriental Affairs*, Volume 9, Issue 6, 1938, p.314.
⑤ 《上海法租界公董局关于八仙桥公墓的文件》,U38 - 4 - 3285,上海市档案馆藏。

三、沉寂与消失

1941年法国"国势大变",上海法租界当局在八仙桥军人纪念碑举行国庆纪念日活动,且为当日的第一个活动;但此后,随着法租界在上海地位的微妙、尴尬和退出,八仙桥公墓也逐渐沉寂,以至于消失。

1943年7月22日,由法国维希政府驻华大使馆参事柏斯顿、大使馆参事兼驻沪总领事马杰礼,与汪伪政府审计部部长夏齐峰等签订《上海法国专管租界交还实施细目条款》;30日上午,在法租界公董局大礼堂举行"接收"仪式。① 同年"八月一日以后,工部局改称上海特别市第一区公署。""法租界当于八月一日接收,且于短时期内合并于第一区公署。"②但八仙桥公墓的维护管理,似乎还是归属法方。③

1945年11月24日,国民政府颁布《接收租界及北平使馆界办法》,对上海法租界宣布予以接收;次年2月28日,中国政府与戴高乐领导的法国临时政府签订《关于法国放弃在华治外法权及其有关特权条约》,对中国收回上海法租界等予以追认,上海法租界遂告正式收回。④ 此时,八仙桥公墓日常管理,如监看灵柩落葬情况,"督率工人等轧剪杂草及扫除落叶垃圾等",已归属上海市卫生局殡葬管理所。重庆返沪的"中国基督徒布道十字军"还曾"惠借八仙桥公墓之礼堂"暂作聚会之用。⑤

上海解放后,1956年12月12日第27次市长集体办公会议,讨论通过将八仙桥公墓改作公园。⑥ 吉安公墓扩充土地50亩,作为八仙桥公墓的迁葬地点。按上海市园林管理处所拟迁墓工作计划草案,"凡不登记的无主坟墓在代迁时一律不予保留寿穴及预定穴","棺柩腐烂不完整者一律装坛子埋葬",凡"除特别笨重坟墓建筑外一般的墓碑、石圈、石盖全部随同迁往,墓圹不迁";并争取在1958

---

① 上海市卢湾区志编纂委员会编:《卢湾区志》,上海社会科学院出版社1998年版,第1052页。
② 《上海特别市政府与工部局间关于收回上海公共租界上约定事宜及谅解事项之会谈议事录》,上海市档案馆编:《日本侵略上海史料汇编》中册,上海人民出版社2015年版,第535页。
③ 公署在垣墙下堆置材料,法领事署来函要求移走以便施工,"拟将八仙桥公墓垣墙尤其在维尔蒙路即普安路一带者加以缮修"。《上海法国总领事署总领事为将八仙桥公墓垣墙加以缮修事致函上海市第一区公署》,1944年5月13日,R22-1-175-1,上海市档案馆藏。
④ 上海市卢湾区志编纂委员会编:《卢湾区志》,前揭第1052页。
⑤ 《上海市卫生局关于八仙桥公墓的文件》,1946年6月9日至1948年12月,Q400-1-3919,上海市档案馆藏。
⑥ 《上海市建设委员会关于八仙桥公墓改作公园的会议通知》,1956年12月31日,B326-5-120-15,上海市档案馆藏。所改作的公园,即现淮海公园。

年春节前全部迁完。① 笔者所见的相关档案中，没有文字提到那座"特别笨重坟墓建筑"法兵纪念碑。

1958年2月19日，正月初一，时任上海市委第一书记柯庆施到上海市历史与建设博物馆（筹）展厅审查基本陈列，认为整个展览"总的看来，敌我斗争交锋不够"。② 此基本陈列中，小刀会起义部分有12件陈列品，涉及法方的两件："法国军队帮助满清政府进攻的铜刻画照片"和"起义军击毙的法国侵略军士兵墓碑拓片"。③ 据说当时史建馆的工作人员曾将"墓上的铸铁碑④及部分构件收入库藏"⑤，但因基本陈列无法通过审查，1959年5月上海市委宣传部批复同意文化局撤销上海市历史与建设博物馆筹备处，藏品、文献星散各处。笔者目前所见仅有"DISCRY Enseigne de Vaisseau"拓片一张，即1855年1月6日北门之战中，受了重伤，几天后死去的那位法军少尉狄司克里。

（作者为上海市历史博物馆副研究馆员）

---

① 《上海市人民委员会园林管理处关于分发八仙桥公墓迁墓工作计划方案（草案）的函》，1957年8月24日，B326-5-120-36，上海市档案馆藏。

② 《上海市历史与建设博物馆关于基本陈列审查第一次情况简报》，1958年2月21日，B172-4-955-11，上海市档案馆藏。

③ 《中共上海市委宣传部、市文化局关于上海博物馆、史建博物馆陈列计划及其改进方案的请示、批复》，1956年1月24日，B172-4-532，上海市档案馆藏。1991年开放的上海市历史博物馆基本陈列"近代上海城市发展历史陈列"中，这件展品更名为"法军阵亡者八仙桥墓碑铭"。

④ 对照拓片、照片和《画报》杂志表述，材质应为大理石。

⑤ 薛理勇：《被误读的老照片》，前揭第139页。

都市文化

筆商文化

梦幻世界：近代上海的电影院
——以法租界为中心（1912—1943）

江文君

在西方文化的影响下，近代上海作为一国际化大都市逐渐产生了诸如公园、电影院、咖啡馆等新型公共空间。① 移民的不断涌入，以及包括中产阶层都市人在内的城市居民共同创造、分享这些开放性的新娱乐休闲空间。在这些公共休闲空间内，逐渐产生了一套现代生活方式。城市上层以及中产阶层的穿着、语言和社会行为也改变得更加迅速和彻底，展现了一个与传统乡村截然不同的城市世界。据统计，1920 年时上海的人口约为 148 万人；1929 年，上海的人口达到 270 余万人，在世界各大都市中居第 6 位，比 1915 年西人所调查的人口数多 100 多万；到 1930 年，则超过了 300 万，成为远东地区人口最多的城市。其中，外籍侨民不少于 50 万。② 当然，有能力经常消费公共娱乐空间的消费者主要还是城市中上阶层人士，其中占大多数的是自由职业者和公司职员等中产阶层人群。对于社会中层阶层的职员及知识分子来说，他们除了能够满足日常生活的必需开支外，还能够负担一定规格的娱乐休闲支出。作为新式职员，他们倾向于选择现代娱乐场所来消费。这些社会中上阶层，他们最早接触西方文明，正是上海现代娱乐场所的主要消费群体。像看电影、喝咖啡、跳舞，成为他们消遣、约会和娱乐的主要方式。除此以外上海绝大多数的普通民众，尤其是工人等体力劳动者是没有能力享受以上这些新型娱乐空间内的中高档娱乐消费的。根据熊月之的

---

① 对上海电影院这一公共空间的研究，既往研究多从其现代性、公共性层面加以探讨。参见李欧梵：《上海摩登：一种新都市文化在中国（1930—1945）》，毛尖译，北京大学出版社 2001 年版。该书将电影院视为上海摩登的主要特色。张英进：《民国时期的上海电影与城市文化》，北京大学出版社 2011 年版，则从城市文化的视角考察电影对民却上海城市现代化的塑造；汪朝光：《影艺的政治：民国电影检查制度研究》，中国人民大学出版社 2013 年版，则从电影审查制度的角度考察了政府对上海电影的社会管理，偏重于强调国家对电影的社会控制。而关于电影院的专题研究则有，苏智良、姚霏：《大光明电影院与近代上海社会文化》，《历史研究》2013 年第 3 期。总体而言，相关研究仍然多从电影检查制度等维度加以探讨，着重国家与社会关系的探究，或者较宽泛地论述电影与城市文化、现代性的互动关系，学界对作为具体物质空间的电影院的研究还相当不足。本文试图以上海电影院作为专题研究对象，从"物质"公共空间层面这个角度来探讨电影院对城市文化(尤其是消费文化)和公众观念的塑造与影响。

② 徐雪筠等译：《上海近代社会经济发展概况（1882—1931）——〈海关十年报告〉译编》，上海社会科学院出版社 1985 年版，第 310 页。

研究发现，1935年，上海华界农、工、劳工、家庭服务、学徒、佣工、无业人员，共占总人口80.9%；公共租界的农民、工人、家务、杂类人员，共占总人口78.8%。这些人基本上无力享受首轮、二轮外国电影或舞厅、留声机、溜冰场等娱乐文化。也就是说，即使在近代上海所谓黄金时期，享受比较高档娱乐设施的人群，也只占1/5。这个比例，在民国末年也差不多。1950年1月，上海498万人口中失业、无业人口近百万；在业者206万，其中农业、工业、手工业、建筑业、家庭佣工者为93万，这些人基本上是没有能力享受中高档娱乐消费的。有条件或比较有条件享受比较高档娱乐设施的，包括商人、金融、教育卫生、自由职业等方面人口，占在业人口40%，占上海总人口不到20%。以上数据说明，工人阶级与其他社会阶层较低的人们被局限在一个特定的区域活动(如工人区、棚户区)，社会的贫富两极分化剥夺了部分人对城市的体验。一方面说明上海大多数的底层居民没有足够的支付能力消费这些现代娱乐空间；另一方面也说明，上海有着为数不少的中高收入人群，其中主要是由律师、大学教授等专业人士以及公司职员组成的城市中产阶层。他们是现代都市娱乐空间的主要消费人群。

近代上海的电影院也是这一时期主要的公共空间，尤其法租界是仅次于公共租界，拥有电影院数量最多的城区。譬如，四大首轮影院有两家(国泰电影院、南京大戏院)即在法租界。本文试图探讨近代上海的电影院这一专题，以展现作为具体"物质"的公共空间的电影院是如何塑造与影响以消费文化为中心的公共生活，进而深刻影响了公众观念的塑造与生产、传播。

一、电影院：廉价的大众王宫

电影是一种西方舶来品。正如王定九所描述的那样："电影本是外国的一种玩艺。自从流入中国以后，因电影非但是娱乐品，并且具有艺术上的真义，辅助社会教育的利器，所以智识阶级中人首先欢迎。时至今日，电影在国内的势力日渐膨胀。现在一般仕女，对于电影都有相当认识了，所以'看电影'算是一句摩登的口号。学校中的青年男女固如此，便是老年翁姑也都光顾电影院。所以近年来国产电影业未见勃兴，但电影院合着大众的需要，先后成立的不下二十余所，其势蒸蒸，大有傲视舞台，打倒游艺场的气概。"[①]近代上海的电影院主要集中在市中心区，它将梦境享受带给万千普通上海人。以市中心"上述二十五家电影院

---

① 王定九：《上海门径》，上海中央书店1935年版，第14页。

统计,共有二万六千七百四十四只座位,平均每家电影院为一千零六十九只座位"。① 1930 年,全国一共有 233 家影院共 14 万个座位,上海占了其中的 1/4,共 53 家 3.7 万个座位。② 仅 1935 年,就进口了 350 部影片,本地影业公司拍摄了 72 部影片。追星热养活了专门关心明星私生活和艺术生涯的小报:女明星中最漂亮、最受观众喜爱的阮玲玉,受到两个不忠男子的欺骗,于 1935 年 3 月自杀身亡,年仅 25 岁,她的死让上海陷入一片悲伤之中。成千上万的人聚集在街道上向她的灵柩车队致哀。

由此可见电影不只是娱乐品而已,同时,看电影也作为一种摩登的消费方式而为上海市民大众所喜好。电影一直是上海中产阶层最为醉心的娱乐形式。

电影诞生于 1895 年 12 月 28 日的法国巴黎,发明家卢米埃尔兄弟在巴黎一家咖啡馆,首次正式公映他们制作的影片。7 个半月后,这个全世界最新潮的艺术便从遥远而浪漫的欧洲登陆到了年轻而时髦的上海。1896 年 6 月 30 日,即有人在上海闸北的西唐家弄(今天潼路 814 弄 35 支弄)的徐园"又一村"放映"西洋影戏",并为宣传起见在《申报》上刊登广告《徐园告白》:"本园于廿日起,夜至十二点钟止,内设文虎清曲、童串戏法、西洋影戏……"③这是上海开映电影的开始。当时人们称电影为"西洋影戏",与焰火、杂要等穿插放映。④ 此后,徐园经常放映电影,且多为法国影片。1900 年 10 月 21 日《申报》又刊《徐园》广告:"今有英、法、美活动影戏运来上海,仍假本园十二楼上开演……",片名有《马房失火》等 14 部短片。⑤

早期的电影没有固定的放映场所。从 1896—1907 年十余年的时间内,西洋商人如美国电影商雍松、西班牙人加伦白克和雷玛斯等,大多选择在花园、茶楼、戏馆、酒楼、溜冰场等场所放映,场所不固定,而且设备非常简陋,如雷玛斯经营的虹口乍浦路跑冰场,也只不过是"简单的排列了椅子,张挂白布当银幕",售门票小洋一角。但对国人来说电影是"新兴的玩意",所以,很快"轰动了社会人士,大有一赌以快的情形"。⑥ 大马路的(今南京东路)、二马路(今九江路)、四马路(今福州路)一带的天华茶园、奇园、同庆茶园、升平茶园以及乍浦路的溜冰场、湖

---

① 罗苏文:《沪滨闲影》,上海辞书出版社 2004 年版,第 274 页。
② Eugene Irving Way, *Motion Pictures in China* (Washington D. C.: Bureau of Foreign and Domestic Commerce, U.S. Department of Commerce, 1930), pp.4 - 5.
③ 《徐园告白》,《申报》1896 年 6 月 30 日。
④ 方明光:《上海滩来了"洋影戏"》,载方明光:《海上旧梦影》,上海人民出版社 2003 年版,第 3—4 页。
⑤ 《申报》广告,1900 年 10 月 21 日。
⑥ 《上海的第一家影戏院:加伦白克,介绍电影到上海的第一人》,《电声》1938 年第 8 期,第 147 页。

北路的金谷香菜馆客堂等处,成为"影戏"最早在上海的放映场所。作为一项新奇的"西洋景",它与戏曲、杂耍等穿插放映;而且是几部短片轮流在几个放映点轮流放映,以吸引更多的观众;因此经常出现放映商人拿着破旧的几部短片在几个放映点来回跑的情况。

电影初到上海的时候,放映的影片都是无声纪录短片,内容则多为海外奇景怪事、风土人情,还有人物、动物、车马的表演变幻等,画面也是千奇百怪、奇妙新鲜。因为放映时是用灯打在前面的白布上,投射出活动的影子,所以早期的电影也叫作"影戏",被一般上海观众视为传统中国百戏当中的一种,故而早期的电影院多称作戏院。影戏在上海落脚后,大多是在茶园、游戏场等娱乐场所放映,广受普通市民大众的认可和喜爱。以后随着观众人数的日益增多,在茶园、戏园、游戏场等混杂型的场所已无法满足放映需求,加之嘈杂无比、不甚理想的放映环境,于是建立专门性的电影院馆就成了现实的需要。

一个名为雷玛斯的西班牙冒险家(创业家)适时介入和引领了电影院事业的勃兴,并赚取了第一桶金。此人早年在四马路青莲阁租赁茶馆场地放映影戏,招揽顾客。1908年12月22日,在茶园已经营多年、经验丰富又颇有资财的雷玛斯,于海宁路、乍浦路口租赁了个溜冰场,用铁皮搭建了一个场子,专演影戏,名"虹口活动影戏园"。这座用铁皮搭建、仅有250个座位的虹口活动影戏园便成为中国境内最早的专业电影院。① 虹口影戏园座价每位250文,首映西片《龙巢》。开幕时吸引了大量观众。著名电影导演程步高曾回忆:

> 院子小,座位少,水泥地,冬天冷,木板椅,辟拍响……观众多粤籍,大声讲话,木屐助兴,噼噼啪啪,十分热闹。②

次年,他在海宁路、北四川路(今四川北路)又造起一座里面设有酒吧的装饰考究的"维多利亚影戏馆"。1913年,雷玛斯那座简陋的虹口活动影戏园由日本商人接办,改名为"东京活动影戏园"(1915年又恢复原名,至1919年再改称为"虹口大戏院",今已废)。1914年他又看中日渐繁华的西区,在静安寺路(今南京西路)上创办了一家颇具规模的夏令配克影戏院(今新华电影院),1917年在东熙华德路(今东长治路)上和卡德路(今石门二路)上,又分别开办了"万国影戏园"和"卡德影戏院"(今均已废)。到1921年,在法租界霞飞路(今淮海中路)靠

---

① 李道新:《中国电影史研究专题》,北京大学出版社2006年版,第24页。另可参见吴贻弓主编:《上海电影志》,上海社会科学院出版社1999年版,第612页。
② 程步高:《影坛忆旧》,中国电影出版社1983年版,第89页。

近八仙桥的好地段,开设了一家外观很有特色的"恩派亚影戏院"(今已废)。雷玛斯是上海影院业的开山鼻祖,先后拥有维多利亚、夏令配克、万国、卡德、恩派亚等5座颇有规模的放映场,在业内声势赫赫,故曾有"电影大王"之称。① 此后,不少外国人也纷纷涉足电影院,逐步形成了电影院业。譬如,外侨劳罗(A. E. Lauro)建立的群仙戏院初步具有了电影院的雏形。② 戏院所处福州路在此时已经非常热闹繁华,书场、戏院、茶楼等非常多,而且又不断引进西式的娱乐方式,如影戏、马戏等,是外滩的洋行大班、买办职员经常光顾之地。座位有三百个,票价有一元、六角两种,所映影片为短片且都是旧片,每场映短片四部和新闻片一部。③ 据老电影人高梨痕晚年回忆,当时上海的几家影戏院如爱普庐、卡尔登、恩派亚等,都是外国人开的,专映外国片子。只有北四川路有一家上海电影院,是广东人曾焕堂开的,演国产影片。外地影院更少,所以国产片上映机会不多。④ 这一情况直到20年代才有所改观。1925年,专映国产片的明星公司收购申江亦舞台,改名为中央大戏院,放映国产影片,遂有"国片之宫"之誉。1926年3月,雷玛斯行将回国养老,明星公司与百代公司等集资,先承租后收买了雷玛斯的夏令配克、维多利亚、恩派亚、卡德、万国5座影院,以原有的中央大戏院为领衔影院,组建中央影戏公司。

上述这些固定的电影院外,老上海到了夏天还有一种临时的露天电影院,大都是借用凉爽的花园或大厦的屋顶临时搭建而成,一般在每年6—8月的夜间经营映片,它吸引观众的特点主要是兼娱乐和消暑为一。当时比较有名的露天电影院有消夏电影场和花园电影场,夏天去这两处消闲的人都比较多。

由于电影和电影院开始都为外国人所经营,因此,当时的影院名称也多采用外国名字,如雷马斯建立的维多利亚、夏令配克、爱普庐、爱伦等。随着影院的发展,像卡尔登、奥迪安大戏院尽管为华商所经营,但其名称仍用外国名字。也有很多电影院尤其是与外资合作的电影院,有很多在国外注册,都有其外文名称。如1928年2月建成开幕的光陆大戏院英文名为Capitol Theatre;1928年12月23日建成开幕的大光明大戏院英文名字为The Grand Theatre;1931年建成的国泰大戏院为The Cathay Theatre;前身为夏令配克大戏院的大华大戏院为Roxy,取美国当时最豪华影院之名。

---

① 郑祖安:《海上剪影》,上海辞书出版社2001年版,第192页。
② 1900年俄国人(一说意大利人)劳罗来到上海,起先利用一家茶馆放映电影,失败后,他又在福州路租了一家戏院的房屋即群仙戏院,放映电影。
③ 《介绍沪人初观赌电影的第一人,电影企业家劳罗在沪逝世》,《电声》1937年第8期,第400页。
④ 高梨痕遗作:《早期的上海电影界》,载政协上海市委文史资料委员会编:《上海文史资料选辑:第57辑》,上海人民出版社1987年版,第142页。

到了 20—30 年代,上海电影事业迎来了真正的勃兴时期,同时也是上海影院的大发展时期。其大致情况如下:1923 年 2 月,卡尔登大戏院在跑马厅北派克路(今黄河路)开张。落成之时,主办方还专门在《申报》上刊登广告盛赞"静安寺路派克路口卡尔登戏院,内外部建筑现已竣工,墙壁台幕装饰等,亦将就绪,故该院准定明晚开幕,第一日展映之影片,名《卢宫秘史》"。① 初建成时业主为英籍粤人芦根,首任经理聘英国人担任。初专映外国电影也利用舞台优势接待演出。② 在当时上海市民中影响颇大,上海竹枝词有:

浊世休论爱与憎,且将电影作良朋。便宜最是恩排(派)亚,轩敞无如卡尔登。

海上之影戏园,就予所知当推卡尔登首屈一指,售价之廉则当以恩排亚为第一。③

1925 年 10 月,烟商永泰和公司总经理郑伯昭在北四川路独资建造奥迪安大戏院,也力求在建筑和设备上吸引观众,其建筑和装备在当时可以与卡尔登相媲美。二者因此展开竞争,一度形成两家影院竞争独霸的时代。后来又有明星与百代公司合营的中央、新中央等一批国产影院的出现。但是,20 年代末 30 年代初,随着一批建筑装备更为豪华的电影院的建立,标志着卡尔登与奥迪安称霸上海的时代已经过去,"国片之宫"也在好莱坞大片的进军下黯然失色,影院进入发展的黄金时期。

其中 1930 年落成的南京大戏院可以看成是上海影院发展的一个分水岭。在此之后,一批更符合上海黄金岁月奢侈心理的新式豪华电影院纷纷应运而生。它们与以卡尔登为代表的上海早期电影院划清了界限。与这些新影院相比,1923 年天津中国影戏院公司在上海设立的卡尔登影戏院,规模固然甚宏伟,而陈设之富丽,"尤为彼时上海所有各电影院冠"。④ 然而随着时代的进步与发展,如卡尔登影戏院这般的旧式剧院此时已渐趋落伍为明日黄花。正如李欧梵所指出的,他称新建的豪华电影院"令观众眼花缭乱,带他们进入了一个无论是在私人还是公共场所都不曾经验过的世界。这个新奇的世界给看电影本身增加了无

---

① 《申报》广告,1923 年 2 月 8 日,第 17 版。
② 上海文化艺术志编纂委员会、上海文化娱乐场所志编辑部:《上海文化娱乐场所志》,2000 年,第 89 页。
③ 顾炳权编著:《上海洋场竹枝词》,上海书店出版社 1996 年版,第 253 页。
④ 《上海电影院的发展》,载上海通社编:《上海研究资料续集》,中华书局 1939 年版,第 534 页。

与伦比的乐趣"。①

　　跟随着南京大戏院的脚步,1932年处于霞飞路、迈尔西爱路(今茂名南路)口的国泰大戏院(今国泰电影院)开幕,场内座位为1 000个,其间距之宽敞,为上海影院之最;1933年,坐落于西藏路(今西藏中路)上的大上海大戏院落成,造型富于立体感,地板用橡皮铺成,践之无声;1939年,位于爱多亚路的沪光大戏院(后改称沪光电影院,今已废)对外营业,其装饰中西合璧,尤为特别的是,场内地坪不采用传统的前低后高,而改成两头高、中段低的元宝状,使前部的观众不致有昂头之累;1941年,美琪大戏院在戈登路(今江宁路)建成,外观庄重,内部华丽,西式风格中透露着雍容华贵的中华古典风韵。② 事实上,这一时期的确是近代上海电影院最繁荣的时期,据统计,1930年全国约有250家影院,而上海即有50多家。③

二、大众娱乐空间: 廉价的"梦幻世界"

　　在20世纪三四十年代,是所谓繁华大上海最后的紧要关头了。上海市民对电影院这一新空间形式日益推崇。因为在这样一个空间里,它能够满足城市中产阶层的内心需求。或者换言之,在这一特定的历史时期(民族危机日益加重,两次淞沪抗战对市民身心所带来极大的伤害),人们来到电影院不光是为了寻求愉悦和快乐,如果说过去进入上海电影院的华人中产阶层的心理状态是满足的话,那么在这时中产阶层的内心是惶恐不安、缺乏安全感的。电影院也成了找不到出路的人们寻求精神慰藉的避难所。

　　在这样一个世界经济大萧条、国内民族危机日益加重的危难时期,却是上海公共娱乐空间的黄金时期。据1933年1月的一份统计报告指出,全市娱乐场所(包括公、私)共计207处,其中,跳舞场39处,电影院37处,书场22处,弹子房有14处,地方戏院20处,京戏院3处,票房29处,公园6处,运动场8处,高尔夫球场7处,游戏场5处,话剧场2处,另外其他占15处。④ 其中,我们可以看出,跳舞场和电影院的数量最多,其次是传统的戏院和书场。

　　近代上海的电影院主要集中在市中心区,它将梦境享受带给万千普通上海

---

　　① 李欧梵:《上海摩登——一种新都市文化在中国(1930—1945)》,毛尖译,北京大学出版社2001年版,第133页。
　　② 郑祖安:《海上剪影》,前揭第195页。
　　③ 杨金福:《此情可待成追忆》,《新民晚报》2005年1月9日。
　　④ 《全市娱乐场所统计(二十二年一月)》,《大上海教育》1933年第1卷第2期,第163—164页。

市民。其中电影院的空间分布是：公共租界内 26 家，法租界内 11 家，华界内 4 家。所放映的影片内容五花八门，工部局警务处调查显示，1936 年上映的各类影片有 457 种，新闻短片 1 211 种。电影中戏剧占 69%，传奇剧占 4%，喜剧占 18%，音乐剧占 5%，探险旅行及教育片占 4%；短片及新闻片中，喜剧及音乐片占 56.8%，旅行片占 0.7%，讽刺画片占 13.5%，新闻片占 18%，教育片占 11%。① 仅以 25 家电影院统计为例，共有 26 744 只座位，平均每家电影院为 1 069 只座位。② 另根据 1934 年的一项统计，世界上影院最多的 10 个城市中，美国就占据了 5 个，纽约有 400 家，洛杉矶有 125 家，底特律有 75 家，芝加哥有 75 家，旧金山有 50 家；英国伦敦有 275 家；法国巴黎只有 40 家，而上海到 1934 年影院达到了 53 家。③ 虽然在规模上与纽约、伦敦等大城市有所差距，但从影院数量和发展速度来看，近代上海的电影院在国际电影市场仍占有一席之地，成为好莱坞电影在华的主要市场。

去电影院尤其是首轮影院看电影被广泛视为一种时髦的摩登生活方式。在"盛夏时节，时髦而有钱的男女专去一些有冷气的影戏院，看电影消暑一举两得，他们从中午一直坐到黄昏才出来，因为有的影戏院买一次门票是可以不受场次限制的，待一整天也没有关系"。④ 需要注意的是，首轮影院对观众的衣装有严格要求，如：当年走进大光明，女士一定要穿长旗袍，男士起码也要西装笔挺，有的还须穿上燕尾服。这似乎是仿效西方的所谓"绅士淑女"做派或中产阶层情调。也隐含着一种特殊的社会屏蔽(social closure)与区隔。

电影作为一种大众娱乐形式，其票价显然并不便宜。20 世纪二三十年代，一张普通电影票的价格大致是 1 元上下。对于工人来说，这样的票价已属难以企及的高消费了，而对于一般中产阶层家庭来说，则还尚可承受。档次较高的电影院票价，据当时的报载："夏令派克上映的西片《护花使者》，票价最高二元，一般则是一元；稍差些的卡尔登和爱普卢票价则是一元至一元半左右。"⑤ 大光明影院的票价是 6 角到 2 元 5 角，而当时一担米的价格是 8 元。对于一般百姓而言，一个月的饭钱也就在 6—8 元。可想而知，对于当时的人们而言，这张小小的电影票可谓价格不菲。不同电影院的票价策略显然针对不同的观众定位，中高档影院通过电影门票价格的上浮来吸引中产阶层观众。此外，上海电影院亦时

---

① 史梅定：《上海租界志》，上海社会科学院出版社 2001 年版，第 520 页。
② 罗苏文：《沪滨闲影》，第 274 页。另根据《上海市统计总报告》(1937 年)的统计，该年上海共有电影院 44 家。参见上海市政府统计处编：《上海市统计总报告》(1937 年)，警卫一，第 39 页。
③ 《全世界影院最多的城市》，《电声》1934 年第 19 期，第 368 页。
④ 卓影：《丽人行·民国上海妇女之生活》，苏州古吴轩出版社 2004 年版，第 36 页。
⑤ 《申报》1924 年 12 月 19 日，第 8 版。

常有一些优惠放映计划,如教师优惠、国庆优惠、军人优惠等等。当然,电影院的票价并不是始终如此稳定的,譬如在40年代后期票价就曾经上涨到令人瞠目结舌的地步。以1947年2月为例,首轮影院票价4 000—7 000元,其中代征娱乐捐800—1 400元、印花税160—280元,片商得1 520—2 660元,影院实得1 520—2 660元。

电影票价不菲之外,上海电影院本身也有着明显的优劣、档次等级差别之分。而这种电影院上中下等档次的票价区分也大致与近代上海社会贫富高度分化的社会实态相吻合。譬如在一位作者的笔下"卡尔登是个上等的影戏院,……里边有八百九十个座位",并描述这家影院装饰豪华,设备一应俱全"冷天装热水汀,夏季有电扇。屋顶墙壁纯涂石膏,上刺花纹,色彩颇为雅致,音乐尤佳。因为地点距离北京和夏令配克甚近,故甚致力于映片方面的竞争"。① 另一份资料也显示卡尔登影戏院交通便利,建筑宽敞,有观众休息厅。它以放映外片为主,偶尔也放国产片。银幕是从美国订购的,比一般银幕大些,欣赏效果好,对影迷有特殊的吸引力。上映《新人的家庭》时,曾因观众拥挤,共演6天,票资不下万余元。② 与夏令配克、恩派亚不同,在卡尔登,不仅可以欣赏到最新的外国电影,还能分享这里精致的酒吧、迷人的乐池、豪华的包厢以及一支素养颇高的乐队。卡尔登因此在整个20年代的上海成为时尚之都。稍后随着更为豪华电影院的出现,卡尔登的地位慢慢下降,到了"孤岛时期",这里就成了中国话剧的栖息之地了。除演出话剧以外,此时的卡尔登,日间仍是开映电影,夜间间或有周信芳排演的新戏。该院没有叫卖茶果杂音、吃瓜子等恶习。与之相似,夏令配克也是个上等的影戏院,"与卡尔登难分伯仲,座位达九百个"。1929年2月,夏令配克大戏院装置了亚尔西爱福托风的发音机,成为整个远东第一个拥有有声发音装置的影院。到了30年代中后期,随着电影院的商业竞争的日趋白热化,这些上等影院中更是逐渐形成了所谓首轮影院的说法,并以其外观的豪华、座位的舒适和映机音响的完善来吸引以中产阶层为主的观众群。如南京大戏院(今日的上海音乐厅)作为最早的四大首轮影院之一,被美国报纸赞誉为亚洲的"洛克赛"(Roxy,是当时纽约设备最先进的戏院)。这家影院的陈设相当豪华精美,是地道的欧洲新古典主义风格。影院内还有一尊雕塑家李金发创作长12米的巨型浮雕,其"建筑采用雷纳桑古式,外表极高尚美艺之致。大部用大理石和人造石,楼上下各有休息厅,足容千人。场中地板,是采用一种混合物质制成,视之似坚,

---

① 不才:《上海之影戏院(一)》,《上海常识》1928年第26期,第1页。
② 罗苏文:《沪滨闲影》,前揭第270页。

踏之则软,走在上面,绝无声息……对于场中空气的澄清,特设备'空气调变机',这机器可以洗涤空气,使空气中无浊质,并且可用以支配温度至任何程度,所以场中能够冬暖夏凉"。① 这些措施的目的无非是要把南京大戏院营造成一个高级社交场所。

而在南京大戏院即将落成之时,沪上媒体已对南京大戏院不吝溢美之词,"本埠爱多亚路麦格淡罗路口正在建筑之南京大戏院,其规模与宏丽足冠远东各影戏院。全部房屋及装潢设备代价有五十万元。曾志前报,兹悉该院唯一最大特点为装置空气调变机,能将院中空气涤滤清新,使无尘埃浊质,然后传大戏场予观众吸收,并将长年温度调和,使在七十度与八十度之间,俾与春日无异,且增减空气中之湿度,使完全适宜于人体,不如院外之闷抑或干燥。此项机器与纽约最大之洛山(Loxy)及拍拉蒙戏院所用相同,闻其价值已规元十五万两。又该院已向美国最精美之有声电影机制造者西方电器公司定购慕维通及维太风有声影片机,以备开映各种有声影片。该院为何挺然君所创办,据其语人云现今社会程度,确非昔比,观众目光,进步不已。故非有玉宇琼楼、特种设备而美丽舒适之戏院,不足餍社会之需求。南京大戏院即本斯主旨而建设,以社会之幸福为前题,民众之娱乐为己任,凡精神与金钱所可为力者,必尽所有以为之云"。② 尤其值得指出的是,南京大戏院当时邀请了第一代留洋归来的建筑设计师范文照主持设计。范文照系广东顺德人,1918年毕业于上海圣约翰大学,后赴美国宾夕法尼亚州立大学主修建筑设计,学成返国后于1923年在上海四川北路创立建筑设计事务所,上海、丽都、南京、沪光和美琪5家剧院以及上海八仙桥青年会大楼都出自他手。

1930年南怡怡电影公司(由何挺然创办,1935年改名为联怡电影公司)在爱多亚路向潮州同乡会会馆租地,投资建造南京大戏院。南京大戏院建筑的宏伟富丽,一时无出其右。自南京大戏院开幕后,上海的电影院线开始有一个新的转变:因为它最先以科学冷气给上海观众赏受,同时又将楼下的座价减低;(上海头轮有声影院的六角座价,是由南京始创,保持了许多年,直到1940年代才因百物昂贵而改变)除了这些优良的条件之外,又因好片集中,竞争者少,故一星期中,至少有二三天客满。前年始转入联怡公司,现在则与大光明等同隶亚洲影院公司旗帜之下。③

除放映电影外,南京大戏院也举办各类文艺演出。譬如1937年3月,工部

---

① 《上海电影院的发展》,载上海通社编:《上海研究资料续集》,第552—553页。
② 《南京大戏院之空气》,《申报》1926年10月26日,第16版。
③ 《上海电影院的今昔(五)》,《申报》1938年11月12日,第13版。

局音乐会就在此举行,"明日(二十四日)晚间,将有特别音乐会、在南京大戏院举行,著名提琴家欧尔曼应工部局弦乐队之邀请,演奏绝技。弦乐队全体队员亦参与献艺,所奏乐曲为贝多芬及柴霍斯基之名作,嗜好音乐者幸勿交臂失之。节目如下:前部,贝多芬所制乐曲,㈠ 开幕曲、工部局弦乐队,㈡ 提琴弦乐合奏、欧尔曼君工部局弦乐队,后部,柴霍斯基所列乐曲。㈠ 第五交响曲之片段,工部局弦乐队。㈡ 提琴弦乐合奏,欧尔曼君、工部局弦乐队"。①

与世界其他地方一样,电影在上海也是宣传的重要媒介,体现了国家所要传达的信息。南京大戏院还曾专门放映教育影片。"中国教育电影协会上海分会为实施电影教育,求社会人士彻底了解内容起见,商由爱多亚路南京大戏院先行租赁德国乌发公司出品之教育电影十卷于昨日上午九时在该院举行教育影片首次试映会。到者有上海分会执行委员陶百川、陈白、杨敏时、监察委员潘公展、吴开先、市长代表章渊若、市党部代表、教育界代表黄造雄及明星、联华、天一各电影公司代表及各文化机关各学校等代表千余人。"②

值得一提的是,南京大戏院还是近代迪士尼动画片在上海放映最多的影院。早在 20 世纪三四十年代,上海的电影院里,南京大戏院、大上海大戏院、丽都大戏院、大光明大戏院、国泰大戏院、光陆大戏院、平安大戏院、戚利大戏院、浙江大戏院、恩派亚戏院、辣斐大戏院、明星大戏院、巴黎大戏院等都放映过迪士尼的动画作品。其中,南京大戏院和大上海大戏院放映过较多的迪士尼动画片。南京大戏院不仅放映过著名的《白雪公主》,而且还放映过《木偶奇遇记》《三只小猪》《笛声斑斓》《米老鼠》《可恶的财狼》等影片,大上海大戏院则放映过《白雪公主》《木偶奇遇记》《米老鼠》《化外人》《胖王趣史》等影片。③

国泰电影院则是法租界内另一家首轮影院。国泰电影院位于淮海中路 870号,1932 年 1 月 1 日开业,英籍华人卢根投资,开张当天放映的是好莱坞大片《灵肉之门》,是当时上海设施最好的影院。《卢湾区志》说这家电影院是与大光明电影院同属国光影业公司。其实并不尽然。从后来的一份产权登记表来看(当时国泰电影院刚刚被迫停业修理完善,为了重新开业,于是具报呈请审核),这家影院资本总额值法币 15 万元(1946 年币值),国光公司和另一家联怡公司资本各占其半。④ 国泰大戏院地处两条马路的交叉处,按市民说法,这里"市口

---

① 《工部局音乐队特别音乐会明晚举行》,《申报》1937 年 3 月 23 日,第 10 版。
② 《教育电影分会昨晨首次开映教育影片》,《申报》1933 年 9 月 18 日,第 16 版。
③ 上海图书馆文献提供中心编著:《迪士尼上海往事:民国时期的城市记忆》,上海科学技术文献出版社 2016 年版,第 62 页。
④ 苏智良主编:《上海城区史》下册,学林出版社 2011 年版,第 1077 页。

好"。人若站在对马路处,可以看得到建筑全貌,形象显著,引人注意。这座建筑的艺术风格基本上属装饰主义风格。建筑立面对称布局,中轴线就在两条马路(淮海中路茂名南路)的平分角线上,大门也按中轴线方向而开。门厅前一个大雨篷,悬挑得很远,行人道上空也有部分覆盖,起到一种招徕的作用。上部四层,利用垂直统长线条处理,每个窗户自上而下一条条的垂直线条,显示出建筑的高直感。中间作阶梯状升起,以块面和线条作建筑艺术处理,充分体现出当时流行的装饰主义风格。正中间设旗杆高塔,形成集中式构图。立面正中垂直地写着英文CATHAY,即"国泰"之意,也起到建筑的装饰作用。屋顶有广阔的平台。

国泰电影院座椅宽敞、环境整洁、格调高雅,每个座位上配有当时上海最先进的意译风,可以即时将影片中的英文对白翻译为汉语。而且到了酷暑也不必怕炎热,因为影院里配备了当时还很罕有的冷暖空调,可以自由调节室内温度。为了吸引眼球,影院还搞起了所谓"美女经济",专门雇用年轻貌美的白俄女子负责领票。国泰电影院也是当时上海少数几家首轮影院之一,经常放映好莱坞大片,是当时所谓青年文化的聚居地。说起上海滩,很多人会联想到小资情调这一名词,身着盛装到国泰去看夜场电影无疑很好地诠释了这个词。国泰电影院建在格调优雅的法租界,周围全部是高档住宅区,放映的多是美国派拉蒙、米高梅等八大公司和英国鹰狮公司拍摄的英美大片,而且,领票员是清一色的俄侨小姐。去国泰看电影的多是社会上层人士,且需要精心打扮方能进场。进场后,安静入座,电影开始放映就不再允许入场,放映完毕后也多让女士先离场。这些礼节是到国泰看电影的观众自觉遵守的规则。当然,到国泰看电影的花费也很高。国泰作为首轮特级影院吸引了很多名人前来观影,赵丹、上官云珠等影星都是国泰的常客。[①] 坐在宽阔的皮椅上,看着原汁原味的外语片,实属一种享受。国泰属于高档影院,票价自然不菲。当年开张之初,日场1—1.5元,夜场1.5—2元。[②]

与南京大戏院一样,国泰电影院除放映电影外,也是不少国际交流活动的举办场所。譬如,1934年12月,"驻沪美国海军陆战队六百名不日将乘巡洋舰恰芒特号返国。兹定星期日晨十时在国泰戏院行辞别礼,并欢迎顷抵沪之新队。新任驻沪海军陆战队教士韦塞斯普恩届时将演讲《服役上海两年真正之纪念物》,凡能解美语之华人均可参加此会。第四陆战队之军乐队将在行礼前奏

[①] 路云亭、乔冉编著:《浮世梦影:上海剧场往事》,文汇出版社2015年版,第160页。
[②] 路云亭、乔冉编著:《浮世梦影:上海剧场往事》,前揭第163页。

乐"。① 国泰电影院也举办一些有益于中美友好的公益活动。1936年5月,"昨日为中美贸易协会及美国商会发起举行之中美贸易周第一日,定名为'善邻星期日'。上午十时美国驻沪海军陆战队在霞飞路国泰大戏院,由维赛斯朋上校领导举行祈祷庆祝"。②

大光明、南京、国泰、大上海四家首轮外片戏院,都属亚洲影业公司管理之下,建筑及装饰非常奢华:冬有水汀,夏有冷气;而且管理方面,戏院经理在每场开映前必会在"穿堂间"内巡视,并对服务人员进行严格训练,待客周到;头轮戏院售价票价比较高,最低5角、6角,高则1元、2元;而且常常在放映名片时临时加价;因此,为喜欢看外片的中上阶层所光顾。二轮外片戏院,虽然价格最低为3角3分;但是在建筑、设备及管理方面,都尽量模仿头轮戏院,因此与头轮外片比,可以说"价廉物美"。三轮戏院,在设备方面较差,常以火炉代替水汀,电扇代替冷气;而且所雇的招待服务人员,有的缺乏训练,与顾客吵架、殴打之事件时有发生;而且影院放映时,场面非常混乱,说话吵闹声不断,如菜市场一般,售价最低仅为1角1分。20世纪40年代成立了上海电影院同业公会,各家电影院的轮次都是由同业公会统一确定,但在20世纪30年代,条条院线还是各自为政。

然而,由于20世纪30年代的世界经济大萧条波及中国,使得各大电影公司的院线制难以为继。譬如,1933年联合电影公司就因为资不抵债,不得不申请破产监管。"字林报云联合电影公司股东以股本未曾收足不敷周转。近来债权人先后提起诉讼,为维持公司现有财产及保护投资人与债权人利益起见,诉请美按察使署指派监管员全权经营管理该公司所营大光明、国泰、卡尔登等戏院一案。昨经美按使潘迪开审,首由代表股东之萨赘德声称公司额定资本三百万两,迄今仅收得一百九十一万七千两,而所欠债务已起诉者约五十三万五千两,未起诉者约五十万两。惟公司资产尚有一百二十万两,倘债权人所诉悉行成立,则资产将全部断送而债权人尚未必能十足归还。目下大光明每月可盈余二万两至三万五千两,卡尔登可得五千两,国泰亦可获利万两。故请法庭指派监管员维持营业嗣及监管员人选问题。萨赘德提出彼得代表,若干债权人之律师哈林敦则提出贝恩,但萨赘德反对,因贝恩与马克同一公司办事,而马克曾担保承销全部股票尚有一百余万两。马克允于本年年底会清,设此款能早付清,则公司不致周转不灵矣。最后潘按使乃准派监管员,关于人选问题暂时保留,由潘迪按使再行决

---

① 《美国海军陆战队交替,星期日在国泰戏院举行辞别及欢迎礼》,《申报》1934年12月13日,第10版。

② 《中美贸易周第一日,美侨昨举行庆祝》,《申报》1936年5月18日,第10版。

定云。"①由此可见,1930年代的电影院盈利尚且不错,然而由于院线母公司周转不灵,以致陷入法院资产清算监管的不利境地。弄得联合电影公司几乎瓦解,被美国国际抵押公司经理格兰马克全部购买,格兰马克成为联合电影公司的股东和董事长。于是放弃了许多小戏院,改称国光联合电影公司。1941年,联合电影公司与联怡电影公司合并为亚洲影院公司。在这样的市场行情下,电影放映市场的主导权也渐渐转入各大电影院的手中,电影院同业公会也在1940年代逐渐取得了主导电影放映市场的行业主导权。当然,由于电影院同业公会的设立,也使得政府主管部门获得更大的权力和渠道来加强社会管理。

而据1948年的上海全市电影院统计:"全市电影观众的人数,约略有多少呢?四十六家电影院的座位总数共四万余只,一天开映四场,如果场场客满,每天的观众有十八万多人,一个月就有五百多万人,实际上这数字大约要打一个七折至八折,如五月份的统计,全市各电影院的观众人数约近四百万人,其中几家第一流电影院的观众统计如下:大光明十九万九千人,皇后十四万七千九百人,美琪十四万六千人,黄金十二万人,大上海十一万六千人,大华十一万一千五百人,沪光十万零八千五百人,国泰十万零三千二百人。""不同的影片拥有不同的观众。以一般来说,国片的顾客大都喜欢情节悲苦动人,所以八年离乱与天亮前后列为卖座最好的片子,其他凡是苦的片子大抵都能投人所好。西片则以五彩及刺激性的动作片最受欢迎。"②文章还特别写道:"头轮影院在战后增加了不少,这是一种畸形的现象。战前的头轮戏院是以地点与设备为标准,现在则凡是能取得影片首映权的都升格为头轮,所以除了几家老牌头轮外,现在一般所谓头轮影院的设备,都已够不上水平了。"③而全市电影院的总数比起30年代也略有减少,"上海市区内原来共有四十七家电影院,其中九星一家现在改演沪剧,所以只剩了四十六家,计头轮二十二家,二轮五家,三轮十五家,四轮四家,座位最多的是大光明,有一千九百五十一只,最少的是平安,仅五百只"。④

除了南京大戏院、国泰电影院外,这一时期的法租界还有些更加小众的电影院。如"辣斐影戏院是附近儿童们的唯一的乐园。这戏院是仿照国泰戏院建筑的,没有楼座,相当的轩敞,座位很宽舒,也没有别家小戏院那种污浊嘈杂的现象。所映的影片,都是美国第一流片子,而以大光明映过的片子最多,偶尔也放映一二张中国影片。所以看影戏的观众,可不上大光明去购那高贵的座位,而守候着到辣斐上演的时候去看,迟看早看那有什么关系呢"。"虽然近来辣斐的座

---

① 《诉请监管三影戏院》,《申报》1933年9月22日,第3版
②③④ 《全沪电影观众每月有四百万》,《申报》1948年6月27日,第4版。

价也涨到五角和七角,比较大影戏院究竟还是便宜的。每当星期六的下午和星期日,戏院门前常挤满着无数的观众,而以孩子们占着最大多数,等候里面的观众散场出来,争着涌进去抢夺较好的座位。因为每场影戏老是这样拥挤,而孩子们总是乖巧地不顾一切去争抢座位,大人们反而不好意思和她们竞争,只得落后了。"①

与上述这些上等影院或者首轮影院遥遥相对,在租界市中心以外则分布着为数不少的中下等或者二、三轮影院。上海影戏院即是一家二等影戏院,该影院坐落"在北四川路虬江路口,该院从前很不行,自改善以后现状好得多"。现状的改善是因为该院仿照卡尔登的样板,专映各大戏院映过之名片。上海影戏院的受众群体是一般的小市民,文化程度不高,欣赏水平亦有限。与之相仿,奥迪安大戏院也位于"北四川路,内部很伟大,约有一千四百个座位,楼下的座位比楼上的更好,可惜地方不十分透气"。影院内水汀电扇,布置齐全,所以不愧冬暖夏凉之称。而同属二等影院的北京大戏院在上海的二等戏院中,以券资最为便宜而著称,同时"又将外国片子逐幕加以中文说明"。② 同样的爱普庐声活动影戏院,位于北四川路海宁路,建于1910年,楼上、楼下共有800多个座位,宽敞舒服,观众多是外侨。③ 而"爱普庐是家二等影戏院,……有座位五百余个"。该影院冬有火炉,夏天装电扇,④内部还设有包厢专座,丝绒帷幕、软座沙发等,而且雇有西人乐队随片伴奏以吸引观众。⑤ 家住虹口的鲁迅一家就经常前往爱普庐观影,在他的日记不时有此类记载,如:"十一日晴。上午得前田河广一郎信片。午后同柔石、三弟及广平往爱普庐观电影。"⑥一般而言,中等或者二等影院仍然吸引着城市中产阶层中的中下成员,如普通公司职员等。再等而下之便是那些身处工人区中的下等影院了,如东海大戏院,位于下海庙,那里的商市很萧条,完全处于工厂区域。设立在那边的影院是专为劳动阶级谋高尚娱乐的。

除此之外,还有露天电影放映,露天电影一般于夏季的6月到8月间借用大厦或花园的屋顶来放映,其集消暑降温与娱乐于一体,缺点为雨天不能放映。是时,沪上的露天电影场有:圣乔治露天影戏院、大华露天影戏园、雨园露天影戏场、凡尔登露天大影戏场、逸园夏令影戏场、花园电影院、巴黎花园露天电影场、

---

① 《辣斐德路上的文化》,《申报》1941年3月30日,第8版。
② 不才:《上海之影戏院(二)》,《上海常识》1928年第27期,第2页。
③ 罗苏文:《沪滨闲影》,前揭第270页。
④ 不才:《上海之影戏院(一)》,《上海常识》1928年第26期,第1页。另,此处前后引文中爱普庐影院座位似有差异,疑为日后可能有改建增加座席所致。
⑤ 王渭泉、吴征原、张英恩:《外商史》,中国财政经济出版社1996年版,第279页。
⑥ 鲁迅:《鲁迅日记》,人民文学出版社1976年版,第634页。

大华屋顶花园露天电影院、跑马场影戏院、沧州饭店花园影戏场等。

上述事实表明,电影院虽然是一种新型的大众娱乐空间,理论上是各阶层汇聚一堂的地方,但其公共性、开放性却因市民群体的阶级分化和经济条件、生活方式和文化基础不同而局限于相当区隔化的范围。电影院的档次分级与地理分布,从一个显而易见的观察角度,折射出当时上海社会阶级阶层分野的广度与深度。20 世纪 30 年代,一个以上海都市为中心的消费群体逐渐形成,万花筒般休闲与娱乐世界逐渐发达以及大众传媒、大众出版话语霸权逐渐建立。大众出版和通俗文化与电影的结合,造就了一个人数占绝对优势的文化消费群落——城市中产阶层,和一个充满商业精神的都市社会。为了适应这一新社会集团的消费欲求,片商们也纷纷推出适合这一群体消费口味的影片。另一方面,当时社会动乱,人们希望寻求情感的慰藉和发泄,所以热衷于具有喜剧色彩的市民传奇剧。就题材而言,以电影《太太万岁》为例,该片表现的是中产阶层市民的家庭矛盾和情感纠葛,属于中产阶层市民电影。影片的女主人公陈思珍即是当时上海的中产阶层群体典型。影片塑造了一位处世圆滑世故但又被家庭琐事所困扰的中产阶层女性形象。围绕着她和丈夫的关系以及随之而来的家庭矛盾展开叙事,勾画了一幅中产阶层的生活图景,揭示了中产阶层的生存状态和人生百态。

电影院的地理位置不仅显示着剧烈的社会贫富分化和阶级区隔,而且其所面向的观众群体也是迥然有别的。民国时期上海电影院不仅是现代化的象征,也是国内外影业公司争夺市场盈利的场所。因此,营业额的高低,与戏院之选片关系颇巨,如"映头轮外片之四大戏院俱隶亚洲影业公司,故无须竞争,仅按各院所在地之环境需要及顾客倾向而分配之足矣"。而映二轮外片之戏院,如"丽都、金门、巴黎、光陆等四家,则有联合合同,专映华纳、派拉蒙、福克司等六影片公司之出品"。除第一轮加价片须隔 6 个月或若干时期后放映外,余者过两三个月即可放映。余下的沪光、平安,则多映米高梅、雷电华之出品。[①] 电影院的档次分级,预示着其所针对的本地目标客户群是高度分化的。进口电影大受欢迎且利润丰厚,发行商明白,上海人喜欢看的电影类型与西欧、北美毫无二致。当时就有人撰文指出"现在上海人爱好电影的,十个之中必有七八个是爱好外国电影"。而外片受欢迎不外乎外片的势力已深。另外国外影片中也以美国影片势力最厚,上海人所熟悉的男女明星都是美国影片中的。美国影片之外,"德英法等国的出品也不时有展映,惟为数很少"。好莱坞对近代上海电影的影响巨大。仅在

[①] 《影迷们渴欲知道的上海影戏院内幕种种》,《电影》1939 年第 44 期,第 9 页。

1935年一年中,上海的37家影院共放映了378部外国电影,其中332部是美国电影。[1] 其中一些影院还专映某些好莱坞片商的影片。譬如大光明专映米高梅的影片,南京专映福斯及雷电华公司的影片,国泰专映米高梅片(后专映华纳及哥伦比亚片)。[2] 凡是舶来的美国好莱坞大片一旦抵沪,其放映权基本上都是被上海各大电影院耗巨资竞购买下,如一代电影大师卓别林,其新片刚在北美上映,其上海放映权就立即被南京大戏院8万元收买。仅仅根据1933年的相关统计显示,上海的37家影院中,19家主要放映美国片。其余的放映中国片,还有1家两者都放。影院的设备和票价也不一样,可分为首轮、二轮、三轮和四轮影院。

鲁迅自1927年10月至1936年,在上海度过了他生命中最后的时光。在回忆中,曾多次与许广平及周海婴去影院看电影。[3] 鲁迅经常去的电影院有百星、奥迪安、明星、上海、国民、光陆、卡尔登、融光、南京、新光、大光明、巴黎、国泰等。其中,像大光明、南京、国泰等为主要放映好莱坞电影的首轮影院。尤其在1934—1936年,鲁迅经常出入影院。据统计,鲁迅去世前有记录者看外片149部,其中近90%为好莱坞影片。[4] 可见,电影院在鲁迅当时的生活中占据了重要的一部分。

与西片的流行迥然相异,国产片在上海则备受冷落,门可罗雀。虽然上海号称是"国产电影的出产地。……国片在上海的展映戏院没有舶来片那么多"。[5]《上海生活》的作者徐国桢也称上海的电影院"规模较大的,都映外国片了,映中国片了的戏院,除中央、新中央以外,规模都不甚大。……现在上海人对于国产影片,欢迎的很少……国产影片的内容,的确很少见有外国影片般的精警"。[6] 国片的观众,上中下三等人都有,大半是家庭中的妇女孩童们。因为他们大多是知识程度不高,听不懂英文,所以才选择看国产片。郁慕侠就批评上海各公司的出品虽然都标着"国产"两字,实则影片中一切原料和演员的化妆品大半是舶来品,每年漏出的金钱实在不少。"国产"云云,仅男女演员的本身确是中国的出产品,不过处在生产落后的中国,要叫电影公司改买国货原料,在势也有所不能罢。在他看来"吾国的地位是次殖民的地位,在理应多编些兴奋民族性和改良社会的

---

[1] Jerome Chen, *China and the West: Society and Culture*, 1815-1937 (Indiana University Press, 1979), pp.219-220.
[2] 上海通社编辑:《上海研究资料续集》,《民国丛书》第四编81卷,上海书店出版社1992年版,影印版,第545、546、548页。
[3] 鲁迅:《鲁迅日记》第2册,人民文学出版社2006年版,第590—592页。
[4] 丁亚平:《影像时代——中国电影简史》,中国广播电视出版社2008年版,第32页。
[5] 张韦焘:《上海之电影》,《旅行杂志》1930年第4卷第1期,第79—85页。
[6] 徐国桢:《上海生活》,上海世界书局1933年版,第80—81页。

作品,警策观众,借此以唤起垂死之国魂。奈影片公司多不注意于此,一味利用社会的弱点,专编不是神怪剧便是爱情片。试问这种片子适合社会教育么?能警策观众么?"①但是事实与愿望往往背道而驰。观众一边受着来自外国恶劣片子的影响。而另一边的中国电影公司老板但求片子的卖钱,其他都不顾及,因而"兴奋民族性和改良社会的作品,仍旧是很少"。②

总而言之,20世纪上半叶的上海电影院发达,主要缘于时代的变迁与进步,然而也不可否认电影院的确是一个廉价的大众王宫。与高雅的剧院不同,电影长期以来就是一种最基本的大众化演出,是大众消遣的一部分。正如当时一位作家写道的:"影戏院越开越多,其发达的缘故当然是时代的变迁,不过还有一点,入影戏院看电影买了票之外,就没有额外的小账开支了。"③作为20世纪最新的事业,电影在上海的都市生活中,亦占有极重要的地位。每逢好的日期如假日星期日等,"各大小影院都互相映好影片。……凡在影戏院聚集的地方,一到散场的时候便显得十二分得拥挤"。电影院对初生的城市中产阶层男女而言则逐渐演变成一个全新的两性社交场所,因为"青年男女喜到影戏院里,在黑暗中别具用意"。④ 在20世纪30年代,城市青年男女之间的关系发生了较大的变化,青年男女之间的交往以较为开放的姿态出现。电影院男女同座的禁令早已成为历史,影院空间内的黑暗环境,为男女恋爱与交往提供了方便。许多一对一对的年轻人在电影院里抓住机会大献殷勤。而且,有的时候好莱坞电影在屏幕上呈现出接吻的镜头时,坐在下面的他们都视而不见,如国泰电影院就是上海男女交往约会的主要场所。作家张爱玲在小说《多少恨》中男女主人公第一次相见在国泰电影院,小说写道:"现代的电影院本是最廉价的王宫,全部是玻璃,丝绒,仿云石的伟大结构。这一家,一进门地下是淡乳黄的;这地方整个的像一支黄色玻璃杯放大了千万倍,特别有那样一种光闪闪的幻丽洁净。电影已开映多时,穿堂里空荡荡的,冷落了下来,便成了宫怨的场面,遥遥听见别殿的箫鼓。"⑤

余 论

就整体而言,除了所谓首轮影院或者高档影院外,一般电影院大多票价适

---

① 郁慕侠:《上海鳞爪》,上海书店出版社1997年版,第88页。
② 郁慕侠:《上海鳞爪》,前揭第88页。
③ 伧夫:《上海电影事业杂奏》,《上海生活》1938年第2卷第2期,第10页。
④ 伧夫:《上海电影事业杂奏》,前揭第10页。
⑤ 张爱玲:《多少恨》,载《惘然记》,花城出版社1997年版,第86页。

中,电影院也为一般上海市民所共享。电影在上海除少数人艺术眼光目之外"已成为上中下三等人民的娱乐品了。而电影院更是他们解散人生的苦闷,增进人生的乐趣的场所"。[①] 只不过城市中产阶层是市民群体中最活跃、最时尚、最具西化特质的一部分,他们也是中上档次影院和以好莱坞大片为代表的西片的主要消费人群。在现代影剧院内,人们静静地坐在指定的座位上,所以人的注意力都被吸引到银幕上。

在这种情况下,电影院是脱离神圣感的一个例子。比如,在电影观看过程中,观看者要求与摄影机同步,这削弱了观看者的个体性并且使观看者远离了观看对象。通过机器,观众的感受被其他人所控制——观众被迫以特定的方式观看这个世界。与舞台表演不同,电影的魔力也能让观众观影时有代入感,人们观看的不只是电影,他们还可以随着大屏幕的画面切换,想象自己正在经历影片里的情节。显而易见的是,这会导致一种疏离感或异化感。因为,每一次"感受"都是被计划或被设计好了的。并且这种对观众的规训并不是影院所独有的,而是城市生活中正在发生的一种过程。因电影剧情发展而分享同样的感情,这使得在人们之间锻造出一种联系成为可能即在最初互不相识的陌生的观众中建立起一个共同体。

同时,也要注意到,电影院不仅是上流人士沟通消息的社交场所,也是青年男女打破传统束缚、可以自由谈情说爱的情感空间。影院空间内的黑暗环境,为男女恋爱与交往提供了方便,电影院也成了更能满足亲密活动的新环境。某些电影院如国泰电影院成了众所周知的约会胜地。在这意义上,电影院既是公共空间,也是私人空间。此外,聚集在电影院观看电影的几乎都是素不相识的陌生人,也是上海所有各阶层汇聚一堂的地方,在这里社会分层被暂时消弭。而这一切都是归功于现代消费主义和新型娱乐活动的日益发达,电影院作为公共空间与大众文化娱乐活动的舞台,在城市生活中扮演着中心角色。正譬如国民党政府利用电影院播放教育电影,向国民宣传构建党国的社会理想,电影院事实上也被看作公众观念生产、传播甚至灌输的主要公共领域。从"物质"的公共空间层面这个角度来探讨电影院对城市文化,尤其是以消费文化为中心的公共生活的塑造与影响的同时,也需要注意到电影院深刻影响了公众观念的塑造与生产、传播。作为陌生人聚集的地方,电影院也是观察人们公共生活的主要实体。正是由于这样的公共生活,公民公德(公共人格)的培育也有可能,也正是由于这样的公共生活,个体的人才会成为"公共人",而电影院之类实实在在的公共空间的扩

---

① 张韦焘:《上海之电影》,《旅行杂志》1930年第4卷第1期,第79—85页。

张也能成为市民社会萌生发展的物质基础。而且更重要的是,对于那些质疑市民社会在中国缺乏一个物质性存在的论说,譬如,罗威廉认为就晚清帝国而言,市民社会只是一个事后构造的修辞性语言框架[1]。就此论点而言,那么到了民国上海,作为具体物质空间的电影院就是一个很好的例子,证明市民社会之于民国时期已经是一个实实在在的物质存在,而并非只是资产阶级的冗词赘语。

(作者系上海社会科学院历史研究所副研究员)

---

[1] [美]罗威廉:《晚清帝国的"市民社会"问题》,载邓正来、[美]杰弗里·亚历山大主编:《国家与市民社会:一种社会理论的研究路径》,上海人民出版社 2006 年版。

中国近代西方音乐教育的先行者
——土山湾孤儿院铜管乐队

李 健

土山湾孤儿院位于上海西南徐家汇地区。"徐家汇,在法华东南二里许,向为沪西荒僻地"①,东距黄浦江,北距吴淞江(俗称苏州河)均十余里,两侧是肇嘉浜和法华泾,明朝文渊阁大学士徐光启裔孙为看顾徐氏墓园,聚族于斯,初名徐家库。因肇嘉浜和法华泾在当地交汇合流,清代中叶后易名徐家汇。土山湾在徐家汇南三百米,在蒲汇塘和肇嘉浜拐角处。早年"疏浚肇嘉浜时,堆泥成阜,积在湾处,因此得名。"②1864年(同治三年),法国耶稣会在此购地,将土山削为平地,建立土山湾孤儿院,徐家汇地区开始逐渐建成以土山湾为中心,方圆十几里的法国天主教文化社区。

土山湾孤儿院属于西方的慈善机构,同时是一所职业工艺培训学校,内设有画馆、木工部、印书馆、五金部等各类工艺场,传授西画、木雕、泥雕、印刷、装订、照相、冶金、木工、彩绘玻璃、音乐等技艺。土山湾孤儿院内收养的男孩一部分是因战争或者家庭过度贫困别无选择而入院。另一部分是家人想让男孩在土山湾孤儿院学习一门手艺。土山湾孤儿院除解决孤儿温饱等基本生存问题外,还为其提供一边读书,一边学习技能的机会,帮助他们在长大后凭借一技之长在社会安身立命,养家糊口,甚至成为著名艺术家。土山湾孤儿院所萌生出的土山湾文化成为海派文化和上海现代性的源头。

一、追溯前缘

耶稣会创办土山湾铜管乐队的主观目之一是为满足传教需要。"当时天主教会重要的庆典弥撒离不开乐器的伴奏。雄伟的教堂圣乐和音乐演奏具有不可

---

① 胡人凤续辑、许洪新标点:《法华乡志》,上海社会科学院出版社2006年版,第3页。
② 张璜:《徐汇纪略》,土山湾印书馆1933年版。

低估的使徒传教意义。"①但土山湾孤儿院的管理者从未奢望过铜管乐队的孩子成为卓越的音乐家。

土山湾铜管乐队的前身最早可追溯到太平天国战争期间,当时很多外国雇佣军开进上海,法国人和中法联队的军队则驻扎在徐家汇一带。法籍耶稣会会士兰廷玉神父(P. Franciscus Ravary)在徐家汇组建管弦乐队,这是上海第一支西乐乐队,乐队成员包括徐汇公学学生和土山湾孤儿。② 最初铜管乐队只是神父小范围的教授几个孤儿学习演奏乐器,但演奏得已经相当好,这便是土山湾铜管乐队的肇始。1871 年 10 月于布内男爵(Baron de Hubner)到徐家汇参观,后描述道:"在一位中国神父的指挥下,四个学生演奏一支海顿③的交响曲。这位可敬的指挥者,鼻子上架着一副大眼镜,手执一支小小指挥棒;他指挥着,激励着,他的指挥棒控制着一切;这些青年演奏者则双目盯着乐谱,满头大汗,终于较好地奏出了这位音乐大师最美妙的一首交响曲。海顿的名曲竟在中国,而且由中国人演奏了!"④

1903 年土山湾铜管乐队由葡萄牙籍耶稣会士叶肇昌⑤(F. Francesco Xavier Diniz)正式创办。如图 1 为创办初期的土山湾铜管乐队。"在双国英神父(P. Louis Hermand)和笪光华修士(F. Joseph Damazio)负责期间快速发展。乐队按照欧洲样式组建,穿着统一的军队制服,配有闪闪发光的乐器,在当时属于一件新鲜事物。后来乐队第一次应邀出席各种宗教仪式、铁路落成仪式、船舶下水仪式大型活动。乐队演奏的曲调很准确,他们渴望达到法兰西共和国一流乐手的水平。"⑥ 1907 年,双国英神父曾描述土山湾铜管乐队的演奏:"土山湾乐队演奏的欧洲音乐太好听了! 人们跷起大拇指,这与罗马竖起大拇指要求斗士死亡相反,在中国这个手势是代表绝对的好。"⑦

---

① [德] 彼得·克劳斯·哈特曼:《耶稣会简史》,谷裕译,宗教文化出版社 2003 年版,第 28 页。
② 张伟:《追寻遥远的土山湾音乐》,马长林主编:《民间影像》第 3 辑,同济大学出版社 2014 年版,第 29 页。
③ 海顿(1732—1809),维也纳古典乐派奠基人,被誉为交响乐之父和乐器作曲家之父,是维也纳古典乐派第一位代表人物。
④ 史式徽:《江南传教史》第一卷,天主教上海教区史料译写组译,上海译文出版社 1983 年版,第 291 页。
⑤ 叶肇昌(1869—1943),字树藩,葡萄牙人,生于上海,修士。早年就读于上海虹口圣方济学院,后师从英籍建筑师道达尔学习建筑。1896 年入耶稣会,1904 年祝圣为司铎,曾任震旦大学工程系建筑学教授。曾设计建造上海耶稣会神学院、徐汇中学新楼(今崇思楼)、上海交通大学图书馆(今为交大档案馆、校史博物馆)和佘山圣母大殿。
⑥ Henry DUGOUT, *Visite a T'ou-Sé-Wé* (*Lettre du élèves de Marneffe*), Relations de Chine, Compagnie de Jésus (Paris), 1908, p.396.
⑦ Louis Hermand, S. J., *Chronique Musicale*, Relations de Chine, Kiang-Nan, Compagnie de Jésus (Paris), 1907, p.47.

中国近代西方音乐教育的先行者

图 1　土山湾铜管乐队

资料来源：Louis Hermand, S. J., Chronique Musicale, *Relations de Chine*, Compagnie de Jésus (Paris), 1907, p.48.

二、卓越的成绩

　　土山湾铜管乐队的演奏得到社会各界广泛赞誉。据双国英神父回忆道："一个明媚的星期日，一名海军陆战队铜管乐队的一流长号手来到土山湾乐队的排练现场做指导，有人递给他一件乐器，刚开始他有所疑惑，询问乐器是从哪个集市上弄来。大家开始演奏一曲《幻想曲》①（fantaisie），长号演奏部分高亢嘹亮，他对中国的孩子们感到很惊讶，当听到铜管乐独奏之后，真诚地对我说，你的中国孩子太神奇了。接下来小鼓和小号参与进来，大家一同气势恢宏地演奏法国流行音乐《火车》。'你看，神父'，海军陆战队的长号手对我说：'如果我告诉巴黎同事我与中国人一起合奏音乐，他们根本不会相信，以为我在开玩笑。'"②如图 2 所示为 1914 年的军乐队，相较于 1907 年的乐队，增加了队旗，乐手年龄稍长，服

---

　　① 幻想曲：是一种即兴的器乐作品。作曲者可以随自己的幻想自由创作，乐曲具有幻想的自由奔放特点，并富浪漫色彩。
　　② Louis Hermand, S. J., *Chronique Musicale*, p.50.

图 2　军乐队(1914)

资料来源：P. J. de la Serviere, *L'Orphelinat de T'ou-se-we: Son histoire Son état présent*, Imp. de l'orphelinat de T'ou-se-we, 1914.

装更加正规化,增加了萨克斯、大提琴等乐器,乐队规模不断发展壮大。

土山湾铜管乐队男孩们"最大的乐趣是吹奏四对舞和华尔兹①,什么样的哲学家能够看透中国人的灵魂并解释其原因,是速度和音律？至少有一点,他们一听到华尔兹便会跳舞。四对舞有一种让中国人发笑的魔力,笑容使他们圆圆的脸庞看起来容光焕发,双眼闪耀着光芒"。②

1918 年,土山湾铜管乐队已经小有名气且受到法国政府重视。休战时期,在节日瞻礼日结束后的法国总领事接见活动上,铜管乐队的号手和鼓手负责演奏音乐,乐队的活力和热情使在场的所有人身心愉悦。当乐队欢乐且感情真挚的演奏法国国歌、乐队的保留曲目——《马赛曲》(la Marseillaisè)时,有人大声称赞"好样的"(Bravo)。他们的演奏不仅让上海人赞叹不已,也赢得了法兰西学院院士等观礼人员的赞誉。值得一提的是,乐队最年长的乐手不过练习 2 年

---

① 华尔兹：18 世纪末的法国大革命及其在欧洲各国的激烈影响、工业革命的兴起以及工人阶级的大规模出现等,使人们对自娱性舞蹈风格的要求发生了巨大的改变。身体轻松自然、风度飘逸洒脱的华尔兹一时间成了人们(特别是法国人)更能自得其乐的方式。

② Louis Hermand, S. J., *Chronique Musicale*, p.51.

半,要知道他们的年龄一般就是在 13—16 岁,而且只在空闲时间练习。①

土山湾铜管乐队演奏曲目既包括宗教音乐,同时也有欧洲古典音乐和流行音乐。乐队后来成为各种宗教仪式、铁路落成仪式、船舶下水仪式大型活动典礼的焦点。土山湾孤儿院孩子们取得的音乐成就不仅证明他们可以成为优秀的乐手,同时表明"中国人可以像西方人一样成为音乐家"。② 在当时,徐家汇震旦大学已有专业音乐老师每周至少教授两小时音乐,开设专门音乐课程,利用固定时间传授乐理知识,力图培养出中国早期的西方音乐人才。1907 年双国英神父曾预言:"再过十几年,中国将会远远超越八音盒和留声机的阶段,可能会诞生如古诺③和瓦格纳④(Wagner)这般天赐之子级别的顶尖音乐家。"⑤

三、辉煌的背后

土山湾铜管乐队的孩子们没有接受过音乐学院专门训练,最高学历在今天看来只有初中,教师并非是音乐学院的知名教授,职业甚至与音乐毫无关系,但为何能打造出一支如此优秀的乐队? 为什么这些中国孩子在音乐领域会取得如此让人佩服的成绩? 笔者将从以下几个方面进行阐述。

(一) 土山湾男孩

土山湾孤儿对西方乐器十分感兴趣。"每届新生进入土山湾后,都会有人询问,是否有兴趣免费参加乐队活动。"⑥中国人具备理解和演奏欧洲音乐的能力吗? 从结果来看,他们表现得很出色。"中国人的耳朵能够理解和欣赏和声。"⑦孩子们并非天生便有音乐的素养,而是在长期音乐熏陶和训练当中逐渐形成。

1900 年义和团运动期间,负责保护上海法租界的那支法国部队与土山湾军乐队关系密切。法国海军陆战队士兵曾利用周日下午休息时间,到土山湾孤儿院进行交流活动,训练孩子们的体魄,一起做游戏,并利用闲暇教孩子们吹奏军乐。⑧

---

① P. J. Hernault, *A l'Orphelinat de Tou-sé-wei*, Relations de Chine, Compagnie de Jésus (Paris), 1918-1920, p.187.
② Louis Hermand, S. J., *Chronique Musicale*, p.51.
③ 古诺(1818—1893):法国作曲家,早年热心宗教。曾任巴黎教堂管风琴师和歌队指挥。1855 年所作《圣塞西勒庆典弥撒曲》是宗教音乐的一次改革。其《教皇进行曲》被梵蒂冈采用为国歌,最流行的是《圣母颂》。
④ 瓦格纳(1813—1883),德国作曲家,著名古典音乐大师。
⑤ Louis Hermand, S. J., *Chronique Musicale*, p.51.
⑥ 张伟、张晓依:《土山湾——中国近代文明的摇篮》,秀威资讯科技股份有限公司 2012 年版,第104 页。
⑦ Louis Hermand, S. J., *Chronique Musicale*, p.47.
⑧ 张伟、张晓依:《土山湾——中国近代文明的摇篮》,前揭第 101 页。

"法国海军陆战队士兵一直很喜欢土山湾男孩,法国军队号手卡尔雷夫(Carrereff)吹奏的铜号声音嘹亮,十分受男孩欢迎,土山湾孤儿梦想成为一名号手。通过多次聆听演奏进行曲,孩子们对曲调或多或少有了最初的印象。土山湾男孩用他们的'大朋友'——海军陆战队队员的军号练习,除节拍之外没有太多错音,最终可以模仿演奏法国古老的进行曲。"①法国海军陆战队队员为孩子们吹奏长号,把西方的乐器带进土山湾孤儿院,这是孩子们头脑中对西方音乐的最初记忆。长期的耳濡目染,激发了孩子们内心对音乐学习的热情。如图3为铜管乐队早期的鼓手和号手。

图3 鼓手和号手

资料来源:P. J. de la Serviere, *L'Orphelinat de T'ou-se-we: Son histoire Son état présent*, Imp. de l'orphelinat de T'ou-se-we, 1914.

要成为一名优秀的乐手,掌握铜管乐器演奏技巧,必须理解音乐,认识音符所要表达及给予的空间感,因此一套适合孤儿的音乐教材当然是必不可少。"叶肇昌修士根据中国人的习惯编写了一本《方言西乐问答》,大约70页,书名的范

---

① Louis Hermand, S. J., *Chronique Musicale*, p.50.

围界定比较小,实际上书中涵盖所有西洋乐器的使用技法。舒德惠(P. Durand)神父通过开设视唱练耳课,帮助孩子们感受西洋乐器的节奏和韵味,很快孤儿院的孩子们已经能够准确领会《方言西乐问答》的内容。对音乐的理解程度甚至要比对孔子经典著作中的文字要好得多。经过反复练习,逐渐对乐器熟悉起来。"①由此,孩子们通过掌握基本乐理知识,为将来成为优秀乐手夯实基础。如图4所示为铜管乐队的孤儿乐手在上歌唱课,一位修士手执指挥棒,孩子们手中拿着音乐书,在跟着节奏大声歌唱,由此获得基本的乐理常识。

图4 歌唱课(1914)

资料来源:P. J. de la Serviere, *L'Orphelinat de T'ou-se-we: Son histoire Son état présent*, Imp. de l'orphelinat de T'ou-se-we, 1914.

在1903年慈云桥落成仪式上,土山湾铜管乐队第一次在公众场合露面,当时他们本想演奏瓦格纳的乐曲,却因为种种原因最后没有参加演出。② 此后,经历无数次登台锻炼,"男孩们经常会在土山湾孤儿院大会上演奏,在宗教节日上孤儿院的铜管乐队成为主角,如在徐家汇和佘山仪仗队伍以及邻近会口的

---

① Louis Hermand, S. J., *Chronique Musicale*, p.50.
② Louis Hermand, S. J., *Chronique Musicale*, p.50.

节日上,都会见到他们的身影。在圣诞节,唐墓桥教堂美丽的穹顶下和其他仪式上,也能听到他们的演奏"。① 1910 年 9 月,在徐家汇天主堂新堂开堂祝圣典礼上,土山湾乐队演奏菲利亚尔(Filliard)的《圣母》。② 1913 年法租界八仙桥塄法文书馆改名中法学校,在落成典礼上,由土山湾铜管乐队奏乐庆祝。③ 1915 年董家渡天主堂火政会举行祝龙礼仪,"土山湾天主堂之音乐队在场大作西乐声韵悠扬"。④

1921 年 6 月浦东唐墓桥迎圣母活动中:"土山湾西乐队五十名中,乐队二十二名齐集假山前各奏一曲,旋由西乐队奏露德圣母歌。"⑤在 1922 年 6 月 30 日徐汇公学举行的毕业及给奖礼上,土山湾孤儿院铜管乐队又专门奏军乐烘托典礼气氛。⑥ 1924 年在徐汇公学毕业与休业式上,第一个节目便是土山湾孤儿院铜管乐队奏乐。⑦ 在 1930 年马相伯九十寿诞上,"有土山湾军乐队奏乐"。⑧ 在 1935 年 5 月 1 日佘山(Zô-cè)耶稣升天瞻礼上(le jour de l'ascension),土山湾铜管乐队走在朝圣队伍的最前方,乐器发出铛铛(tram)的响声⑨。如图 5 所示为土山湾铜管乐队参加佘山耶稣升天瞻礼,当时佘山大教堂正在修建中。每逢春节期间,"土山湾乐队会应邀到广慈医院(今瑞金医院)为医生和病人演出;乐队经常去当时的法商电车公司演出,

图 5　佘山耶稣升天瞻礼(1935 年 5 月 1 日)

资料来源:Le jour de l'ascension à Zô-cè, *Relations de Chine*, Compagnie de Jésus (Paris), 1936/10, p.479.

---

① Louis Hermand, S. J., *Chronique Musicale*, p.51.
② P. Haouisée, *Inauguration de L'église St.-Ignace à Zi-Ka-Wei*, Relations de Chine, Compagnie de Jésus (Paris), 1911, pp.18-19.
③ 《中法学校新屋落成》,《申报》1913 年 5 月 17 日,第 10 版。
④ 《天主堂火政会举行祝龙礼纪盛》,《申报》1915 年 10 月 11 日,第 10 版。
⑤ 《圣教杂志》1921 年第 6 期,线装书局 2010 年版,第 322 页。
⑥ 《圣教杂志》1922 年第 8 期,线装书局 2010 年版,第 430 页。
⑦ 《徐汇公学毕业与休业式》,《申报》1924 年 7 月 1 日,第 14 版。
⑧ 《马相伯先生九秩寿诞 名流捧觞上寿》,《申报》1930 年 5 月 5 日,第 14 版。
⑨ *Le jour de l'ascension à Zô-cè*, Relations de Chine, Compagnie de Jésus (Paris), 1936, p.78.

徐家公学举办大型活动,通常会请土山湾乐队帮忙,中外贵宾访问徐家汇的时候,乐队常常站在最醒目的位置为他们表演助兴。出于乐队的公益性,土山湾乐队所有演出均不收报酬"。①

(二) 乐队创办者、指挥者和指导者

土山湾铜管乐队发起人、创办者叶肇昌修士喜欢音乐,擅长小提琴、铜管乐器、单簧管。② 但是他不擅长音乐演唱,偶尔会唱歌,这时会有人对他说:"叶肇昌修士,您不要唱了,您唱得天都要下雨了!"③尽管如此,"面对一项完全陌生的事业,乐队的创办者毫无畏惧,持之以恒,最终把土山湾铜管乐队做得很出色"。④

乐队指挥作为乐队的灵魂部分显得尤为重要,乐队指挥所具备的音乐天赋以及对音乐的领悟程度,决定未来铜管乐队的整体水平。土山湾铜管乐队有法国出色的乐队指挥者。土山湾孤儿院木工部主任葛成亮(F. Aloysius Beck)和笪光华对土山湾铜管乐队付出最多,担任乐队指挥时间最长。笪光华修士"骄傲地站在队伍最前面,指挥着优秀的土山湾铜管乐队。乐队应邀出席特殊场合:节日、朝圣、圣体游行。他经常在这些场合演奏《迈迪龙》(madelon),当有人提醒他这首曲子过于世俗化时,他通常微笑地答道,歌词并不重要,曲调非常优美"。⑤

专业人士的指导是铜管乐队持续发展的必要条件。据双国英回忆:"一个明媚的星期日,一名海军陆战队铜管乐队一流的长号手来到土山湾乐队的排练现场做指导。"⑥正是由于这些一流乐手定期的指导,土山湾孩子们演奏水平才能够不断提高。

(三) 乐器

要创办军乐队,乐器自然必不可少。严格意义上讲,近代中国虽能利用竹子制作八孔笛子,但缺乏足够的技术支撑,无法制造长号和大提琴。图6所示为中国管弦乐队,吹奏的乐器有笛子、琵琶、二胡等中国传统乐器。

土山湾铜管乐队的乐器全部是西洋乐器,主要有小号、大号、长号、圆号、大管、萨克斯、军鼓等。⑦ 乐队得到来自土山湾孤儿院在上海和法国朋友不求回报的援助。

---

① 张伟、张晓依:《土山湾——中国近代文明的摇篮》,前揭第105页。
② Louis Hermand, S. J., *Chronique Musicale*, p.49.
③ Louis Hermand, S. J., *Chronique Musicale*, p.48.
④ Louis Hermand, S. J., *Chronique Musicale*, p.48.
⑤ F. Joseph DAMAZlO, S. J., Relations de Chine, Compagnie de Jésus (Paris), 1937, p.128.
⑥ Louis Hermand, S. J., *Chronique Musicale*, p.50.
⑦ 王成义:《上海土山湾艺术》,上海大学出版社2014年版,第82页。

图 6　中国管弦乐队

资料来源：Louis Hermand, S. J., Chronique Musicale, *Relations de Chine*, Compagnie de Jésus (Paris), 1907, p.49.

首先要提及的是上海虹口天主教社团,所有的乐器都由他们捐赠。有的人赠送很多乐器,一位中国女士捐赠一个大鼓,但比较好的器材仍来自法国,有来自上比利牛斯省 R. P.(Hautes-Pyrénées)省社团中高雅年长者捐赠,有巴黎人、诺曼底人、图赖讷和普瓦图人。会旗由教会修院寄送过来。①

捐赠者中有一些人具有良好音乐素养,而且不求回报,甚至连名字都不愿留下。双国英神父曾回忆道:"我如果开玩笑称他们是音乐家,他们便不会留下名字,或者不留下真名,目的是在很多名字中无法找到他们。比如 Kou,Sang,Tsang,Tsu.,没有人会叫这样滑稽的名字,他们只想让土山湾的孩子们知道在法国有人如此爱他们,并诚心诚意为远方的朋友祈祷便已足够。"②海内外各方向土山湾铜管乐队赠送的乐器,为乐队的成立和发展提供了重要的物质基础。

---

① Louis Hermand, S. J., Chronique Musicale, p.49.
② Louis Hermand, S. J., Chronique Musicale, p.49.

四、结 论

土山湾孤儿院铜管乐队的孩子们没有太大的野心,他们学习音乐是希望能够拥有健康愉快的休闲娱乐时光。[①] 但从客观上讲,这群孩子已经成为近代中国学习近代西方音乐的先行者。他们证明,中国人有天赋学会西洋乐器,在具备内外部条件的情况下,经过长期的刻苦练习,便能够成为优秀的音乐家。铜管乐队是西方文明发展的产物,土山湾铜管乐队取得的傲人成就,既源于中国人聪明智慧与吃苦耐劳的品质,也有乐队外籍教师的引导作用。从某种程度上讲,外国传教士对中国音乐教育思想及方法具有一定启蒙性。

音乐是真正的世界语,是情感的语言。音乐打破中西方语言和文化的障碍,能够传递感情和情绪,是直接讲给灵魂听的人类通用语言。[②]土山湾铜管乐队为国人提供一个学习西方音乐的窗口,成为国人演绎欧洲宗教音乐、古典音乐和流行音乐的大舞台,堪称为西方音乐艺术传入中国的典范。土山湾铜管乐队的成功,表明此时的上海民间社会已经逐渐接受西方文化的优秀成果,中国音乐已经开始走向近代化的发展之路。

(作者系上海工会管理职业学院讲师)

[①] Louis Hermand, S. J., *Chronique Musicale*, p.51.
[②] [美]安东尼·J.鲁德尔:《古典音乐巅峰40部》,鲁刚译,世界图书出版公司2006年版,第1页。

近代中国大陆法教育：
以震旦大学法学院为例[①]

任 轶

清季民初，法学作为一门新兴的社会科学由域外引入，中国成为现代法律移植与继受的试验场。"西法东渐"并非是一个单向而均质的过程：普通法派和大陆法派均被引介、传播、效仿，日本模式、德国范本、法国学派、英美风格竞争并存，外国知识与本土经验互动交融，法学教育亦呈百花齐放的态势。震旦大学以大陆法派拉丁法系的特质在近代中国法学教育中独树一帜。本文利用藏于法国里昂市立图书馆的《震旦大学校刊》（法文）和《震旦法律经济杂志》（中文），并结合上海市档案馆保存的震旦大学档案，详细梳理法国法学知识的跨国传播与接受之过程，考察在中外文化交互纠葛中，时政、学校、师生的互为影响作用。

一、震旦法科的沿革

震旦大学创建于1903年，在1905年的章程中，国际法（每周2课时）第一次出现在高等科的课表中。在1909年的章程中，高等科文学科的哲学分科需要学习万国公法及政事法律（每周4小时），语言分科需要学习初级商业法（每周3小时）。[②]

1911年起，由孔明道司铎（de Lapparent）讲授民法，后增加罗马法、刑法、中国法、政治经济学课程，即初具规模。1914年，南道煌司铎（Fournier）任校长时，在学制为三年的法政文学科课程中安排有宪法、国际法、刑法、民事律、行政律、商律、航海律、罗马法律、法律比较（中国欧洲）、国家经济学（第一第二年）、会计学、财政学、今世政治实业商业之历史欧洲（第一年）美国及日本（第二年）中国及邻邦（第三年）、与历史相应之地理等科目。[③] 1915年，孙秉鉴和黄祖英以文学法政科高级毕业生（Diplôme supérieur de Droit）的身份毕业，是震旦最早的法政科

[①] 本文为上海市哲学社会科学"十二五"规划青年课题"国际关系与宗教纷争下的震旦大学（1903—1952）"（2014ELS001）阶段性成果。

[②] 《1909年震旦学院章程》，Q244-16，上海市档案馆藏。

[③] 《震旦大学各种简章、概况及一览表1908—1948》，Q244-1-17(5)，上海市档案馆藏。

毕业生。① 1916年,震旦仿法国大学现行规程,进一步增加法学课程:第一年,罗马法律、民律、政治经济学每星期各2小时;第二年,民律、国际公法、政治经济学每星期各2小时;第三年,民律、刑法、宪法、商律实业律及关税律每星期各2小时。②

1917年3月7日,第一位法学讲席教授巴赞(Jacques Hervé-Bazin)来到震旦任教,他颇有家学渊源,父亲Ferdinand Hervé-Bazin是法国昂热法学院政治经济学讲席教授、"天主教社会学派"(L'école sociale catholique)代表之一,③舅父 René Bazin 是昂热法学院刑法学讲席教授并于1903年当选法兰西学院院士,其本人在昂热法学院担任罗马法讲席10年之久。他的到来使得震旦法学院声誉大增。几个月后,曾任教于北京大学的巴和(Julien Barraud)也来到上海当律师,同时受邀在震旦任教。巴和之前受中国政府之请拟订宪法草案,对中国局势和学生程度十分熟悉,不仅洞悉我国古今立法精神,而且讼务经验丰富。④ 1917年6月,震旦大学开始授予法学学士学位(Licence en Droit),第一位取得文凭的是曾绍芳。1918年9月,胡文柄、宋国枢、顾守熙成为震旦第一批法学博士生,胡、顾二人于1920年取得博士学位。⑤ 1921年,经教授会议议决将法政科三年的学制延长至四年。此后,震旦大学法科教育"历年扩充,力求改进,凡西欧著名大学所设课程,亦无不具备"⑥。震旦大学自1932年12月经教育部立案后,法学院依法个别另呈国民政府司法院请求立案,于1933年9月获批。⑦

二、比较法教学

在震旦大学法律系的必修科目中,比较法课程备受重视。震旦的比较法实质是以法国法为主。课程教授的顺序是先教授法国法典,然后与中国法典进行比较,待学生领悟后,再授以中国法律条例,以便触类旁通。⑧ 然而,立法史显

---

① *1903-1928 Université l'Aurore, les 25 ans de l'Aurore*, Changhai: Imprimerie de T'ou-Sè-wè, 1928, p.47.
② 《震旦大学各种简章、概况及一览表 1908—1948》。
③ Vincent Bernaudeau, «Les enseignants de la faculté libre de droit d'Angers, entre culture savante et engagement militant (fin XIXème-début XXème siècles)», *Société d'études soréliennes*, 2011/1, No 29, p.105.
④ 《私立震旦大学一览》,1935年,Y8-1-189-200,上海市档案馆藏。
⑤ *1903-1928 Université l'Aurore, les 25 ans de l'Aurore*, op.cit., p.49.
⑥ 《私立震旦大学一览》。
⑦ 《私立震旦大学一览》。
⑧ 《私立震旦大学一览》。

示,中国法并不是从巴黎传入的产物,所以直接援引法国思想对很多人来说是和本地法律实践毫不相关的,震旦法学院却坚持以法国法为比较对象。其中固然有作为校方领导的法国籍耶稣会士的意愿,但法国在法律史上的地位也毋庸置疑。作为大陆法系中拉丁法系的代表,法国法系为欧洲成立最早者,为世界法律体系提供了第一部现代民法典(1804 年拿破仑法典),充分吸收自由主义个人的革命思想,"曾资大陆各国立法之模式者"①。尽管我国新民法以德国和瑞士两国法律为蓝本,法国法典的数种良好制度也予以采纳。例如代位权为我国民法第 242 条所明定,即脱胎于法国民法第 1166 条的间接诉权(action indirecte)。②因此,"研究中国民法者,欲求深造,非研究德瑞法不可,同时更须参考法国法,以明两法系异同元处。"③

比较法在其他国家都是列为研究所的课程,攻读法律的学生,在修毕本国法律,获得学士学位后,如欲更求深造,可以选择某一专门科目,并研究与该科目有关之外国法律。④震旦大学却在法律学系第一年起即大量设置比较法课程,实与中国法制近代化发展的进程有着密不可分的关系。在近代中国知识和制度双重转型的时期,对域外法学知识的引介与政治制度的变革几乎同时展开。中国从 1911 年辛亥革命后努力革新宪政、改良司法,至 1928 年国民政府颁行各种法典,"更以革命的精神推翻旧律,为数千年来中国法制史中所未见"。⑤中国近代的法律体系建立于外国法律和法学学说的移植之上,特别是 1930 年 12 月,南京国民政府颁布了中国第一部民法典,即《中华民国民法》,最大限度地吸收了欧陆民法(1900 年实行的德国民法,1907 年实行的瑞士民法典和 1911 年修订实行的瑞士债务法)。因此,在研究本国法律的过程中,支配外国法的各种基本原理,解释外国法律的判解例和学说,都是最好的参考。中国民法所遗漏或规定欠妥之事项,如不与他国法律比较,颇难发见,纵或发见,应如何补充修正,亦有参考外国立法例的必要。⑥比较法作为一种有益而不可或缺的工具,在中国法律教育方面的地位也就不容忽视。

震旦比较法课程的法国教授有曾任教于巴黎法学院(1905—1911)和北京大

---

① 《震旦大学法学院一览》,1939 年,Q244-1-17-24,上海市档案馆藏。
② 冉宗柴:《中国民法与德瑞法民法之比较观》,《震旦法律经济杂志》1947 年第 3 卷第 9 期,第 117 页。
③ A. Gerardin,《L'enseignement du droit civil comparé à l'Université l'Aurore》, Bulletin de l'Université l'Aurore, 1947, Tome 8, No 1, p.119.
④ 民标:《研究比较法学的实益》,《震旦法律经济杂志》1947 年第 3 卷第 5--6 期,第 79 页。
⑤ 《私立震旦大学一览》。
⑥ 冉宗柴:《中国民法与德瑞法民法之比较观》,前揭第 119 页。

学(1911—1917)法学院的巴和(Julien Barraud);对中国问题关注多年的比较宪法讲席教授 André Bonnichon;法国比较法领头人 Edouard Lambert 的亲密合作伙伴,曾担任里昂比较法研究所总干事的商法讲席教授 René Mankiewicz 等人。① 这些来自"法兰西帝国"中心的法学家前往"帝国"的边缘,传播法律知识,虽然他们的目的是尽其所能让中国成为现代化进程的一部分,积极地促进中国向欧洲所确立的进步标准靠拢,但是必然带有明显的法国中心主义的法律观。他们对中国法的观察立足于其对法国法律的知识,对中国法律的评价和意见则以法国法律为标准。② 作为法国法学家,在对中国输出法律规则的同时也借此扩大法国在华政治影响力。特别是长期作为法国法学的对照品,德国法学 19 世纪末在全世界范围内有着巨大的影响,将法国法与以德国法为蓝本的中国法做对比,从某种意义上也是法德两国在法律界的较量。

同时,法国教授所表现出的法国中心主义是温和的。他们承认中国有自己的法律传统,有一套维持着社会秩序和政权稳定的习惯。他们认为中国现代法不是凭空出现的,是从历史演变而来的,因此强调研究中国现代法须时时与古代法进行比较研究。中国法律史研究在震旦大学法学院课程中占据重要地位。作为必修课,中国法制史学习"历代法制之沿革,侧重唐清两朝"③,老师注重引导学生在学习过程中辨明今古立法之时代立场,根本原则的异同优劣,并鼓励利用有系统之史料从事旧学之整理。④ 当然,中国传统法制在法国教授眼中是革新和取代的对象,他们积极以法国法的相关经验促使中国法治向欧洲所确立的进步标准靠拢。

学生们撰写毕业论文时,多采用比较法的方法研究中国法问题,例如《中、法、德、瑞法律中的非婚生亲子关系》《比较法中的基金会问题研究》《中、法、德、瑞法律中的自然债务问题》等⑤。这样的研究志趣显然是受到法国教授们的鼓励和支持的。按照校方规定,毕业论文的题目,学生须向教授征询意见,经双方互相商榷讨论,指定教授一人作为论文指导老师,由该教授指示研究的方法及对

---

① «Chroniques et nouvelles», *Bulletin de l'Université l'Aurore*, 1946, Série III, Tome 7, No. 2, p. 340.
② 朱明哲:《中国近代法制变革与欧洲中心主义法律观——以宝道为切入点》,《比较法研究》2018 年第 1 期,第 168 页。
③ 《震旦大学法学院一览》。
④ 《私立震旦大学一览》。
⑤ «Chroniques et nouvelles», *Bulletin de l'Université l'Aurore*, 1943, Série III, Tome 4, No. 2, p. 555. «Chroniques et nouvelles», *Bulletin de l'Université l'Aurore*, 1943, Série III, Tome 6, No. 2, p. 483. «Chroniques et nouvelles», Bulletin de l'Université l'Aurore, 1942, Série III, Tome 3, No. 2, p. 425.

象,介绍应参考的书籍,纠正学生研究的方法或结果。在整整一年内,学生和教授经常保持联络,随时随地互相交换意见。① 在这一过程中,知识并非单向流动,边缘的经验和知识同样也反过来增补来自帝国中心者的认知。

对于学生来说,大陆法和比较法的教学意义,不仅是法律思维方式和思考角度的提升,也有实际应用的价值。震旦大学法学教育的目标既要"启导中国未来之立法者"②,也要培养一批精通中国法律的中国人,造就中国的法官与律师人才③。因此,震旦法学院毕业生中有协助爱思加拉(Jean Escarra)任"治外法权研究委员会"之研究工作者,有在日内瓦或海牙国际法庭工作者,供职立法院、司法部等部会者尤多,在沪执行律师事务者更能蜚声法界。④

三、法学的社会科学取向

震旦法学教育一直沿袭法国学派的社会科学取向。早期的法学院不分系,统称为"法科"或"法政科"。⑤ 1932 年,分为法律系和政治经济系,在 1935 年形成了"两系两所"的格局：法律系(Section Juridique)和政治经济系(Section Politique et Economique),法律学研究所和政治经济学研究所。⑥ 震旦大学始终仿效法国广义的法学建制,将政治学、法学、经济学一并置于法学大类之下。法律系和政治经济系第一学年的课程是完全相同的,之后的课程也互有交叉：社会经济学、会计学列为法律系的必修课,政治经济学系的必修课也包括宪法、民法、行政法、国际公法、劳工法、商法等法律课程。⑦

在法国学派传统中,经济学和法学的紧密关系可以追溯到 18 世纪,孔多塞(Condorcet)在其《政治算术》一书中建立起法律与经济统计之间的桥梁,用以分析诉讼案件结果和公共政策之间的关系。这种与其他学科(包括社会学或经济学)的合作成为以法律来实现社会公共利益的先决条件,法律和经济之间的辩证论证对于法律分析在社会经济现实中的定位是至关重要的。⑧ "社会科学"这种表达在 19 世纪上半叶已经被法学家应用于法律,法学家 Jean-Baptiste Duvergier

---

① 安德：《震旦法学院本届毕业同学的论文》,《震旦法律经济杂志》1946 年第 2 卷第 8 期,第 149 页。
② 《私立震旦大学一览》。
③ 民标：《研究比较法学的实益》,前揭第 80 页。
④ 《私立震旦大学一览》。
⑤ 《私立震旦大学章程》,Q244-5-108,上海市档案馆藏。
⑥ 《震旦大学法学院一览》。
⑦ 《私立震旦大学一览》。
⑧ Mathieu Luinaud, «L'enseignement de l'économie dans les facultés de droit», *Commentaire*, N° 159, Automne 2017, p.627.

写道:"社会对于立法的影响和关于社会的立法行动同样是无可争议。"①1864年,巴黎法学院创立"政治经济学和公法"讲席,意味着经济学正式成为法学院的必修课程。②

法国现代法学院的组织最直接成型于法兰西第三共和国时期(1870—1940)。第三共和国是法国经济、社会、政治和法律转型的关键时期,法国法学院在新体制下发生重大变化,开始关注法律科学与社会变革之间的联系;法学教授开始打破法律条文的桎梏,以历史的、比较的、社会的、科学分析的方法解决新的法律问题。1880年12月28日法令为法学院一年级制定了法国法律通史的年度课程。③ 随着1889年法律学士学位的改革,法学进一步向社会科学开放,逐步引入宪法、工业立法、殖民地立法和国际法等课程。1889年7月24日法令将所有研究社会问题与立法组织关系的课程被纳入法学院课程体系,增加了"政治和行政科学"课程。④ 1895年开始,法学教师资格考试从单一不分科的考试转而成了分为公法、私法、法史和经济学并列为四大科目的考试,从此公法、法史和社会科学成了法学院正式的组成部分,其教学人员的身份也得到了制度上的确认。在第一次世界大战之前,法国法学院逐渐确立了以私法、公法作为主要划分的学科分类,形成了以法律实务为主要取向的教育安排,以判例作为解释成文法之分析材料也在此时成为普遍接受的教学方法。⑤

从震旦法学院法国籍教师的学习经历来看(见表1),他们毋庸置疑地受到19世纪末法国法学教育改革的影响。他们在法学院修读了法史学、公法与政治科学。法史学让他们了解法律如何随着社会情势变迁;公法和政治科学则体现出"法治国"思想的重要性。⑥ 他们中的一些人在修读法律的同时,还去巴黎自由政治学堂(Ecole libre des sciences politiques)修读经济学的双学位。他们认为,法学非仅研究法律问题之学术机关,如社会、经济、政治亦均在其中。法律被视为一门具有广阔视野的科学,它必须在观察和分析无数多样复杂的社会生活的表现形式之后,将其驯化成一门学科。因此,法学教育不应满足于给予学生关

---

① Frédéric Audren et Jean-Louis Halpérin, «La science juridique entre politique et sciences humaines (XIXème-XXème siècles)», *Revue d'Histoire des Sciences Humaines*, 2001/1, No.4, p.3.
② Mathieu Luinaud, «L'enseignement de l'économie dans les facultés de droit», *op.cit.*, p.627.
③ Jean-Louis Halpérin, «L'histoire du droit constituée en discipline: consécration du repli identitaire?», *Revue d'Histoire des Sciences Humaines*, 2001/1, No.4, p.22.
④ Frédéric Audren, «Les professeurs de droit, la République et le nouvel esprit juridique», *Société d'études sorèliennes*, 2011/1, No.29, p.17.
⑤ 朱明哲:《全球化背景下的法国法学教育——体系性追求及其面临的挑战》,《中国法学教育研究》2017年第2辑,第166、157页。
⑥ 朱明哲:《全球化背景下的法国法学教育》,前揭第165页。

于法律的琐碎概念,而是提供使他们能够更好地理解法律发展的文化:通过与历史、政治经济学、哲学的接触,使法律教学更加充满活力。① 震旦初设法科时,就设置了文学课、哲学课、历史课。注重法律哲学,以探究既成法原理原则与哲理之关系。法律随社会进展而变化,因而研究成文法应取径于历史,注重立法思想的纯史学研究。他们认为必须完善人文教育,不然法学就只能在一种肤浅和书本的层面上被衡量。震旦希望给予法学院学生一种很开放、很人文、很伦理的文化。

表 1　法学院法国籍教授一览表(部分)②

姓　　名	学　　历	教 授 课 程
Barraud J	巴黎大学法学博士	比较法、中国民事诉讼
Barraud M	巴黎大学法学博士	法国民法、劳动法
des Courtils	巴黎自由政治学堂 巴黎大学法学博士	行政法、政治经济学
Gerardin	巴黎自由政治学堂 巴黎大学法学学士	社会学
de Goth	图卢兹大学法学博士	法国刑法、法国商法、国际公法
Thesmard	巴黎自由政治学堂 巴黎大学法学学士	财政管理、法国民法、宪法

震旦法学院注重社会科学课程,特别是商业经济类的课程,也有为保证其毕业生适应社会的不同岗位需要的目的。上海自开埠以来,经济日趋繁荣,商业活动增多也必然对于司法实践者提出的新的要求。震旦大学法学院院长 André Bonnichon 认为:"法律系养成律师人才,其毕业生可参与各种文官考试,并可进保险公司、实业界、新闻界等处服务。"③法学院不再只被视为实践法学判例学校,仅在单一学科教育下培养法官、律师和法律工作者,许多法律毕业生也在行政部门、工商业界任职。④ 例如在竞争极为激烈的国家公务员考试中(4 000 名报考者录取 400 人),震旦大学共有 13 名学生报考,法学院有 8 名学生被录取,

---

① Serge Dormard, «L'enseignement juridique et le corps professoral de la faculté de droit de Lille, du second empire à la première guerre mondiale», *Revue du Nord*, 2010/1, No.384, p.138.
② 《私立震旦大学一览》。
③ 彭廉石:《震旦大学法学院概况》,《大学季刊》1941 年第 2 卷第 2 期,第 440 页。
④ Serge Dormard, «L'enseignement juridique et le corps professoral de la faculté de droit de Lille, du second empire à la première guerre mondiale», *op.cit.* p.135.

成绩优异。① 1941年,法学院对新近毕业的60名学生的职业去向统计也体现了这一趋势。

表2　法学院毕业生职业去向统计②

行　业	人　数
政府机关	8
教　师	5
保　险	2
律　师	11
工商业	13
银　行	13
记　者	2
其　他	3
去　世	3

四、外交与法学的融合

法语因其准确和优雅的特质,作为外交和国际法界的通用语言,在条约制订和国际事务处理时都扮演着重要的沟通媒介作用。因此,震旦法学院一方面注重提高学生的法语水平,另一方面聘任多位资深外交官担任法学教授,旨在为中国外交界培养既具备国际法素养又精通外语的复合型人才。

震旦大学的入学考试严格,尤其注重法语水平,笔试考查法文记事或书写和中文译法文,口试须将试卷所列之各项法语原文,释以法语解其词类与文法问题。"笔考平均至少须满八分,方准与口试,口笔两考平均至少至十一分者,方合格录取",入读法科另特别规定:"法文平均不及十分者不得入文科"。③ 入学后,震旦大学历任主持校务者都对文哲课程极为重视,法文教学始终占据重要的地位。"概本校之造就人才非仅就培养专家上着眼且进而顾及一般的全人的教育。

---

① 《Nouvelles diverses》, *Relation de Chine*, Juillet 1937, p.151.
② 《Nouvelles de la faculté de droit》, *Bulletin de l'Université l'Aurore*, 1940-1941, Série III, Tome II, No.4, p.684.
③ 《震旦大学各种简章、概况及一览表1908—1948》。

此文哲学科之所以为各院各系之必修科也。法国文学亦为必修课程。概各院系课程既多以法文教授,则学生于听讲阅读之际对法文在需要极深之素养。若时以名家著作使之诵习,自可免一曝十寒之弊。法文之修习于每系之前三学年分配之其讲读教材多为十七十八世纪之名著。"① 此外,英文也是法学院的必修课,由牛津大学文学学士欧乃梅(Allemao)主讲②,以为应付未来环境之需。

震旦大学的师资组成中,除学识渊博的法学家和资深的法官、律师之外,还有一个特殊的外交官群体。1929—1938 年期间担任国际公法讲席教授的 Jean Krysinski,是波兰公使团参赞。他于瑞士弗莱堡大学获得政治学和经济学博士,于巴黎大学法学院获得法学博士,精通法、英、德、俄语并流利使用中、日语。作为一名出色的法学家和外交官,他深知国际公法中包含着微妙的国际关系,因此他的备课总是极其细致的,全部手写成稿,课堂上没有任何随兴发挥,严谨处理每一个问题。③ 法国驻上海总领事 Augueste Wilden 和领事 Georges Cattand 多次主持法学学士和博士的毕业答辩考试。诚然,他们作为法国驻华公使代表来校主试,是震旦大学文凭为法国政府承认的必要条件。但是,身为主考,他们的出席并非仅仅是形式主义的走过场。例如 1942 年 3 月 2 日,Georges Cattand 作为答辩委员会主席主持了宋家怀博士论文《中国法中股份有限公司之董事》的答辩,他不仅提问权力滥用理论在通过股东大会废除董事程序中的应用,还建议论文题目应以比较法的视角体现英、德、法三国法律在该问题上的漫长发展过程。④

法国驻外领事馆官员良好的法学专业素养与其外交部遴选标准息息相关。19 世纪 40—70 年代,进入外交部工作的选拔,以外交与领事事务职业考试为主,推荐为辅:应试者须在 25 岁以下,必须拥有法学学士文凭。考试科目包括:商法、外语和数学。考试通过者成为见习领事或见习副领事。19 世纪八九十年代,考试科目增加为:(1) 法国与外国政体、法律与行政制度;(2) 国际公法与国际司法;(3) 海商法和政治经济学;(4) 国际条约历史;(5) 地缘政治学;(6) 英语或德语。到了 20 世纪最初 10 年间,法国外交部更加强国际法和民商法的考察力度。⑤ Georges Cattand 毕业于巴黎政治学院,同时也是一位法学博士,他在

---

① 《私立震旦大学一览》。
② 《私立震旦大学一览》。
③ «A la faculté de droit», Bulletin de l'Université l'Aurore, 1941, Série III, Tome II, No.3, p.483.
④ «Chroniques et nouvelles», Bulletin de l'Université l'Aurore, 1942, Série III, Tome 3, No.1, p.213.
⑤ Nicole Bensacq-Tixier, Histoire des diplomates et consuls français en Chine (1840 - 1912), Paris: Les Indes savantes, 2008, pp.149 - 150, 551 - 551. 转引自侯庆斌:《晚清中外会审制度中华洋法官的法律素养与审判风格——以上海法租界会审公廨为例》,《学术月刊》2017 年第 1 期,第 168 页。

担任外交官前是巴黎上诉法院的律师①,因此他在震旦法学院师资缺乏之时还兼任过国际公法、比较民法、刑法等课程的任课教师②。

震旦法学院毕业生,因熟悉法国法(欧洲法)思想,并能熟练使用法语,在处理国际问题时游刃有余,多位校友成为中国外交界的中坚力量。在修订新约和收回租界的工作中,震旦校友无役不与,献策良多。

1918—1921年在震旦大学学习的谢冠生,不仅在1922年赴巴黎大学攻读法学博士学位期间协助著名汉学家高第(Cordier)编撰《中国通史及外交史》(*Histoire générale de la Chine et de ses relations avec les pays étrangers*)③,并且在回国后便投身外交事业:1926年,任武汉国民政府外交部秘书,参与收回汉口、九江英租界事宜;1927年历任南京国民政府外交部秘书、条约委员会委员。"时中国承积弱之后,国家主权久失完整。谢冠生以法学家从事外交,于租界之收回不平等条约之修订,贡献尤宏。"④

朱世全先后毕业于震旦大学和巴黎法学院。1914年回国后"服务外交,十有余载,前在华府会议、关税会议、国际禁烟会议、国际航空会议,均参机要。收回威海,尤多襄赞,复躬任调查接收诸务,故于此案始末,了如指掌"。⑤ 著有《外人在华之领判权》《取消不平等条约及步骤》《国际司法概论》《威海问题》。

全面抗战爆发后,日本逐步封锁中国沿海,"如何维持国际运输路线,乃有关中国存亡之问题"。⑥ 中越国际交通线是当时中国主要的对外运输路线之一,承担着重要的战略功能。在假道越南运输问题上,震旦大学毕业的中国驻越南河内代理总领事许念曾和驻西贡领事尹凤藻,一方面利用其娴熟的法语与法属印度支那官员周旋博弈,另一方面通过在越南的震旦校友关系网络,打开了一条香港-海防-昆明-重庆的海陆联运交通线,抢运物资,在不断恶化的国际环境中突破重围,确保了中越国际交通线的"有限"畅通。

---

① 《Procès-verbal de la séance du Conseil d'administration de la Société de l'histoire de France, tenue le 1ᵉʳ avril 1924》,*Annuaire-Bulletin de la Société de l'histoire de France*,Vol.61,No.1,1924,pp.75-79.
② 《Départ de M. Cattand》,*Bulletin de l'Université l'Aurore*,1944,Série III,Tome 5,No.1,p.203.
③ 《Echos et nouvelles》,*Relation de Chine*,Janvier 1938,p.317.
④ 《法学博士谢冠生传略》,见 http://sznews.zjol.com.cn/sznews/system/2011/04/27/013665935.shtml.
⑤ 朱世全:《威海问题》,商务印书馆1931年版。
⑥ 蔡梓:《在变局中寻求突围:假道越南运输问题与中国对法博弈(1937—1940)》,《民国档案》2019年第3期,第106页。

结　论

作为一所教会学校，震旦大学在行政、地理和语言等各方面都游离于当时的中国主流社会。然而，它的法科教育却始终应政局之需，不是被动地把法律条文规范当作给定的、不可改变的知识传授，而是注重提高学生的批判性分析和反思能力，为社会问题提供法律答案，将理论与实践相结合、培养学有所长的法律人才。这一教育模式受益于法兰西第三共和国时期所确立的法国法学特征。法学院的中法教师和在职业实践中学以致用的毕业生共同为法国法学知识的传播与再造，为法国在东方的影响力，为中国法制的现代化做出了贡献。

震旦大学法学院将理论法学讲授、人文素养提升与实用技能训练相结合的教育模式，为今日大学培养"知其然亦知其所以然"的法律人才提供了借鉴的范本。

（作者系上海交通大学历史系副教授）

黄德乐与《法文上海日报》

李君益

上海法租界自 1849 年开辟以来,逐渐成为法国在华租界中面积最大且最为繁荣的一个。这种繁荣不仅体现在经济发展上,也体现在文化事业上。法文报纸源源不断在上海法租界问世,其中尤以《法文上海日报》(Le Journal de Shanghai)出版时间最长。该报由黄德乐(Jean Fontenoy)于 1927 年始创,连续出版 18 年,于第二次世界大战结束前停刊,是了解和研究南京国民政府时期,尤其是抗战时期的上海乃至中国的一份不可或缺的重要史料。值得高兴的是,在日本兰心大戏院研究会团队与法国国家图书馆的通力合作下,《法文上海日报》的绝大部分目前已实现了数字化,并免费对全球研究者开放阅览。本文立足现有资料,拟对创始人黄德乐创办《法文上海日报》的过程及其影响展开论述。[①]

一、上海法文报纸的历史沿革

1927 年之前,法国在华拥有四个专管租界,分别为上海、天津、汉口和广州(沙面)。鉴于北京特殊的政治地位和法国在各地的政治力量,在华法文报业主要集中于北京、天津和上海三地。

上海法租界在建立后很长一段时间内,由于法国侨民人数稀少,并没有办报的需要。直到 1870 年 12 月 5 日(清同治九年)才开始有了第一份法文报刊的出现,即《上海新闻》(La Nouvelliste de Changhai)。这份周刊的主人,也是惟一的编辑,是一个叫做比埃(H. A. Béer)的人[②]。此份报纸得到了法租界公董局的大力支持,负责发布每期常会会议记录,成为公董局对外发布信息的渠道之一。1871 年 3 月 21 日,巴黎天文台助理员、前北京大学教员兰璧茜(Emile Lépissier)创办《进步》(Le Progrès)报,该报所持趋向完全针对《上海新闻》,于是一场笔战相随而来。虽然他们是常常开玩笑胜于实际伤害的,但剧烈的笔战已

[①] 相关研究,参看赵怡:《研究上海法租界史不可或缺的史料宝库——〈法文上海日报〉(1927—1945)》,马军、蒋杰主编:《上海法租界史研究》第 2 辑,上海社会科学院出版社 2017 年版,第 16—57 页。

[②] 《在沪的法文报纸》(Les journaux français à Shanghai),《法文上海日报》1927 年 12 月 10 日。

经发展到不斗不休的境地。① 这场争斗的结果是两败俱伤,先是《进步》于1872年1月23日首先停刊,此后也在12月31日《上海新闻》也停刊了。作为替代者《上海差报》(Le Courrier de Changhai)于1873年1月16日创刊,不过仅出版了三期就停刊了。13年后,1886年(清光绪十二年),《上海回声报》(L'Écho de Changhai)创刊,主编为萨拉贝勒(Salabelle),在发行了10个月之后也停刊了。

1896年,《中国差报》(Le Courrier de Chine)开始出版,报馆设在法租界外的福州路。主笔是卡史退拉(R. de Castella)和雷墨尔(J. E. Lumière),印刷管理者是克银瀚(Alf. Cunningham)。1896年9月11日,《中国差报》改名为《中国通信》(Le Massager de Chine),由雷墨尔担任主笔;1897年4月5日,改为周报,并于同年7月1日被法国三德堂所收买②,更名为《中法新汇报》(L'Écho de Chine。曹聚仁在谈到这份报纸时写道:"《中法新汇报》主要成为宗教性的宣传刊物,他们丢开了国际性和地方性的新闻,只留着宗教性的新闻。慢慢地政治性新闻走进这份报纸,而教会掌权者,一直不欢喜这一性质的转变,他们认为混合着政治和宗教,乃是一件困难多而不容易讨好的事。"③该报一直持续到1927年6月10日为止。

对于《中法新汇报》何月何日停刊这个问题,不论是黄德乐在《法文上海日报》的创刊号中④,还是《上海研究资料》《上海春秋》的叙述,都使用了7月10日这个日期⑤,而《上海租界志》则认为7月30日为该报停刊日。笔者通过查阅徐家汇藏书楼的资料发现,该报事实上在6月10日就明确刊登出了停刊通告。⑥《中法新汇报》之后,《亚东法报》(la Revue de l'Extrême-Orient)在1901年出版,主笔是麦塞尔·蒂罗(Marcel Tillot),这份周报的发行时间不过三年。1909年,《中国差报》复刊,由Tapernoux担任主笔,该报持续了一年多的时间。以上报刊,除《中国差报》和《中法新汇报》外,都缺少必要且稳定的财源支持,以致无法维持一个较为完整连续的组织架构。

---

① 上海通社:《上海研究资料》,上海书店出版社1984年版,第415页。
② 三德堂,为天主教神父的资产总机构。见上海通社:《上海研究资料》,第416页。
③ 曹聚仁:《上海春秋》,生活·读书·新知三联书店2007年版,第184页。
④ 《在沪的法文报纸》(Les journaux français à Shanghai),《法文上海日报》1927年12月10日。
⑤ 《上海研究资料》和《上海春秋》均将《中法新汇报》停刊时间写成7月10日,见上海通社:《上海研究资料》第414页及曹聚仁:《上海春秋》第184页。
⑥ L'Echo de Chine. 1927.6.10. p.1. 告读者书: Les lecteurs de "l'Echo de Chine" sont informés qu'avec le present numéro le journal cesse sa publication. Les abonnes recevront sous peu la somme qui leur revient pour la période allant du prémier juin à la date d'expiration de leur abonnement. 译为:《中法新汇报》的读者已被告知随着这期报纸出版之后,该报即将停刊。订户已经缴纳到7月1日的订费,剩余的部分将如数退还。

二、《法文上海日报》的创办

有关1927年6月《中法新汇报》停刊至12月10日《法文上海日报》创刊的这段空窗期，黄德乐曾这样叙述："《中法新汇报》停止出版的时候，正值当代中国历史上最混乱的时期之一。纠纷让这个不幸的国家筋疲力尽，大多数的中国民众都对这个'无秩序的多头政治'(polyarchie anarchique)感到遗憾。"①而生活在当时法租界的法国侨民，更是迫切希望得到一份属于自己的报纸，来了解瞬息万变的中国社会。"他们极力要求这一份新的报纸'要沿另一条路线创始'，于是法国旅华商会说'准定这样'。"②这条"新路"指的就是要"抛开宗教路线"③，开辟一条崭新的道路。

正如黄德乐在创刊号中所说的："报纸，可以作为供人们展示比较各种意见观点的论坛，人们利用相互之间往来的讨论，包括和其他外国人团体、中国精英之间观点的交换来进行沟通。而这一时期《中法新汇报》的离开就具有一种特别的引力。在华的法国商会了解到这一情况并且着手处理。不久《法文上海日报》也就顺理成章地诞生了。"④

事实上，除了法租界内法侨的强烈要求之外，作为法新社前身的法国哈瓦斯社当时也对中国市场觊觎已久。当时，哈瓦斯社的老对手——路透社已在除印度支那之外的远东广大地区站稳了脚跟，美国联合社(Associated Press)和合众社(United Press)的进入，使远东媒体市场的竞争变得愈发激烈，而哈瓦斯社在远东市场上则一直发展缓慢。作为世界第一家新闻通讯社，久负盛名的哈瓦斯社面临着被边缘化和丧失作为世界性大型通讯社地位的危险，甚至比它规模小得多的通讯社——印度支那太平洋广播通讯社(l'agence régionale Indo-Pacifique)，都在远东有着不少业务。不但如此，1924年4月1日，中国中央通讯社诞生，尽管最初发稿范围仅在广东一省，规模较小。但自1925年7月1日开始，当时国民政府和中央党部重要文告消息都交由中央社编发，标志着中央通讯社的逐渐壮大。

对欧洲普通民众而言，中国的事务也步入了他们的视野。当时世界发行量最大的日报——法国《小巴黎人报》⑤(Le Petit Parisien)就辟有《中国事务》

---

① 《一份新报纸》(Un nouveau journal)，《法文上海日报》1927年12月10日。
② 上海通社编：《上海研究资料》，前揭第414页。
③ 曹聚仁：《上海春秋》，前揭第184页。
④ 《一份新报纸》(Un nouveau journal)，《法文上海日报》1927年12月10日。
⑤ 《小巴黎人报》，1876年创刊，1884年由让·迪皮伊(Jean Dupuy)接手并进行改造，政治上标榜独立，追求客观，增加社会、体育等有刺激性的新闻报道，经营上注重设备更新，成为巴黎第一家使用轮转印刷机的报社。之后销路直线上升，成为当时世界上发行量最大的报纸之一。1944年停刊。

(Les Affaires de Chine)专栏,人们热盼着能获取清晰准确的消息,以便他们能明白一些复杂的局势。中国国民党的胜利,或者说在欧洲人看来,中国民族主义者的胜利会给在华白人的状况带来怎么样的改变? 为此,哈瓦斯社在1927年年初便指派黄德乐来华①,准备筹办在华办事处,同时还让他回巴黎物色受过新闻学训练的助手。黄德乐邀请到了在巴黎《小巴黎人报》任职的莫雷特(G. S. Moresthe)和洛朗斯(Laurenz)来华,协助他编辑《法文上海日报》。

有关《法文上海日报》的启动资金,当时采访黄德乐的赵敏恒写道:"中国最重要的法国报纸是《上海日报》(Le Journal de Shanghai)。这份报纸隶属一家于1927年10月由上海法国商会成立的公司,该公司股本为六万两白银。该报纸每天发行量不足一千份。这家报纸从不同机构获得资助的确切数额虽不为人所知,但据该报一名前任管理人员所说,该报每年大约收到来自上海法租界公董局的一万五千两白银、来自上海法国总领事馆的一万两白银和来自北平法国公使馆的一万两白银。"②

在黄德乐担任主编的1927年12月10日—1929年5月22日这段时期,《法文上海日报》社由法国商会高管J. Fredet担任执行董事,东方百代唱机唱片公司经理E. Labansat任主席,高博爱(Charles Grosbois)、Optorg公司经理P. Dupuy、有余公司(Sauvayre)经理J. Sauvayre三人担任经理。黄德乐任主编,莫雷特任副主编,莫雷特同时还担任法国《小巴黎人报》的驻华特别通讯员,负责向该报提供有关中国的时政新闻。例如在1928年5月,日军与北伐军激战济南时,《小巴黎人报》接连数期在头版刊登了莫雷特关于战事进展的新闻稿。印刷部门负责人为Wells Henderson和de la Hausse。③

《法文上海日报》的诞生应该说顺应了天时地利与人和,既处于瞬息万变的

图1 黄德乐一家与《法文上海日报》

资料来源: Gérard Guégan, *Fontenoy ne reviendra plus*, Stock, 2011.

---

① 贾树枚主编:《上海新闻志》,上海社会科学院出版社2000年版,第382页。
② 赵敏恒:《外人在华新闻事业》,中国太平洋国际学会译,中国太平洋国际学会丛书,1932年。
③ 《字林西报行名簿》,1928年,第152页。

近代中国，又发端于中国最大且拥有法侨最多的上海，侨民迫切要求了解时事动态，并得到了哈瓦斯社和法国商会提供的人力和资金支持。哈瓦斯社之所以选中黄德乐，也与他个人的成长历程有关。

三、黄德乐与《法文上海日报》的办报风格

日本兰心大戏院研究会是第一支对《法文上海日报》的文化版面进行系统性研究的团队。在对比同期中、日、英文报纸过程中，发现该报有丰富多彩的文化栏目，不仅内容多样，图片清晰度高，而且不吝惜版面，每周日必有一些文化类长篇文章以飨读者。"对比上海租界英日文报纸浓厚的商业气息和主要面对本国侨民的封闭体质，法文报强烈的文化气息和开放心态显得别具一格。"①笔者认为，法文报这种文化气息和开放心态，与主编黄德乐的成长经历也息息相关。

萨特在《辩证理性批判》的序论"方法问题"中认为，要了解一个人的思想，就必须了解其早年人格形成的过程。② 黄德乐1899年3月21日生于枫丹白露，童年大部分时光在盛产奶酪的布里乡村度过。父亲酗酒成性，黄氏三岁时，其父抛下母子远走高飞，从此销声匿迹。其母朱丽叶不得不外出担任临时小学教师来补贴家用。年幼的黄德乐很早就对歌曲的音色、表达和歌词的编写产生兴趣，由此慢慢熏陶出了对于文学的敏感性。不久母亲将黄氏送回乡村，在那里祖父成了第一位启蒙老师，"在我们家，我们不仅唱很

图2　1899年3月21日，21岁的朱丽叶(Juliette Fontenoy)迎来了他的儿子——黄德乐
资料来源：Gérard Guégan, *Fontenoy ne reviendra plus*, Stock, 2011.

---

① 赵怡：《研究上海法租界史不可或缺的史料宝库——〈法文上海日报〉(1927—1945)》，前揭第12页。
② 保罗·萨特在《辩证理性批判》中认为：情结、生活方式以及对作为需要产生的未来的超越性，过去揭示的是同一种现实，这是作为定向的生活和作为行动对人的肯定的计划，同时这也是未能定位的非理性迷雾。这种迷雾在我们的童年回忆中反映出未来，在我们成人的理性选择中反映出我们的童年。

老的歌曲，还唱很多流行且对人们而言很特别的歌曲"。① 几乎每周日祖父母都会带着小黄德乐满怀热情地参加弥撒和晚祷，神圣高耸的教堂所营造出的气氛让小黄德乐不禁陶醉其间。完成在乡村小学学业后，黄氏进入了县城莫城（Meaux）的中学。10岁的他有幸获得了助学金，不过无论是黄德乐穿着木底皮面法式套鞋的样子，还是吃饭的样子和浓重的乡村口音，都让县城同学感到很滑稽。尽管黄氏成绩优异，但内心敏感的他在那时，已经深切感受到了穷人和富人的差别。

第一次世界大战（简称一战）爆发后，学校涌入不少来自北方省区避难的学生，15岁的黄氏也渐渐萌生了政治意识，他热切却又小心翼翼地偷读着被学校禁止的报纸。此时他开始学习修辞学，并追随兰波、阿波里奈尔以及先锋派②的作品。中学毕业后他有了去巴黎进修更高学位的机会，此刻的黄氏和很多其他法国青年一样，梦想着能在政治和艺术领域去否定那些陈旧的东西。

然而到巴黎后，17岁的他并没有进入文科预科一年级学习。而是为了谋生不得不放弃学业。他意识到，书本和课程是中产阶级和官办教育的产物，他无法从中发现现实的本来面目。他所关心的事，是普罗大众，这也就意味着，他开始有意融入以工人和小人物为主的集体中。当时，黄氏经常出入无政府主义者聚集的场所，纵情谈论文学和政治议题。为了过上"真正的生活"，拮据的黄氏开始从事自己的第一份工作：抄煤气表。这份工作的薪水是极其有限的，只有3个法郎每100个字，不过，这也让他对巴黎普通民众的生活有了更深的了解。

不久后，黄德乐进入一家弹药厂工作，在此第一次真正接触到具有无政府工团主义和工联主义倾向的工人阶级，并产生了一种反抗精神。借助文学写作上的

图3 1910年9月，12岁的黄德乐与母亲朱丽叶（拍摄于县城莫城）

资料来源：Gérard Guégan, *Fontenoy ne reviendra plus*, Stock, 2011.

① Vilgier, Philippe, *Jean Fontenoy: Aventurier, journaliste et écrivain*, Via Romana, 2012, p.20.
② 先锋派，这里指19世纪中叶法国和俄国带有政治性的激进艺术家。

才华,他还做过某位作家的秘书,甚至可以说他作为代笔人表现得更加出色也不为过。1918—1920年,他作为炮兵中士服役于军队。其间,他怀着强烈的好奇心却也不乏对军中同伴的愧疚偷偷阅读来自俄国革命的新闻,并为之心驰神往。1920年,战后的法国,失业率不断上升,罢工运动此起彼伏,脱下军装的黄氏追随工会负责人布尔德隆(Bourderon)接触到列宁主义思想。在工会活动分子和沙俄知识分子的影响下,黄氏很快决定追随他们的脚步,加入"革命的组织并写出熊熊燃烧的文章"[1],成了极左的共产国际法国支部(SFIC)的一员。当时,欧洲最热门的话题,当属第一次世界大战后在欧洲燃烧的世界无产阶级革命,在列宁的领导下,苏联更是作为当时不少欧洲青年心目中的乌托邦,正如茨威格后来在《昨日的世界》中所说的:"由于布尔什维克的实验,俄国对一切有知识的人来说,成了战后最富有魅力的国家。"本已加入法国支部的黄氏对法国工会内部分裂状况感到厌倦,遂在21岁时决定奔赴苏联。为此,他进入东方语言学校学习俄语和中文。1922年,他获得东方语言学校董事保罗·布瓦耶的补贴,得以前往拉脱维亚首都里加,精进自己的俄语水平。1924年,已通晓英语、德语、俄语和中文,此外还有拉丁语和古希腊语,热爱文学和政治、文笔出色的他最终投身到新闻领域,被哈瓦斯社委任前往莫斯科开设办事处,担任通讯员。哈瓦斯社上一位在苏联的负责人还要追溯到1918年,黄氏的赴任甚至早于法国驻苏联第一任大使。纵观黄氏青年时代成长历程,生于贫寒,天资聪颖,勤思好学,关注现实,热爱艺术与文学,深受革命思想的感召与洗礼,对工人阶级和劳动人民富有同情心,赞赏共产主义。这些特质如萨特所言,已内化为他的人格底色,并在其成人后的一连串人生抉择中发挥出"无形之手"的作用。

  黄德乐的这些特质在创刊《法文上海日报》之初,就体现在刊登大量文化艺术栏目这一点上。首先,在创刊号上就出现了文学连载栏目。作为编辑必须认真考虑语言、题材、体裁、结构、风格等因素,来满足读者的阅读心理。从表1可以看出,《法文上海日报》曾连载了7部在19—20世纪创作的欧洲文学作品,这些作品多数是现实主义文学作品而非浪漫主义作品。为何会有这种明显的偏向?尽管已无法找寻直接证据,但依稀能从中发现黄德乐的影子。自幼家贫的黄德乐,年少所受社会贫富观念的冲击,对社会现实的不满始终伴随着他的阅读史。凭着对苏联文学的了解,《法文上海日报》最初的两篇文学连载《上尉的女儿》和《哈吉穆拉特》,就出自俄国批判现实主义大师普希金和托尔斯泰;同时还有法国著名作家埃米尔·加博里欧的著作《不义之财》,这篇小说对当时法国社

---

[1] Vilgier, Philippe, *Jean Fontenoy: Aventurier, journaliste et écrivain*, Via Romana, 2012, p.34.

会整体道德水准的下降、拜金主义的盛行进行了强烈的抨击,选择这篇小说连载或许正是编辑对上海这座冒险家乐园的一种忠告。批判现实主义小说能够占据小说连载栏目的大半江山,除与黄德乐自身成长历程有关外,还与当时法国的时代背景息息相关。十九世纪与二十世纪初的法国在经历革命的洗礼、社会的动荡和第一次世界大战的侵袭后,极大地影响了当时法国文学作品的创作风格,批判现实文学跃然成为社会主流。黄德乐这一代法国人即生长于那一片环境中,尽管远离法国本土远渡重洋来华工作,然而他们阅读的趣味并没有改变,这或许也是《法文上海日报》编辑选择连载小说时注重批判现实主义的目的所在。

表1 黄德乐时期《法文上海日报》的小说连载

书 名	作 者	首刊日期	终刊日期	期 数
上尉的女儿(La fille du capitaine)	普希金	1927年12月10日	1928年1月7日	22
哈吉穆拉特(Hadji-Mourad)	列夫·托尔斯泰	1928年1月8日	1928年2月15日	28
世界之主(Le Maître de la Terre)	本逊(Robert Hugh Benson)	1928年2月16日	1928年6月6日	63
慷慨的女士(Dame Largesse)	乔治·伯明翰(Georges A. Birmingham)	1928年6月7日	1928年6月8日	2
在荒地里(Dans la Garrigue)	吕克·达诺(Luc Dano)	1928年6月9日	1928年7月10日	23
志愿者(Le volontaire)	保罗·费瓦尔(Paul Féval)	1928年7月11日	1928年10月2日	49
不义之财(L'Argent des autres)	埃米尔·加博里欧(Émile Gaboriau)	1928年11月30日	1929年6月28日	133

1929年5月18日,黄德乐以《这里有一点改变》为题发表社论,被视为他对即将离任的一个总结。他首先谈及《法文上海日报》已办了18个月,这段时间里凝聚着很多撰稿人的心血,特别是署名的那些撰稿人。他并不对这18个月的经历感到遗憾。黄德乐突然提出辞呈的原因,很多文献都没有记载,唯有民国著名记者赵敏恒曾经留有这样的记述:"后来,由于上海一些顽固守旧的法国商人不满丰特努瓦(注:指黄德乐)支持中国人的态度,丰特努瓦与上海法国商会之间就产生了分歧。随后,丰特努瓦先生辞职,公司任命莫雷特接替他担任《上海日

报》的主编,洛朗斯为副主编。"①三年后,胡道静在《上海的日报》中,基本沿用赵敏恒的论述,谓"后来黄氏和法国商会发生争执,因为有许多保守的反华法国商人不喜欢编辑者袒华的言论。结果,黄氏辞职"。② 笔者也没有从他的传记中找到线索,但从黄氏早年成长经历尝试一合理的推断,他并不喜欢那些只知道来上海赚钱的法国里昂和马赛的商人。5月19日的《法文上海日报》是最后一次刊登着黄德乐作为主编的信息,三天之后的5月22日,主编名字变成了莫雷特,标志着黄德乐主编时期的结束。

四、结　语

黄德乐出生在一个法国人对政治极度敏感的时代(指德雷福斯事件),他的前半生,经历了父亲的不辞而别、家境的困顿和第一次世界大战的洗礼,混乱和无序的时代背景使他对社会现实有了更深刻的领悟和关心。这种关心伴随他的阅读史,从关注社会现实的博马舍、讽刺犀利的伏尔泰,到更加激烈的《缚脚鸭》乃至左派报刊,直至充满了颠覆性的达达主义和超现实主义,与许多欧洲青年一样,黄氏带着怀疑的眼光审视着社会,深受左派读物和超现实主义者的影响,渴望怀抱梦一般的乌托邦社会,最终成为最早进入苏联的法国记者。出色的语言天赋,犀利的文笔,富于批判的精神,擅用讽刺的语句,都得益于早年的积累,他对担任记者时的所见所闻,从不讳言,由此带来的麻烦最终迫使他离开苏联与中国。

(作者系旅日学者、上海师范大学都市文化研究中心特约研究员)

---

① 赵敏恒:《外人在华新闻事业》,中国太平洋国际学会译,中国太平洋国际学会丛书,1932年,第62页。
② 胡道静:《胡道静文集:上海历史研究》,上海人民出版社2011年版,第229页。

读史阅世

法国的中国近代史研究：
一份批判性的评估[①]

[法]安克强 等著
蒋 杰 译

本文是应法国研究部[②]的要求，为目前正由 Asie GIS 负责编纂的《中国研究蓝皮书》所写。该书的目的在于在马克龙总统提出建立"欧洲中国研究院"（EURICS，即将揭牌）的倡议之后，进行一个总体评价。文章由安克强（Christian Henriot，法国艾克斯—马赛大学）、包利威（Xavier Paulès，法国社会科学高等研究院）、陆康（Luca Gabbiani，法国远东学院）和冯大伟（David Serfass，法国国立东方语言文化学院）联合署名。

我们来自哪里

法国的中国近代史[③]研究是一个持续、独特并获得了国际认可的学术领域。然而，这个领域基本上只能依靠人数有限的研究者群体。此外，研究者之间的代际差异很大，而且这种差异还有进一步扩大的趋势。

法国近代中国研究的起源，主要与两个人物有关，一位是前军官、著名的中国共产主义运动史专家纪业马（Jacques Guillermaz）将军，另一位则是著名的中国工运史专家让·谢诺（Jean Chesneaux）。[④] 纪业马在社会科学高等研究院建立了"中国中心"（即现在的法国近现代研究中心），但他并没有培育出自己直系

[①] 本文摘自安克强教授创办的 Enpchina 网站。原文由英文撰写而成，为尽量适应中文读者的阅读习惯，在翻译过程中我们对部分表述进行了适当的调整，并经安克强教授审定。英文原文可见 https://enepchina.hypotheses.org/2965#_ftnref4。——译者注

[②] 全称应为"法国高等教育、研究与创新部"（Ministère de l'Enseignement supérieur, de la Recherche et de l'Innovation）。——译者注

[③] 法国学者一般将"la Chine moderne"和"la Chine contemporaine"译作"近代中国"与"现代中国"。因此，本文将"modern China"译为"中国近代"。——译者注

[④] 鲁林写过一篇内容翔实和实事求是的评论，介绍了谢诺在中国近代史研究中的作用，也对谢诺的思想和政治轨迹提供了一种宏观的看法。Roux, Alain. "L'oeuvre de Jean Chesneaux: essai pour un bilan sincère." *Études chinoises* 26, No.1 (2007): pp.11-20.

的学术流派。而谢诺则培养出了五位实际塑造了法国中国近代史研究的重要学者，他们分别为巴斯蒂(Marianne Bastid-Bruguière，法国国家科学研究中心)、白吉尔(Marie-Claire Bergère，法国国立东方语言文化学院)、毕仰高(Lucien Bianco，法国社会科学高等研究院)、鲁林(Alain Roux，巴黎第八大学/法国国立东方语言文化学院)和王枫初(Nora Wang，尼斯大学/巴黎第七大学)。在这之中，除鲁林外，其余四人均毕业于巴黎高师。这构成了一个"品牌"，尽管此后的研究方向出现了分化，尤其是白吉尔和巴斯蒂指导的论文，但这一"品牌"还是在施维叶(Yves Chevrier)等人之后的几代人身上延续了下去。

然而，显而易见的是，法国新一代的中国近代史学家的更新换代非常缓慢，在20世纪80年代只有区区2人。90年代出现了小小的飞跃(8人)。尽管这一时期法国培养的留学生大多返回了母国就职，但仍有两人留在了法国(萧小红和王菊)。是否可以认为，法国的中国近代史学家从5人增加到10人(如果算上留在法国的两名中国学者，则为12人)，产生了一些积极的成果？在获得了学位之后，这些历史学家的境遇如何呢？

他们之中没有人在历史系找到职位，而是被亚洲研究系(主要研究语言和文明)所录用(共5人)。其中，有两人在国立东方语言文化学院、两人在国家科学研究中心，或担任研究助理、顾问、翻译等工作。只有两人——柯蓉和安克强在已经获得了一定的学术声誉后，或由于大学校长的积极主动，最终于1996年和1999年分别成功地"叩开"了历史系的大门(里昂第二大学)。尽管早在20世纪90年代初期，法国国家科学研究中心就制定了一项战略计划：既要将研究工作分散到巴黎以外的地方，又要在各大学的亚洲语言和文明系之外，推动关于亚洲社会科学的发展。不过，在1999年以后，我们没有见到法国任何一所大学的历史系招聘过一个中国近代史学家，直至卢荣(Victor Louzon)在2018年被巴黎第四大学录用。

在2020年可以进行怎样的评估

从积极的方面看，尽管21世纪初所培养出的历史学家(包利威、陆康、史凌飞[①]、尹冬茗[②]、安托万·瓦尼亚尔[③]、艾晖[④])与21世纪头10年所培养的历史学

---

① Delphine Spicq.
② Dorothée Rihal.
③ Antoine Vannière.
④ Christine Vidal.

家(孟喜①、卢荣、马骏、冯大伟、徐翀)之间存在着代沟,但在数量有限的导师(施维叶、安克强、王枫初、魏丕信。除安克强外,其他三人均已退休)的指导下,仍然撰写出了大量高质量的论文。在选题方面,这些年轻的——和不那么年轻的——历史学家们探索了新的领域,在研究方法上表现出极大的独创性,并能与包括中国史学家在内的国外同行分庭抗礼。另一个与众不同的因素是培养了大量来自中国大陆和中国台湾地区的学生(也包括来自加拿大、意大利等国的学生),他们或在本国,或在欧洲其他国家(但不是法国)找到了教职。

就中国近代史学科在法国大学的"制度化"而言,我们只能得出这样的结论:这不仅是失败的,而且整个领域仍完全处于边缘化的状态。在2000年左右毕业的一代人当中,只有包利威和陆康经过残酷的竞争,分别在社会科学高等研究院和远东学院找到了历史学家的职位。艾晖进入了一个中国研究系。在2010年左右毕业的一代人中,只有卢荣一人在2018年进入了历史系(巴黎第四大学),其他的人都进入了亚洲研究系或类似机构(冯大伟、马骏)。其余的则选择到国外发展,或者继续在高等院校或研究机构中寻找职位。显然,中国近代史在法国的大学体系中并没有找到自己的位置,即使在国家科学研究中心,尽管它一再宣称要"优先考虑"区域研究,也彻底失败了。国立东方语言文化学院、远东学院和社会科学高等研究院等少数特定机构的存在,使得法国的中国近代史研究一息尚存,但仅仅是发挥了"静脉滴注的功能"。这与美国、英国、北欧,当然也包括中国大陆或中国台湾地区在同一领域的蓬勃发展形成了截然相反的对比。

让我们面对现实吧:假如在21世纪20年代培养历史学家,而不让学生接触起码的中国近代史(历史时段应扩展到其他时期),这不仅是一种畸形,而且是严重的知识破产的标志。这不仅是培养历史学家的问题,也是培养一代代法国大学生的问题,因为他们必然要面对今天的中国。"百年国耻(1842—1943)"深刻地影响了中国的政治精英,甚至大多数中国同行(来访者、代表和商人)的历史观,如果法国的历史学家、学生、商人和政治决策者完全不了解近代中国的历史发展轨迹,将如何与他们进行对话呢?

2020年的我们在什么位置?在这里,我们将要引用安克强为推动法国大学的东亚近代研究,在1992年7月提交给法国国家科学研究中心社会科学和人文分部主任的报告中的一段话:

---

① Cécile Armand.

法国东亚近代社会研究谱系的出现是很晚近的事。首先应该补充的是，它还没有真正成功地在法国大学中扎根。谢诺在他的博士论文（1962年）中已经强调了在社会科学和东方学（orientalist studies）[①]之间建立联系的必要性。在这方面，只有法国社会科学高等研究院通过建立由纪业马所领导的"中国中心"，间接地回应了这一愿望。与此同时（1962—1965年），美国就东方学研究与社会科学的关系展开了一场实质性的辩论。专门的学术期刊对这些交流给予了广泛的回应，进而在实践中使东亚社会的研究，不论区域或时段，都实实在在地扎根在了美国大学的各个社会科学系。

其结果是更新和丰富了东方学的传统，同时发展了对现当代东方社会的研究。在这种全新的环境中，"东亚"在大学的各个系，包括学院等小型机构中都找到了自己的位置。除了数量的增加，美国在这一领域的研究实力也正是由于这种大学内部的均匀分布而得到了增强。在法国，由于相关学术团体在数量上的薄弱，以及法国大学系统（东方学研究主要集中在特定的机构，如国立东方语言文化学院、远东学院、法兰西学院中国高等研究院、法国高等研究实践学院）的根基都集中在巴黎，未能支撑起相应现代东亚社会科学研究的发展。在这方面，法国已经落后了30年。

21世纪的1/5过去了，上述观点需要修正任何一个字吗？答案显然是否定的。法国的大学，直白地说就是没有参与国际竞争。它们的社会科学系，尤其是历史系，在整体上仍对近代亚洲社会的研究抱有排斥态度。即便是法国亚洲研究强项之一的中国近代史，虽然在国际上得到广泛的承认，但也完全没有地位。从创始人那一代开始，我们就没有取得任何进展。

现在是时候审视以下事实了：当今的中国对自己的历史高度重视。习近平在2019年1月中国历史研究院成立时指出："历史是一面镜子，鉴古知今，学史明智。"[②]他呼吁研究者"总结历史经验，揭示历史规律，把握历史趋势"；他要求

[①] "东方学"又被称为"东方研究"，是指研究近东和远东地区社会、文化、语言、民族、历史和考古等学科的一个特定的学术领域。近年来，这一学科常常被称作"中东研究"和"亚洲研究"。今天欧洲传统的东方学一般集中于伊斯兰教的研究，而对中国，尤其是古代中国的研究，则被称为"汉学"。而对东亚地区的整体研究，常被称作"东亚研究"，这在美国尤其流行。——译者注

[②] 此处有误。应为贺信，而不是成立讲话。见《习近平致中国社会科学院中国历史研究院成立的贺信》，新华网，2019年1月3日。http://www.xinhuanet.com/politics/leaders/2019-01/03/c_1123942672.htm。——译者注

"加快构建中国特色历史学学科体系、学术体系、话语体系"。① 中国政府在对外关系中强调历史重要性的意愿再明确不过。

在这个政府部门退出了岗位分配决策的大学自治时代,需要做些什么工作呢?② 从职位数量上看,上述机构(社会科学高等研究院、远东学院、国立东方语言文化学院)没有一家有能力保证中国近代史研究除了生存之外的发展。国家科学研究中心有义务比在 1994 年和 2001 年进行两次招聘做得更好,但由于缺乏招聘政策,再加上第 33 款(涉及近现代社会历史)的特殊规定,东方学仍占据优势,因此没有招聘到研究中国近代史的历史学家。更糟糕的是,2019 年国立东方语言文化学院的一个教授职位被"冻结"了,另一个教职(里昂政治学院)因缺乏合格的候选人而一直处于空缺。这充分反映了初级岗位(讲师或副教授)的招募不足。这迫切需要推动一项更积极的政策,以招聘从事中国近代史研究的历史学家(不排除其他亚洲国家)。最后,主要的挑战是大力修改历史系的招聘优先序列,既要采取激励政策,也要像最近那样,一步步将中国近代史列入高师入学考试的科目。把近代中国放在中学教育岗位的"Agrégation"和"CAPES"考试的课程中③,应该也能达到法国大学历史系"去省籍化"的目的。

法国中国近代史学家谱系

以下谱系根据法国博士论文国家目录 theses.fr 所编写,涉及的时段为 1985—2020 年。在这个谱系中,我们只选择了研究中华人民共和国成立之前的中国近代史(1840—1949)的博士论文。几乎所有指导论文的法国中国近代史学家,事实上都指导过关于 1949 年后的中国或其他国家的论文,但由于这里的重点是中国近代史和培养中国近代史学家,所以没有将他们列入这一谱系之中。谱系的内容不言自明,它追溯了从创始人到最近毕业的博士生的师承关系。

---

① "Xi congratulates on CASS Chinese history institute's establishment", *Xinhuanet*, 3 janvier 2019.
② 自 2007 年颁布《大学自由与责任法》以来,即使大部分资金仍来自教育部,但各大学可以管理自己的预算,原则上决定如何使用所获得的资金,特别是工资。
③ "Agrégation"即法国教师资格考试,是一种为招聘中学和大学教师而举行的竞争性测试。"CAPES"(Le certificat d'aptitude au professorat de l'enseignement du second degré),即法国的中学教学能力证书,是一种由法国国民教育、高等教育和研究部颁发的专业文凭。授予经招聘竞争(外部、内部或第三种竞争)测试合格后,进入职业资格考试的考生。——译者注

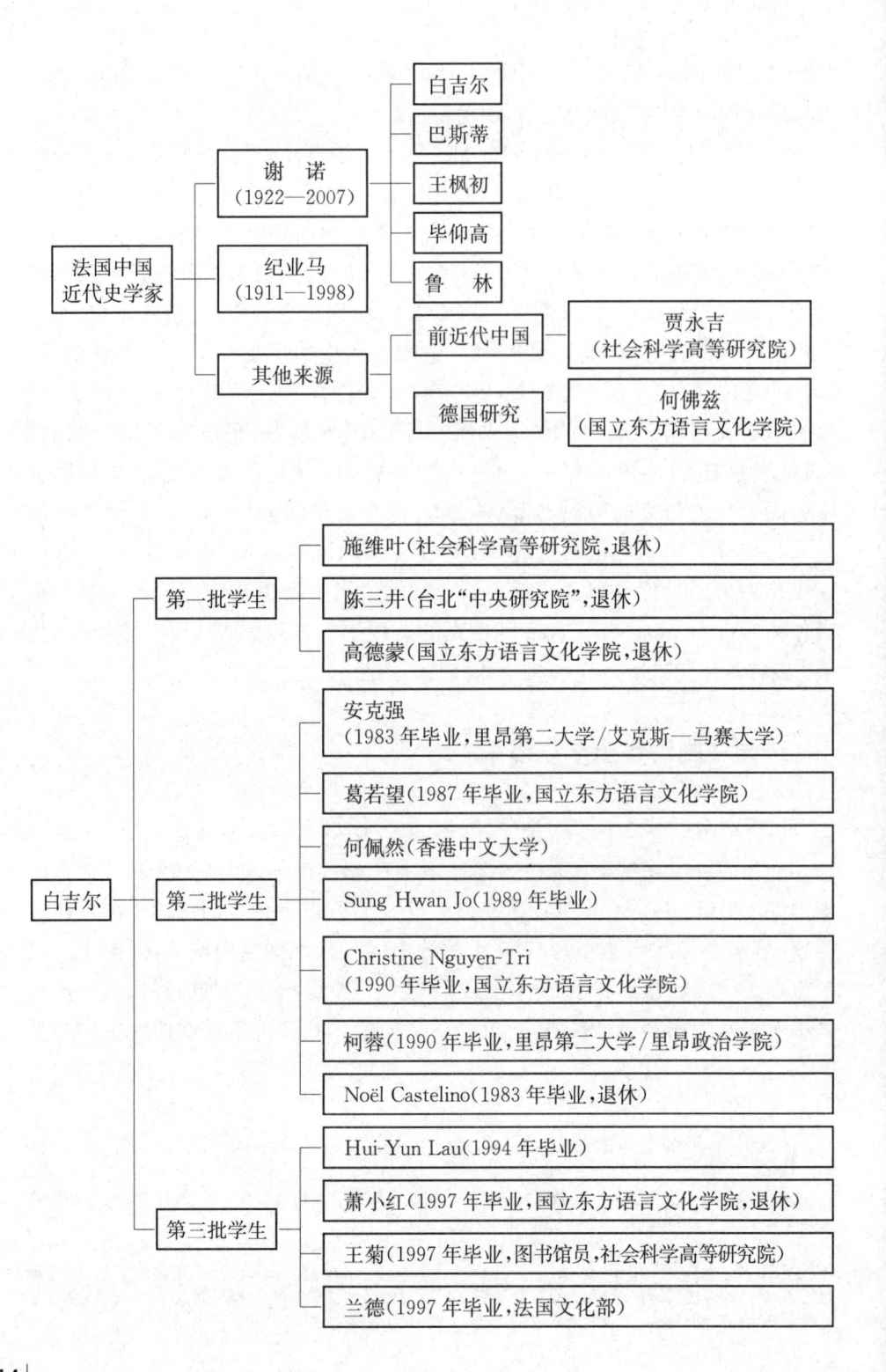

```
法国中国近代史学家 ─┬─ 谢 诺 ─┬─ 白吉尔
                   │ (1922—2007) ├─ 巴斯蒂
                   │            ├─ 王枫初
                   │            ├─ 毕仰高
                   ├─ 纪业马 ────┴─ 鲁 林
                   │ (1911—1998)
                   └─ 其他来源 ─┬─ 前近代中国 ── 贾永吉
                                │                (社会科学高等研究院)
                                └─ 德国研究 ──── 何佛兹
                                                 (国立东方语言文化学院)
```

```
白吉尔 ─┬─ 第一批学生 ─┬─ 施维叶(社会科学高等研究院,退休)
        │              ├─ 陈三井(台北"中央研究院",退休)
        │              └─ 高德蒙(国立东方语言文化学院,退休)
        │
        ├─ 第二批学生 ─┬─ 安克强
        │              │  (1983年毕业,里昂第二大学/艾克斯—马赛大学)
        │              ├─ 葛若望(1987年毕业,国立东方语言文化学院)
        │              ├─ 何佩然(香港中文大学)
        │              ├─ Sung Hwan Jo(1989年毕业)
        │              ├─ Christine Nguyen-Tri
        │              │  (1990年毕业,国立东方语言文化学院)
        │              ├─ 柯蓉(1990年毕业,里昂第二大学/里昂政治学院)
        │              └─ Noël Castelino(1983年毕业,退休)
        │
        └─ 第三批学生 ─┬─ Hui-Yun Lau(1994年毕业)
                       ├─ 萧小红(1997年毕业,国立东方语言文化学院,退休)
                       ├─ 王菊(1997年毕业,图书馆员,社会科学高等研究院)
                       └─ 兰德(1997年毕业,法国文化部)
```

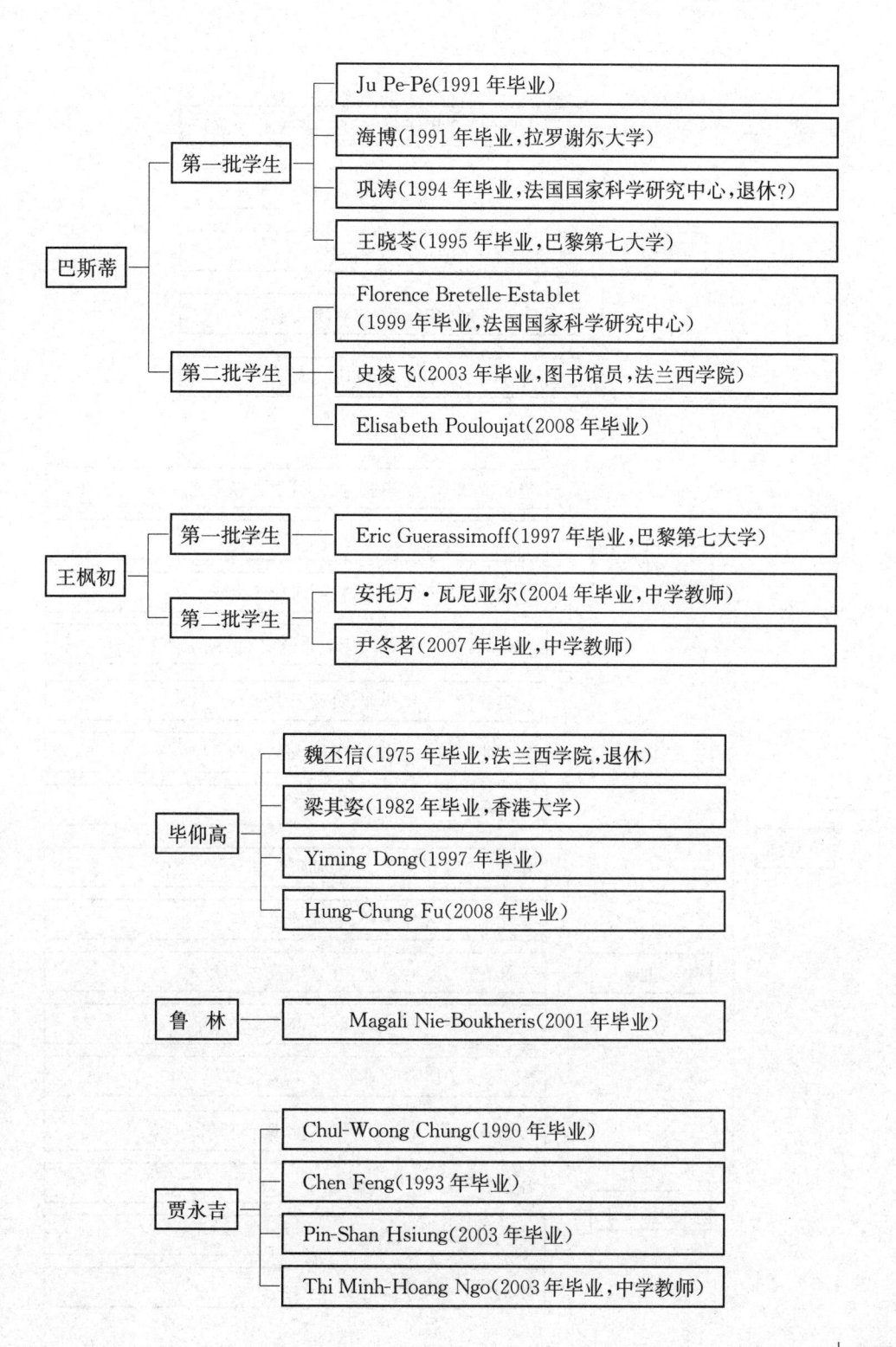

- 巴斯蒂
  - 第一批学生
    - Ju Pe-Pé(1991年毕业)
    - 海博(1991年毕业,拉罗谢尔大学)
    - 巩涛(1994年毕业,法国国家科学研究中心,退休?)
    - 王晓苓(1995年毕业,巴黎第七大学)
  - 第二批学生
    - Florence Bretelle-Establet(1999年毕业,法国国家科学研究中心)
    - 史凌飞(2003年毕业,图书馆员,法兰西学院)
    - Elisabeth Pouloujat(2008年毕业)

- 王枫初
  - 第一批学生
    - Eric Guerassimoff(1997年毕业,巴黎第七大学)
  - 第二批学生
    - 安托万·瓦尼亚尔(2004年毕业,中学教师)
    - 尹冬茗(2007年毕业,中学教师)

- 毕仰高
  - 魏丕信(1975年毕业,法兰西学院,退休)
  - 梁其姿(1982年毕业,香港大学)
  - Yiming Dong(1997年毕业)
  - Hung-Chung Fu(2008年毕业)

- 鲁林
  - Magali Nie-Boukheris(2001年毕业)

- 贾永吉
  - Chul-Woong Chung(1990年毕业)
  - Chen Feng(1993年毕业)
  - Pin-Shan Hsiung(2003年毕业)
  - Thi Minh-Hoang Ngo(2003年毕业,中学教师)

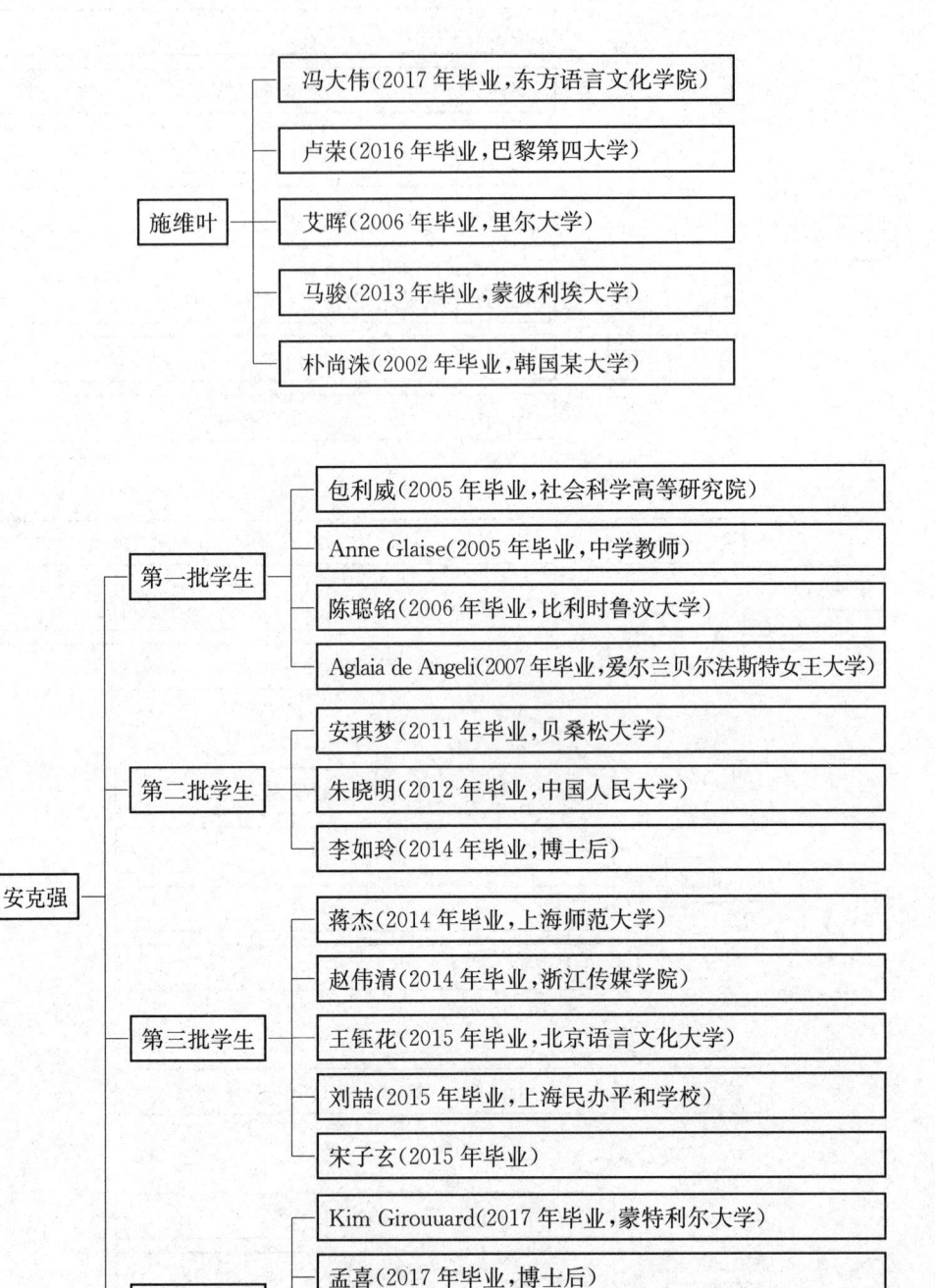

```
                    ┌─ 冯大伟（2017 年毕业，东方语言文化学院）
                    ├─ 卢荣（2016 年毕业，巴黎第四大学）
           施维叶 ──┼─ 艾晖（2006 年毕业，里尔大学）
                    ├─ 马骏（2013 年毕业，蒙彼利埃大学）
                    └─ 朴尚洙（2002 年毕业，韩国某大学）

                              ┌─ 包利威（2005 年毕业，社会科学高等研究院）
                              ├─ Anne Glaise（2005 年毕业，中学教师）
                    第一批学生─┤
                              ├─ 陈聪铭（2006 年毕业，比利时鲁汶大学）
                              └─ Aglaia de Angeli（2007 年毕业，爱尔兰贝尔法斯特女王大学）

                              ┌─ 安琪梦（2011 年毕业，贝桑松大学）
                    第二批学生─┼─ 朱晓明（2012 年毕业，中国人民大学）
                              └─ 李如玲（2014 年毕业，博士后）

           安克强─┤            ┌─ 蒋杰（2014 年毕业，上海师范大学）
                              ├─ 赵伟清（2014 年毕业，浙江传媒学院）
                    第三批学生─┼─ 王钰花（2015 年毕业，北京语言文化大学）
                              ├─ 刘喆（2015 年毕业，上海民办平和学校）
                              └─ 宋子玄（2015 年毕业）

                              ┌─ Kim Girouuard（2017 年毕业，蒙特利尔大学）
                    第四批学生─┼─ 孟喜（2017 年毕业，博士后）
                              ├─ 王凯启（2019 年毕业）
                              └─ 徐翀（2019 年毕业）
```

巩涛 ─┬─ 侯庆斌（2017年毕业,上海大学）
      └─ 陈霓珊（2018年毕业,青岛大学）

魏丕信 ─┬─ 陆康（2004年毕业,远东学院）
        ├─ 谷岚（1999年毕业,远东学院）
        └─ Xie Xin-Zhe（2018年毕业,博士后）

图1　法国中国近代史学家谱系

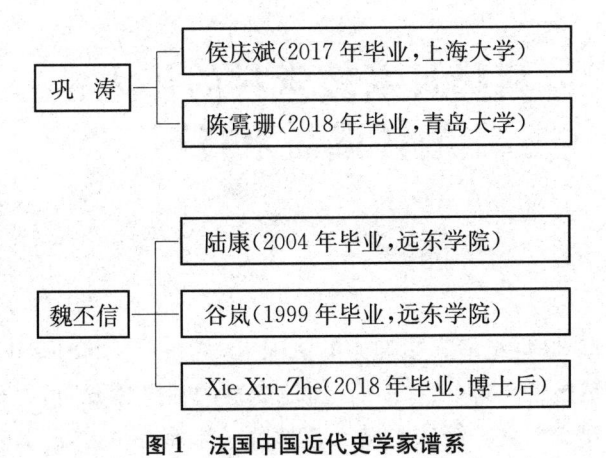

（作者系法国艾克斯—马赛大学教授；译者为上海师范大学人文学院副教授）

科隆贝双教堂村的伟人：
缅怀戴高乐将军

江天岳

如果要评选 20 世纪最有影响力的法国人，戴高乐（Charles de Gaulle）这个伟大的名字必然拔得头筹。50 年前，当他逝世的消息传开时，万里之外的中国都为这位中法建交创举的缔造者破天荒地降了半旗——天安门、新华门唯一一次为西方大国领导人降半旗。戴高乐将军之威名享誉全球，不过，如要问及他的出生地，能说出里尔的人就不在多数了；如果再追问一句：将军的墓地在何处？可能更是应者寥寥，鲜为人知。

其实，若论及法国的名人墓地，并不乏世界知名之所，如波旁君主享祀圣德尼，拿破仑归葬荣军院，伏尔泰、卢梭、居里夫人等安卧先贤祠，莫里哀、拉封丹乃至流亡法国的肖邦都长眠于巴黎东北郊的拉雪兹神父公墓……而戴高乐将军却选择了生前的最后隐居地托体同山阿——那是位于上马恩省西部的科隆贝双教堂村（Colombey-les-Deux-Églises），一个只有 700 多人口、普通到不能再普通的小地方。即便在我认识的法国人中，也未闻有至者。

我曾多次去荣军院的戴高乐历史中心参观，从介绍其生平的纪录片中了解到戴高乐 1946 年和 1969 年两度隐居乡村的事迹；而第一次记住"科隆贝双教堂村"这个冗长的名字，则是翻阅《法国地图册》的分省介绍时，在"上马恩省"的条目中看到如下简单描述："科隆贝双教堂村因镇上有两座教堂而得名。……镇外树木葱茏的高地上突现出一个硕大挺拔的洛林十字架。两横一竖的洛林十字架原是民族女英雄贞德的象征，第二次世界大战期间又成为戴高乐将军领导的'自由法国'抵抗运动的标志。戴高乐将军的故居在镇子的尽头。小楼房屋紧凑，陈设简朴"；后来为"欧洲一体化进程研究"备课，又查阅到 1958 年将军在此接待联邦德国总理阿登纳的历史照片，认识到这里对战后法德和解的里程碑意义……能到留下伟人最后足迹的地方走走看看，怀旧寻往，于我而言一直是心中之所愿；今年寒假，我终于下定决心，在戴高乐将军逝世 50 周年前夕，抓住最后的机会开启了期待已久的行程。

从巴黎搭乘火车向东，大约一个多小时到达上马恩省的省会肖蒙

科隆贝双教堂村的伟人：缅怀戴高乐将军

图1 科隆贝双教堂村街景，路旁为"将军的餐桌"饭店

(Chaumont)，再从肖蒙火车站坐40多分钟的乡村巴士，可抵科隆贝双教堂村。我们一行人出发的那天，从抵达肖蒙开始便察觉到天公不作美，狂风暴雨接踵而至，城内几乎都看不到什么行人，大巴上的乘客更是屈指可数。这班大巴主要保障肖蒙与周边乡村的交通往来，或许也充当一些学生的校车——总之，我们是车上仅有的游客模样的人。抵达科隆贝双教堂村时本是正午，但天色阴沉，倒也增添了几分抚今追昔的凝重气氛。我们在"村政府"站下车，不远处便是村中的教堂了。同行者中一位巴黎一大哲学系的同学介绍说，戴高乐将军的墓地就在教堂后面。但出于历史学的"职业病"，大家最后还是采纳了我的建议，遵循先故居、后纪念馆、最后墓地的"历史参观顺序"。

如今，走在科隆贝双教堂村，还能间或发现一些与戴高乐将军有关的元素，如"总统杂货店"，或是"将军的餐桌"饭店。午餐时，听到饭店业者（同时也是村子里极少的宾馆业者）在电话中跟一位旅客打招呼，说戴高乐将军发表伦敦讲话的纪念日——6月18日前后，村里的宾馆早已被预订一空，法国人对历史纪念日的重视态度与参与热情可见一斑。不过，或许是距离6月18日尚有一段时间，加上冬天一直是法国人的出行淡季，所以村子里的游客看上去并不多。从餐厅沿着下坡道步行500米左右，便是戴高乐将军的隐居宅邸（法语称为"la

Boisserie")。故居和纪念馆可以合买联票,价格15欧元,其中故居4欧元,纪念馆则要贵一些。进入大门,沿着曲径穿过一片树林,一座砖红色的两层半小楼终于映入眼帘,四面竹树环合,寂寥无人,若非目见耳闻,恐怕很难感受这份"隐居"的意境。

小楼主要使用面积为两层。在戴高乐基金会的协助下,1980年,也就是戴高乐夫人在此去世的第二年,小楼一楼的大部分空间开放参观,一楼进门左手的区域和二楼仍为戴高乐家族成员的个人住所。戴高乐的长子菲利普今年已99岁高龄,据说每年还会回到这里小住一段时间。因为室内不能拍照,我专门买了一本纪念图册,再加上小楼内讲解员的介绍,了解到许多此前未曾留意的历史细节。首先,小楼早在1934年6月9日即为戴高乐夫妇买下,在此后很长一段时间,他们经常带着孩子来这里休闲度假;1940年法国败降前,巴黎局势紧张,戴高乐的夫人孩子也暂住于此,在这座故居与远赴伦敦的戴高乐含泪告别。因此,当1946年戴高乐第一次下野时,他和夫人只是"重回第二故里",而非搬到一个完全陌生的新环境开始隐居生活。其次,一楼开放参观的空间包括小餐厅、会客室兼客厅和小办公室,陈列摆设悉如旧制,客厅内的一张单人纸牌桌格外引人注意。讲解员说,1970年11月9日这天,戴高乐将军是在这张牌桌前独自玩一种纸牌游戏(le jeu de la Réussite)时,突因动脉瘤破裂发作辞世的。

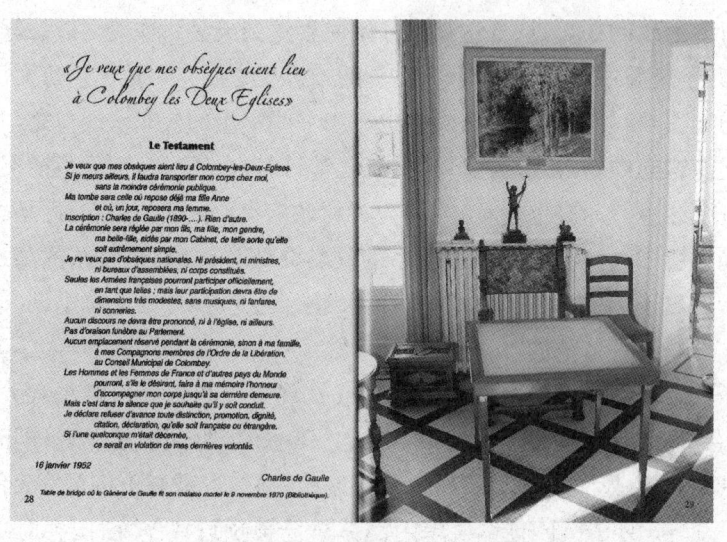

图2 戴高乐将军去世的牌桌(扫描自"纪念图册")

如今,当我们站在办公室外,望着窗外的旷野幽谷,似能体会戴高乐将军当年结庐人境、心远地偏的悠然自得;然而,办公桌上、书架上摆放着的丘吉尔、肯尼迪等国际政要赠送的肖像照,世界各地友人带来的纪念装饰品,连同将军每天在此看报、读书、听广播的伟岸身影,仿佛又让我们读出这种隐居生活背后不平淡的人生。

图3 戴高乐将军故居内的办公室(扫描自"纪念图册")

离开故居,沿原路回到村中心,再步行1公里左右,才能抵达戴高乐将军纪念馆。1972年6月18日,在蓬皮杜总统的亲自关心下,科隆贝双教堂村的山丘上竖立起了一尊巨大的洛林十字纪念雕塑。雕塑高44.3米,重950吨,周围还环绕着1 000株黎巴嫩方面赠送的雪松树,自落成以来已吸引了超过40万参观者。2006年,上马恩省政府与戴高乐基金会又斥资2 200万欧元,在雕塑旁兴建了戴高乐历史纪念馆,2008年10月11日,法国总统萨科齐和德国总理默克尔共同出席了开馆仪式,馆前高高飘扬的法德两国国旗和欧盟盟旗,更昭示着戴高乐将军倡导法德和解、推进欧洲一体化事业的远见卓识。

去纪念馆的路上,天气状况愈发恶劣,狂风呼啸,行走困难,我头上中法建交50周年的棒球帽也几次被吹出10米之远。刚抵达纪念馆,却得知全馆突然停电——怀疑是被吹倒的大树压垮电线所致。馆方因担心游客安全,只能紧急叫停参观,半个多小时后宣布临时闭馆,并语带歉意地请我们返回故居退票。不过,在等候的大约半个多小时内,我们得以浏览了一层大厅关于第二次世界大战的一个临时图片展,还特别停步纪念品商店。除了关于戴高乐将军的各类书籍、纪念币,荦荦大端的桌游也非常引人注目。我一直认为,法国寓教于乐的历史教学传统,是非常值得借鉴的。

去故居退票的路上,我开玩笑地说,今天的这些经历,或许正是为了让我们更加直观地体会,80年前戴高乐将军从这里赶赴伦敦时,他心中牵挂的祖国的真实处境？黑云压城,山雨欲来;逆风爬坡,行路惟艰;大树倾圮,暗无天日;前途未卜,时局难料！有趣的是,当我们一行坚持走完参观路线,两度辗转回到故居时,电力已然恢复;而当年戴高乐将军于国家危亡之际自此间离去,当是何其不舍,待再度回到科隆贝双教堂村时,迎接他的却是饱经磨砺、浴火重生后的凯旋。

当天参观的最后目的地,是中午下车处旁的教堂墓地。戴高乐将军一家共有6人长眠于此,除了将军和夫人伊冯娜(1979年去世),还有长媳昂利艾特(2014年去世)、长女伊丽莎白(2013年去世)、女婿阿兰(2006年去世)。紧挨着将军的,是因罹患唐氏综合征、20岁就不幸弃世的小女儿安娜(1948年去世)。让我略感惊讶的是,在并不大的墓园内,戴高乐夫妇的墓既不是最高大的,也不在正中位置。没有装饰,没有碑文,没有鲜花,连墓主照片都没有,只有名字和生卒年,与村子里其他的墓碑排在一起,毫无特色可言,甚至还因字迹褪色而不易被发现——戴高乐和他的家人就是科隆贝双教堂村普通的一员。我们在墓园驻足良久,向6位逝者逐一致意,直到黄昏的光线逐渐淡去。

图4 戴高乐和夫人的墓碑,紧邻的是小女儿安娜的墓碑

中国前驻法大使蔡方柏先生曾在《从戴高乐到萨科齐》一书中提及70年代参访墓园的感受:"在回巴黎的路上,我终于明白了这位法兰西民族英雄的坟茔何以如此简朴,山坡上耸入云霄的洛林十字架('自由法兰西'的象征),科隆贝双教堂镇上空回荡的钟声,苍穹的朗朗明星,不正是对这位伟人最好的赞颂吗?"50年过去了,戴高乐将军一直是法兰西民族主义的旗帜、民族精神的象征。而承载将军最后记忆的科隆贝双教堂村,也为伟人的生命足迹留下了珍贵而不平凡的注脚。

离开法国时,我脑海中反复浮现出电影《戴高乐》中的一个场景。1940年法国败降前,戴高乐的一双儿女来巴黎寻找父亲。戴高乐语重心长地对他们说:"快离开巴黎,局势已经每况愈下,听我的,快走!不过,相信我们一定会回来,带着胜利回来……"诚然,如今正承受艰难困苦的法兰西,或与80年前的至暗时刻有几分相似。而就在那年,就在科隆贝双教堂村的别离之后不久,戴高乐将军著名的"6月18日伦敦讲话",时至今日依然向每一位法国人传递着勇气和力量——"法国输掉了一场战役,但法国没有输掉战争!"

谨以此文,缅怀戴高乐将军逝世50周年。

2020年11月9日

(作者系北京师范大学历史学院副教授)

虞和钦与上海法租界内的"莳薰精舍"、开明电器厂

王细荣

虞和钦(1879—1944)是中国近代科学、中国化的实践者、过渡时代的新型知识分子。晚年,他弃政回沪,置办开成造酸厂和开明电器厂,并以他在家乡浙江镇海柴桥、北京西城、山西太原和北京西山置有的产权之居"莳薰精舍"命名其在上海租住的寓所。

一、虞和钦其人其事

虞和钦,字自勋,仕(官)名铭新,1879年12月11日(光绪五年十月二十八日)出生在浙江镇海县海晏乡柴桥澹园(位于现柴桥老街协生弄、三和弄南边)。因诗尊杜甫,被时人号为"宁波杜工部",又因1916年诗作《过居庸关》中有"空谷不田砂滚滚,乱山无树雪皑皑"诗句,被时人称为"虞空谷";晚年寓公沪上,诗舞自遣,被尊为"虞老夫子"[①];因名其居曰"莳薰精舍",被后人尊称为"莳熏先生"。虞和钦曾言,"曰'莳薰'者,盖取滋兰树蕙之意,识素志也"。[②] 可见,培育英才是虞和钦向来怀有的志向。因此,他在科学的中国化实践中,也做了不少与教育相关的工作,如充任理科教员、编译科学教材,以另一种方式促进西方科学在中国的传播。

图1 晚年的虞和钦(虞哲谅提供)

虞和钦幼秉庭训,诵经读史,工诗古文辞;弱冠始志于西学,并先后在家乡柴桥、鄞城(今宁波市鄞州区)、上海从事科学传播与实业活动。1902年,他参加由

---

① 君仪:《虞老夫子述奇遇》,《东方日报》1944年4月6日,第2版。
② 虞和钦:《西山莳薰精舍记》,《和钦文初编》卷下,1938年印,第13页b、第14页a、第13页b—14页a。

蔡元培等发起成立的中国教育会,并应邀为爱国学社、爱国女校义务教授理科课程。1904年秋,为逃避清廷对"苏报案"相关人员的进一步追查,负笈东瀛,后在东京帝国大学(今东京大学)专攻化学。1908年夏学成归国,是年秋赴京参加游学生考试,在通过部试和廷试后,于1909年7月3日(宣统元年五月十六日)钦授翰林院检讨,分发到清廷学部就职,先后任学部图书局理科总编纂、游学毕业生部试格致科襄校官,并以"硕学通儒"资格钦选资政院候补议员。辛亥革命后,先后担任过北京政府教育部主事、视学、编审员,山西、热河省教育厅长,绥远实业厅长等职,其中1923—1929年间,应冯玉祥、商震等军政要人之邀,参赞莲幕。1929年,因疲于军阀间的争斗,主动离开军政界,次年春返沪置办实业,先后创办开成造酸厂、开明电器厂、建夏化学工业厂等实业公司,为上述企业首任公司经理。

受浙东家乡文化和儒商家庭教育的濡染,虞和钦的科学中国化实践,表现出明显的宁波帮特点。他的科学中国化实践,多为原创性工作,曾与一些志同道合者一起或独自创造了不少"中国之最"。近代中国的新型知识分子与传统的士大夫,虽然在知识结构、价值观念乃至精神气质与社会行为等方面截然不同,但都有一共同特点,即"始终以人文精神为指导之核心"。虞和钦少时诵经读史,作文写诗,弱冠后改业科学,虽成绩卓尔不凡,但入仕,特别是从军后,便少有涉及,而于诗文习作,却一以贯之,且年愈长其功力愈湛深,为近代一作手;中年起,他又开始钟情于古琴、书法、舞蹈等艺术。20世纪30年代中期,他曾一度隐于诗、书、画、琴、舞,自号"五隐先生"。正所谓早岁"德涵新旧,学贯中西",晚年"隐居沪渎,自号五隐""乐诗,好舞,癖书,而又海上第一藏琴家也"。[①]

1943年4月25日,因建夏化学工业社经营事,虞和钦赴技师毛廷襄处议事,回家时遇大雨,衣服尽湿。次日,身体发烧,后发展为急性肺病,次年引发为胸膜炎。1944年6月,入位于新闸路1750号的中国红十字会第三医院(1945年抗战胜利后更名为上海市立平民医院,1948年停办)治疗,但病情日渐加重,便出院到上海永康路(1943年10月之前称"雷米路")38弄兴顺北里45号二楼次子虞先得(1907—1985,字渭臣)寓所养病,最终于1944年8月12日在此离世。

二、虞和钦在上海法租界内的"莳薰精舍"

古今不少文人、学者喜欢给自己的居室或书斋命名,以表明志向,寄托情怀,

---

① 王细荣:《德涵新旧学贯中西——近代新型知识分子虞和钦诞辰140周年纪念》,《北仑新区时刊》2019年12月9日,第6版。

或自警自勉,虞和钦自不例外。他在家乡浙江镇海柴桥、北京西城、山西太原和北京西山,置有产权之居,均名其曰"莳薰精舍"。①

1930年4月,虞和钦从北京返回上海,兴办实业。但晚年在沪期间,他未有置业,先后在西藏路(今西藏中路)、泗泾路、蕴藻浜(即今宝山区薀藻浜与逸仙路交汇处)、霞飞路霞飞坊(今淮海中路927弄淮海坊)25号、萨坡赛路(今淡水路)12号、愚园路225号华亭书屋、白克路(今凤阳路)194号华亭书屋、迈尔西爱路327号(今茂名南路159弄8号)3楼等处租屋居住过,并将其租赁的居室也称为"莳薰精舍",其中几处就位于法租界内。

霞飞坊25号是虞和钦于1933年秋租借的。霞飞坊,属于当时上海比较高档的住宅,由教会普爱堂于1924年投资建造,占地面积为17333平方米,共有3层砖木结构房屋199幢。新中国成立前,先后寓居过的知名人士有居住在3号的学者、翻译家、开明书店编辑所所长夏丏尊,住26号的竺可桢,住33号的剧作家陈西禾与影星路明夫妇、电影皇后胡蝶,住56号的实业家、上海解放后任上海市副市长盛丕华和他的儿子盛康年,住59号的开明书店编辑索非、作家巴金、上海法政学院教授许鸿飞,住64号的鲁迅夫人、民主促进会创始人之一的许广平和鲁迅之弟、生物学家周建人,住99号的著名画家徐悲鸿,住108号的上海美专和杭州国立艺专教授高乐宜等。② 关于霞飞坊25号,《申报(本埠增刊)》的广告《召顶》有详细的描述:"单幢三层楼,坐北朝南,空气新鲜,距法国花园极近,电车、公共汽车直达门口,装有自动电话、电灯、电铃、浴室、冷热水管、抽水马桶,尚有新式家具。"③ 虞和钦住进霞飞坊25号后,以庭作院,杂植花木,并针对此时生活写了一副对联:"诗书塞座外,桃李罗堂前,元亮家贫,幸有故人,时来送酒;一寸二寸鱼,三竿二竿竹,兰成园小,应无余子,再与争墩。"此时,他的长子虞先觉(1900—?,字莘夫)、次子虞先得先后携家眷来住,一家十几口聚居一块。虞和钦有感于此,赋诗《偪室吟》,对其镇海柴桥老家和后来在北京西城、北京西山,太原浙江会馆旁所置的房产,以及晚年在上海所租借的寓所,进行了传神的描述:"旧都有宅不能往,重门曲槛锁蛛网;蛟川敝庐不得归,庭院深深久掩扉;绛楼高亘西山麓,又让麏门看修竹;曾营三窟究何补,终藉一椽寄家族;去儒就官官就商,时移事异空周章。"④

---

① 王细荣:《虞和钦"莳薰精舍"》,《上海滩》2021年第2期。
② 大漠孤烟:《一条霞飞坊,半部民国史》,2018年10月15日,https://www.meipian.cn/1o4sfrtg,2020年11月22日。
③ 《召顶》,《申报(本埠增刊)》1931年8月11日,第1版。
④ 虞和钦:《偪室吟》,《诗稿待删》卷16,1935年印行,第7页a。

图 2　虞和钦于 1933—1934 年间租住的上海霞飞坊 25 号正门、后门(右)(2020 年 7 月 24 日摄影)

1934 年 2 月 21 日，虞和钦夫妇携儿子先觉、先得两家移居萨坡赛路 12 号。这是一座石库门三层楼房，1946 年起门牌号先后改为英士路 92 弄 1 号、淡水路 92 弄 1 号；1949 年前为尚贤妇孺医院分诊所所址，1949 年后曾是"红色牧师"董建吾晚年的住所，1996 年被拆除，原址在现博银国际大厦东侧处。1934 年 3 月 1 日，为免劳往返，虞和钦将其于 1932 年冬创设的国际舞学社由静安寺路(今南京西路)1690 号迁至萨坡赛路 12 号。当时，虞和钦住 12 号三楼小阁，舞学社位于 12 号一楼。虞和钦曾分别为此处的居室和舞学社各题一楹联。前者为："小楼一角，烧饼一盂，老境别开新活计；佳句盈囊，奇书盈篚，归巢重认旧因缘。"后者为："时运如矩，虽折足剖心，终难济世；年华易迈，惟酣歌狂舞，资以保身。"①是年 10 月，虞和钦聘请了刚从日本归来的舞蹈艺术家吴晓邦(1906—1995，江苏太仓人)到萨坡赛路 12 号国际舞学社教授交际舞。

---

① 《和钦先生事略(学案附)》，1942 年，档号：161311 - 5，浙江宁波市镇海区档案馆藏，第 157、158 页。

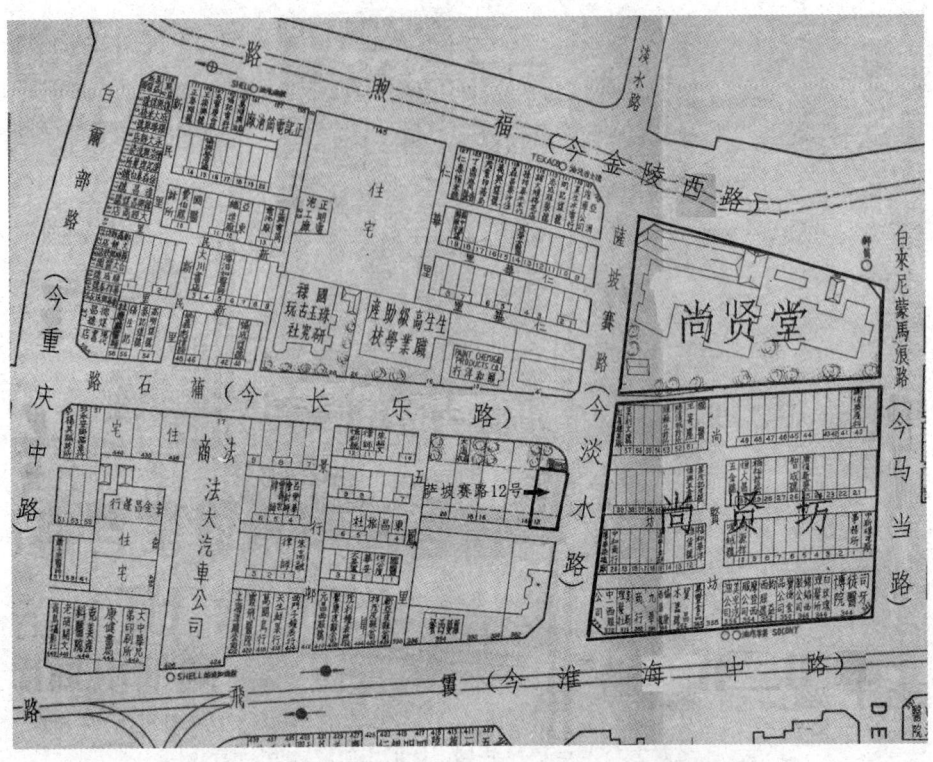

图3　1934年虞和钦租借的萨坡赛路12号寓所位置图

　　1939年,虞和钦开始在迈尔西爱路327号3楼租住。迈尔西爱路327号为今茂名南路159弄8号。159弄小区为砖混三层结构住宅,建于20世纪30年代,其中7—9号后来加为五层,已失去"老房子"的味道。159弄小区为上海市第三次全国文物普查不可移动文物,不仅彰显着老上海风情,还是近现代不少名人的故居所在地。例如,浙江海宁籍的书画收藏大家钱镜塘(1910—1983,字德鑫,晚号菊隐老人)曾住2号,中国当代歌星、一级演员沈小岑(1957—　)曾住6号二楼,9号是20世纪40年代被誉为"歌仙"、中国近现代著名作曲家陈歌辛(1914—1961,原名陈昌寿)妻子金娇丽娘家。[1] 虞和钦将此居也称为"莳薰精舍",这在一些文献中有所反映,如1942年7月5日、6日、13日,上海的《社会日报》刊载虞和钦所作的《公园曲》《悼美珍》等诗,就是冠以"莳薰精舍近作"系列的。

---

[1] 荣:《荣影:梧桐绿荫下的老弄堂风貌旧事(茂名南路159—163弄)》,2019年5月19日,https://www.meipian.cn/2461xchd.,2020年8月5日。

三、后防实业：开明电器厂

1938年年初，虞和钦自思年老力衰，不能为国效力，抵御日寇，深感惭愧，便计划赶赴陪都重庆，为国家后方的建设尽一份绵薄之力。后在其次子虞先得的劝谏下，未能成行，改为留沪投身实业，即筹设开明电器厂，任其筹备主任，并开始招股。因时值乱离，招股殊难，幸得沪上实业界的友人、上海益记海味行经理傅潞卿等人的帮助，凑足股款2万元。发起成立开明电器厂股份有限公司除了虞和钦、傅潞卿外，还有虞和钦胞弟虞和寅（1884—1959，字自畏）、虞和钦次子虞先得等29人。其中不乏当时沪上各界闻人，如中国近代航运业巨子虞洽卿（1867—1945），中国近代著名化工实业家、上海大丰公司创办人林涤庵（1878—1953，又名林森），中国近代杰出医学家、上海市医师公会第一任会长余云岫（1879—1954，字岩）等。1939年3月12日，开明电器厂股份有限公司正式成立，厂房设在上海法租界甘世东路150弄（今嘉善路140弄）兴顺东里三弄6—7号。次日，在上海虞洽卿路（今西藏中路）宁波旅沪同乡会举行开明电器厂股份有限公司第一次股东会议，公推曾任镇海县立高小校长、教育会会长的乌崖琴（1889—1981，名人垚）为会议主席（后任公司董事长），与会股东27户。会上，虞和钦当选为公司董事（共7人），并被董事会聘为公司经理（副经理为傅潞卿，工程师为虞先得）。

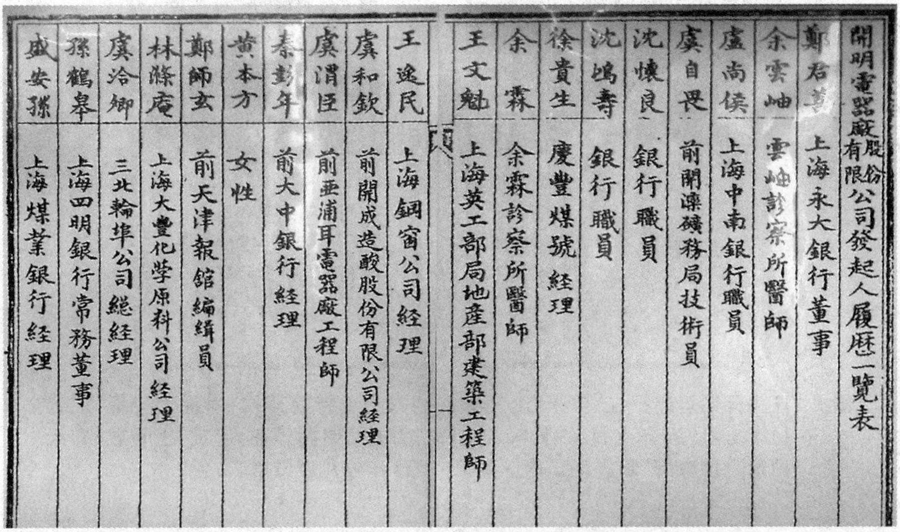
開明電器廠股份有限公司發起人履歴一覽表

鄭[illegible]	上海永大銀行董事
余雲岫	雲岫診察所醫師
盧尚侯	上海中南銀行職員
虞自畏	前開灤礦務局技術員
沈懷良	銀行職員
沈鴻壽	銀行職員
徐貴生	慶豐煤號經理
余霖	余霖診察所醫師
王文魁	上海英工部局地產部建築工程師
王逸民	上海鋼窗公司經理
虞和欽	前開成造酸股份有限公司經理
虞渭臣	前亞浦耳電器廠工程師
秦彭年	前大中銀行經理
黄本方	女性
鄭師玄	前天津報館編緝員
林滌庵	上海大豐化學原料公司經理
虞洽卿	三北輪埠公司總經理
孫鶴皋	上海四明銀行常務董事
盛安孫	上海煤業銀行經理

图4　开明电器厂股份有限公司发起人履历表之一、之二

资料来源：上海市档案馆。

1939年5月11日,开明电器厂股份有限公司委托立信会计师事务所在当局相关部门进行企业注册和商标注册。注册的公司性质为股份有限公司,以制造各种电灯泡及他种电器并经销各该项产品为营业范围①;注册的商标名称为"天球牌"和"地球牌"等,注册的产品名称为哈夫泡、可乐泡、工厂泡、烛形泡、管形泡等种类的电灯泡,注册的产品行销地为上海及新加坡、菲律宾和南美洲等国。② 据1940年7月出版的《战后上海暨全国各大工厂调查录》介绍,当时开明电器厂的职工共80名,重要职员有:林秀芳、周芳、焦海廷、郑祖惠、周玉泉;注

图5 左为开明电器厂在《申报》上刊载的独家播送特别节目"滑稽大会串"广告(《申报》1939年5月13日第4版);右为开明电器厂在《申报》上刊载的"天球牌""地球牌"哈夫泡广告(《申报》1939年6月4日第13版)

---

① 《立信会计师事务所关于开明电器股份有限公司帐目审查、代办企业注册、商标注册等文件》(1939年5月),档案号:Q90-1-1049,上海市档案馆藏。
② 《开明电器厂》,《国货商标汇刊》1940年第1期。

册资本 2 万元，注册的商标有"月球牌、天球牌、地球牌、开明牌"4 种。① 是年 5 月 13 日，为扩大影响，开明电器厂公司特通过天蟾电台独家播送特别节目"滑稽大会串"，从中午 12 点持续播放到次日凌晨 2 点。② 是年 5 月 15 日—6 月 4 日，开明电器厂生产的灯泡在位于静安寺路(今南京西路)与慕尔鸣路(今茂名北路)路口的上海商品展览会公开展示，并接受商品审查委员会的审查。③

开明电器厂除自制本牌电灯泡外，也代客设计特制定牌式样(如出品过"双呆牌"及"国会牌"电灯泡④)，"磅份、光度及图记悉听尊便，所出灯泡发光明亮，用电节省，使用耐久，定价公道"。⑤ 开明电器厂投产后，所出的各种灯泡货精制良，销路颇旺，故后又续招股本，添置机器，增加出品。

1940 年 9 月 11 日，开明电器厂股份有限公司再次进行商标注册。注册的商标名称仍为"天球牌"和"地球牌"，注册的出品名称为哈夫泡、可乐泡、工厂泡、烛形泡、管形泡等种类电灯泡，注册的产品行销地为本外埠及泰国、印度、新加

图 6 开明电器厂股份有限公司第二次注册商标信息
资料来源：上海《国货商标汇刊》1941 年第 3 集第 83 页。

---

① 许晚成编：《战后上海暨全国各大工厂调查录》，上海龙文书店 1940 年版。
② 《开明电灯泡厂 今日假座天蟾电台 独家播送特别节目：滑稽大会串》，《申报》1939 年 5 月 13 日，第 4 版。
③ 《商品展览会今日开幕》，《申报》1939 年 5 月 15 日，第 10 版。
④ 《开明电气厂紧要声明》，《申报》1939 年 11 月 1 日，第 2 版。
⑤ 《开明电器厂讯》，《申报》1939 年 5 月 14 日，第 12 版。

坡、菲律宾和南美洲等国。①

据许晚成编、龙文书店编辑部1943年1月出版发行的《上海暨全国工商行名录》，开明电器厂股份有限公司经理为虞和钦，厂长兼技师为虞先得，厂房为甘世东路150弄6—7号，注册的商标有"天球牌、地球牌"2种，工厂职工为53人②；据申报社1945年4月出版发行的《上海工商名录》，开明电器厂股份有限公司董事长为乌崖琴，董事为虞和钦、傅潞卿等8人，监察人为林九如，虞自畏，总经理为虞和钦，副总经理为傅潞卿，厂长为虞先得，注册资本为50万元。③

四、余　言

从开明电器厂厂址到虞和钦在上海法租界的最后一处"莳薰精舍"，步行距离不到900米，这或许是虞和钦选择租赁迈尔西爱路327号3楼的重要原因。开明电器厂是虞和钦创设科学实业的典范。它的成功开办与出货，除虞和钦的努力外，工厂的工程师虞先得也功不可没。虞先得先后毕业于国立北京师范大学附中、国立北平大学工学院，曾在中国首家民族照明企业、中国第一只灯泡制造者——中国亚浦耳电器厂（原名"中国亚浦耳电灯泡厂"，创办人为虞和钦柴桥同乡胡西园，现上海亚明照明有限公司前身）和虞和钦于20世纪30年代初创办的开成造酸厂当工程师，有很好的科技理论基础和实践经验。开明电器厂更是虞和钦晚年意欲为国效力的产物，且为他兴办实业中经营时间最长、产品销路最好的一例。对此，他本人也颇感自豪，曾于1942年写道：开明厂所产的各种灯泡，"虽内地各埠因干戈阻绝，未易运往，然销售于国外，如暹罗（泰国——编者注）、印度、新嘉坡（新加坡——编者注）、菲列滨（菲律宾——编者注）者，每月约五六万只，迄今三年，其营业固方兴未艾也"。④虞和钦1944年过世后，虞先得逐步收购开明电器厂股份有限公司股份，使其成为独资有限公司，并更名为"开明灯泡厂"，亲任总经理和总工程师，注册资本为2 000万法币，出品"天球牌"和"地球牌"电灯泡。⑤ 1953年7月1日，开明厂与天光灯泡厂、永亮电器厂、彗星协记灯泡厂、中国荧光灯厂合并，成立一公私合营企业——上海天明电照厂股份

---

① 《开明电器厂》，《国货商标汇刊》（上海）1941年第3期。
② 许晚成编：《上海暨全国工商行名录》，龙文书店编辑部，1943年，第120页。
③ 申报社工商名录编辑室：《上海工商名录（三十四年版）》，申报社，1945年，第688页。
④ 《和钦先生事略（学案附）》，1942年，档号：161311-5，浙江宁波市镇海区档案馆藏，第163页。
⑤ 《上海市电器制造业同业公会会员登记表（开明灯泡厂）》，1946年，档号：S21-1-36-4，上海市档案馆藏。

有限公司。① 1958年6月，天明电照厂又并入中国亚浦耳电器厂，1959年10月中国亚浦耳电器厂改名为上海亚明灯泡厂。该厂后来成为我国照明光源的龙头企业，曾承担北京奥运鸟巢中轴大道、天安门城楼、人民大会堂、上海展览中心、八达岭长城等重大照明工程业务，并获得广泛好评。如今，上海亚明照明有限公司名中的"明"字，向人们昭示，其源头之一的开明厂是不应被后世所忘记的。

图7　《国立北平大学工学院一九三零级毕业同学录》中的虞先得肖像（虞哲谅提供）

（作者系上海理工大学沪江学者、特聘研究馆员）

---

① 《天光灯泡厂杭州分销处改名为上海天明电照厂股份有限公司杭州分销处启事》，《当代日报》1953年7月1日，第4版。

文献目录

《中国通讯》所见徐家汇新耶稣会士西文出版物概况

张晓依

《中国通讯》(Relations de Chine)是20世纪上半叶新耶稣会士[1]出版的西文期刊。该刊于1903年创刊,为季刊。[2]"欧战"爆发以后因经济原因休刊,截至1940年,共历时37年,出版134期。

该刊的出版过程,建立在中西文化交流的基础之上:所刊登的稿件绝大多数由上海徐家汇寄往巴黎[3],经过编辑之后再在欧洲印刷出版,并以订阅的形式在欧洲与中国发行。目前该刊在上海的徐家汇藏书楼、复旦大学图书馆,以及法国国家图书馆、耶稣会法国赛佛尔中心等地均有馆藏。

纵观该刊,可以发现其内容积累了大量关于徐家汇新耶稣会士西文出版物的原始史料,从时间跨度上恰好与截止于1900年的高龙鞶(Auguste COLOMBEL)的《江南传教史》(Histoire de la Mission de Kiang-nan)衔接。

本文拟以《中国通讯》所刊内容为切入,对现有徐家汇新耶稣会士西文出版物书目的种种谬误、遗漏进行补正。

一、现有研究中的徐家汇新耶稣会士西文书目概况

现有研究中参考的徐家汇新耶稣会士西文出版物书目除了史式徽(Joseph de la SERVIERE)的《江南传教史》与德礼贤的《中国天主教传教史》两本中译文献的零星摘录之外,大多源自《汉学丛书》。近年来,原为每年出版的土山湾印书馆《西文书目表》也在世界各地被零星发现并利用起来。此外,《上海宗教志》由于援引了其他资料,还列出了一张天主教出版中西文报刊的清单。

---

[1] 新耶稣会士(Les Jésuites Nouveaux)通常与老耶稣会士/旧耶稣会士(Les Jésuites Anciens)相对。历史上耶稣会曾于1773年根据教宗命令被取缔,1817年又根据教宗命令被恢复。因此,1773年取缔之前的耶稣会士称为老耶稣会士/旧耶稣会士,1817年恢复之后的耶稣会士称为新耶稣会士。史式徽:《江南传教史》,天主教上海教区史料译写组译,译文出版社1983年版,第4页。
[2] 其中有部分卷期以合订本的形式,半年出版1期。
[3] 1912年的所有卷期在比利时布鲁塞尔出版。

《汉学丛书》是徐家汇新耶稣会士西文出版物中最重要的一部丛书。2010年由上海辞书出版社出版的《法国中国学历史与现状》一书中所引书目资料全部来自《汉学丛书》，其中包括《汉学丛书》的书目列表以及部分作者介绍。

近年来，记录土山湾印书馆出版物的《书目表》在世界各地被零散发现，目前已被学界注意的包括1923年、1937年和1939年三个年份的《西文书目表》。

以上为徐家汇新耶稣会士西文出版物的研究的资料基础，目前的研究大多基于这些史料。在书目方面，由于是"孤证"，难免有所错漏，因此《中国通讯》期刊为提供了新的史料来源，与现有资料形成了互相补充、纠正的关系。

二、《中国通讯》中的书目情况

综观《中国通讯》的稿件内容，与徐家汇新耶稣会士西文出版物相关的内容主要包括以下几个部分：

最重要的当属传教区新出书目表及简介。早在《中国通讯》第一期起，就为徐家汇新耶稣会士西文出版物开辟专栏《书目表》(Bibliographie)[1]，长期在封底刊登徐家汇新出的西文出版物，并附有内容简介。除刊登书目外，耶稣会方面还在巴黎七区为这些在徐家汇出版的书籍提供仓库，同时通过《中国通讯》对这些出版物的内容进行简介，以方便欧洲的读者们购买。由于原书装订合订本时处理不当直接将封面和封底撕去，造成目前《中国通讯》在沪馆藏中的《书目表》均有部分散佚，但目前可见的《书目表》依然可以基本还原徐家汇新耶稣会士西文出版物的概况。

其次是徐家汇新耶稣会士出版情况总结。《中国通讯》中会不定期刊登在华各项事业的总结，其中1931年1月号中，集中刊登了包括徐家汇在内的在华两个代牧区[2]的印刷所与出版作品情况。此外，在诸如天文台、博物院、孤儿院等事业的总结中，也会涉及其西文出版物的总结。

《中国通讯》还会刊登徐家汇新耶稣会士的西文出版物的摘录和节选，如《汉学丛书》中的多部作品都曾作为在华耶稣会士的"汉学成果"节选在《中国通讯》上刊登。同时，《中国通讯》上还会刊登新耶稣会士们对徐家汇新耶稣会士西文出版物的续写、改写作品，帮助读者理解这些新耶稣会士西文出版物。

除书目信息外，《中国通讯》中还刊有涉及徐家汇新耶稣会士西文出版物作

---

[1] Bibliographie, *Relations de Chine*, 04/1903, p.81.
[2] 即位于上海徐家汇的"江南代牧区"与河北献县的"直隶东南代牧区"。

者和读者的内容。《中国通讯》的"讣告"(Nécrologie)部分包括绝大多数徐家汇新耶稣会士西文出版物的作者生平,内容涵盖其来华之前的背景资料与来华之后的经历,且一般都附以遗像;在作者的信息之外,《中国通讯》还曾刊登多篇中外读者撰写的徐家汇新耶稣会士西文出版物的读后感,以及中外媒体的报道,其中包括所获的各类奖项,是目前少有的涉及徐家汇新耶稣会士西文出版物读者的记录,为研究徐家汇新耶稣会士西文出版物的影响提供了珍贵史料。

以上内容虽然只是《中国通讯》的一部分,但是这些内容全面反映徐家汇新耶稣会士西文出版物的情况,尤其在书目方面为徐家汇新耶稣会士西文出版物提供大量原始史料。本文主要针对书目信息,与现有研究进行比对。

三、徐家汇新耶稣会士西文出版物书目勘误

通过研读上述《西文书目表》及《上海宗教志》中天主教出版的中西文报刊列表,我们发现其中涉及徐家汇新耶稣会士西文出版物的书目部分存在一些错误。通过《中国通讯》的补正,加上现存馆藏确认,可对现有书目中存在的错误进行勘误。

(一) 混入西文书目表的中文出版物

由于种种原因,现有的《西文书目表》中混入了部分中文书目。这些混入的中文书目主要是刊有法语名称的中文刊物和中译作品。此类混淆不仅误导后来的研究者,还会导致总数计算不准确等一系列问题。目前发现的几张《西文书目表》记载了当时土山湾印书馆出版的西文出版物,其中1923年的《西文书目表》中共记录了120部[1],1939年则记录了248部[2],不过上述两表都存在中文书目混入的问题。

不少新耶稣会士出版的中文期刊,如《圣教杂志》《圣心报》等,常常会加上一个法语的标题,内容其实为中文。正是这个原因,使得这些期刊在土山湾印书馆的《中文书目表》和《西文书目表》重复出现。以1923年和1939年《西文书目表》为例,其中期刊(Périodiques)栏目所记录的全部四本期刊:《公教学校》(L'Ecole en Chine)、《圣教杂志》[3](Revue Catholiques)、《圣心报》(Messager du Sacré-

---

[1] 莫为:《近代徐家汇的"本地化"知识生产实践——以1923年土山湾印书馆〈书目表〉为例》,《澳门理工学报(人文社会科学版)》2020年第2期。

[2] Imprimerie-Librairie de L'Orphelinat de T'ou-sè-wè, *Catalogue des Ouvrages*, *Européens*, *Juin 1939*.

[3] Echo et Nouvelle, *Relations de Chine*, 04/1912, p.436.

Cœur des Jésus en Chinois）①、《圣体军月刊》（Revue de la Croisade Eucharistique）②。经核查上述期刊③，除封面上有法语名称之外，其余内容均为中文。因此，将以上四种期刊纳入徐家汇新耶稣会士西文出版物书目显然是有问题的。

除期刊外，著作也有问题。1937年出版的《书目表》完整名称为《拉丁文书目表》（Catalogus Latinus 1937）④，但将目录与馆藏资料进行核对可以发现其书目中的作品除少数为拉汉对照的经文，大多为中文书籍。这些中文书籍原为拉丁文的中译作品，因封面上有拉丁文名称对照，由此也被当作拉丁文作品编入书目。此外，西文图书的中译本，如《秦秋芳修士小传》⑤的法语版与中文版被一并纳入1939年的《西文书目表》，并作为两部不同的出版物分列。

在《中国通讯》中，上述中文刊物、中文作品均未列入西文出版物列表。其中，中文刊物《圣教杂志》还被专门分列报道。

（二）混入出版报刊列表中的内部资料

除中文书目误混入西文书目列表之外，"神职读物⑥"的混入是另一种现象。历史上，徐家汇的新耶稣会士们除了中西文出版物之外，还印制一种仅供代牧区内中外传教士阅读的内部资料——"神职读物"，这些读物的内容以宗教题材为主，印制周期不固定，不对外发行，西文的神职读物代表作为《史报》（Nouvelle de la Mission，又直译作《传教区新闻》）。

《史报》虽然名字中有"报"字，但并非严格意义上的报刊。据《中国通讯》记载，《史报》因其主编史式徽得名，为内部资料，不对外发行⑦。经查现存《史报》全部卷期，确认该刊确未对外发行，读者仅限于江南代牧区内的中外耶稣会士，内容偏向宗教，也有部分科研内容以"传教成果"形式刊登。因此，虽然其资料也有一定价值，但是《上海宗教志》中的天主教出版报刊列表中将《史报》《光启社动态》（Renseignement de Bureau Sinologique）等内部资料列入⑧，并与《圣教杂志》《圣心报》等公开出版的中文报刊并列，明显有误。

---

① 此处法语名称直译为《中文耶稣圣心信使报》，但不知何故依然出现在《西文书目表》中。
② VAN HEE, Louis（赫师慎）：Le «Wei-Pao», Journal de Zi-Ka-Wei, *Relations de Chine*, 01/1906, p.32.
③ 1939年时，《圣教杂志》已因经济危机停刊，因此该期刊名刊登在该书目表上并显示停刊。
④ T'ou-sè-wè: *Catalogus Latinus*, Avril 1937.（原文为拉丁语中文对照）
⑤ Imprimerie-Librairie de L'Orphelinat de T'ou-sè-wè: *Catalogue des Ouvrages, Européens*, Juin 1939, p.26.
⑥ 原徐家汇大修院学生沈士伟老人回忆，2019年1月13日。
⑦ Nécrologie: P. Joseph de la SERVIERE, *Relations de Chine*, 07/1938, p.126.
⑧ 《上海宗教志》编纂委员会：《上海宗教志》，上海社会科学院出版社2001年版，第366页。

通过比对《中国通讯》的书目报道及简介，我们可将现有研究中错误混入的中文报刊与"神职读物"找出，更正现有研究中存在的书目错误。我们从中也可以知道，之前研究中，对徐家汇新耶稣会士西文出版物内容所持的"宗教类为主"的错觉，其实大多出自以上两类被错误列入研究范围的书目。

四、徐家汇新耶稣会士西文出版物书目补充

除存在明显谬误之外，现有资料和研究还存在大量书目遗漏，通过《中国通讯》的内容，可以主要对现存 1939 年的《西文书目表》进行补充。

（一）徐家汇天文台与博物院的出版物

《中国通讯》中将徐家汇天文台和博物院的出版物作为徐家汇新耶稣会士西文出版物的一部分进行详述：天文台方面，除了人们熟知的《徐家汇天文台年报》（包括气象记录、天文观测记录、地磁测定记录三分册）之外，还列出了 21 部天文台作品的名称和作者，这些作品涵盖气象、天文、地磁三个方面，甚至《汉学丛书》中的《中国大地震目录》其实也是天文台的"委约"作品①。徐家汇博物院方面，除留存至今的众多标本之外，还出版了由韩伯禄（Pierre HEUDE）开创的《中华帝国自然史》②（Mémoires concernant l'histoire naturelle de l'Empire Chinois），该丛书前后历时 50 年，共出版 6 册，涉及昆虫、鸟类、鱼类等多个门类，是珍贵的生物学作品。1939 年，当时的馆长郑壁尔（Octave PIEL）还出版了震旦博物院的 70 周年纪念册，其中提到了历任馆长韩伯禄、柏永年（Frédéric COURTOIS）等人在国内外发表的相关研究论文③。

（二）徐家汇新耶稣会士在海外的出版物/发表文章

之前有学者对该类出版物是否从属于徐家汇新耶稣会士西文出版物产生过争议，争议的焦点便是这些出版物在海外，而非徐家汇。因此除了徐家汇天文台和博物院的出版物之外，徐家汇新耶稣会士在国外的出版物/发表文章也经常被现有研究忽略。

经过仔细阅读可以发现，从形式上说，这些出版物/文章均由徐家汇的新耶稣会士完成编撰工作，并对外公开发行或刊登在公开发行的出版物上，从内容上说，这些出版物/文章的内容多为汉学题材。虽然出版地在国外，但其从形式和

---

① L'Observatoire de Zi-ka-wei, *Relations de Chine*, 01-09/1919, p.126.
② Des Pères de la Compagnie de Jésus: *Mémoires Concernant l'Histoire Naturelle de l'Empire Chinois*, Cahier I-VI, Imprimerie de la Mission Catholique à L'Orphelinat de Tou-Sè-Wè, 1880-1930.
③ Aurore: Le Musée HEUDE, *Relations de Chine*, 10/1939, Paris, p.200.

内容上来说与在徐家汇印刷并发行的西文出版物并无二致,因此依然归属于徐家汇新耶稣会士西文出版物范畴。

事实上,在新耶稣会士自身的总结中,始终将徐家汇新耶稣会士在海外的出版物以及发表的文章作为徐家汇新耶稣会士的西文出版成果一部分。高龙鞶在叙述1879—1900年徐家汇新耶稣会士的西文出版编撰的各种著作时,曾明确指出徐家汇新耶稣会士的西文出版成果包括徐家汇"提供材料的作品"[1],他列出的作为徐家汇新耶稣会士著作的100多部中西文作品中,既包括在徐家汇出版的《汉学丛书》,也包括薛孔昭(Louis SICA)在欧洲出版的《传教士手册》(De vita RR. DD. Adriani Languillat e Societate Jesu, episcopi sergiopolitani vicarii apotolici nankinensis)[2]。

《中国通讯》的书目表(Bibliographie)栏目中,长期将徐家汇的中外传教士们在海外的出版物/发表文章纳入书目表,1922年1月刊登的《中国塔》(China Pagodas)和1911年1月刊登的《语言学元素地图》(Atlas Philologique Elémentaire)等文献便属于这类出版物。除书目表之外,韩伯禄在法国出版的关于中国贝类的研究著作(Conchyliologie Fluviatile de la Province de Nanking),在《中国通讯》中也作为徐家汇新耶稣会士西文出版物的作品重点介绍。[3]

通过《中国通讯》的内容对书目的增补,其形成的完整、正确的新书目更有助于准确反映徐家汇新耶稣会士西文出版物的情况,也有助于徐家汇新耶稣会士西文出版物的进一步研究。从更正后的书目,我们可以看出,事实上徐家汇的新耶稣会士们在华从事了大量学术研究工作,无论其主观动意为何,客观上他们都担当了中西文化交流的"桥梁"角色。

(作者系上海大学新闻传播学院传播学硕士,上海市徐汇区非物质文化遗产保护办公室馆员)

---

[1] 高龙鞶:《江南传教史》(第4册),张廷爵译,辅仁大学天主教史料中心,2017年,第304页。
[2] 高龙鞶:《江南传教史》(第4册),第312页。
[3] Imprimerie et Oeuvres de Presse-5.Chine,*Relations de Chine*,01/1931,p.373.

中国学术界译介法国安克强
(Christian Henriot)教授文献目录初编

马 军

（以首刊先后为序）

01

民国时期上海杰出人物生平学研究初探

　　白吉尔、康诺蔼、安克强、何佩然著　黄庆华译　载中国社会科学院近代史研究所编《国外中国近代史研究》第14辑，中国社会科学院出版社1989年10月第1版。

02

权力与道德：1920—1925年上海的废娼运动

　　安克强著　刘海岩译　载刘海岩、刘洪奎主编《城市史研究》第19、20辑，天津社会科学院出版社2000年12月第1版。

03

公共卫生政策与殖民主义放任政策的对立——上海租界的性病与卖淫

　　安克强(Christian Henriot)著　徐新华译　载马长林主编《租界里的上海》，上海社会科学院出版社2003年10月第1版。

04

近代都市的个案研究——安克强《1927—1937的上海：市政权、地方性和现代化》述评

　　张培德　《史林》2003年第6期，2003年12月20日。

05

上海的"小日本"：一个与外界隔离的社团(1875—1945)

　　安克强著　邵建译　载熊月之、马学强、晏可佳选编《上海外国人(1842—

1949)》,上海史研究译丛(熊月之、张晓敏执行编委),上海古籍出版社 2003 年 12 月第 1 版。

06
上海妓女:19—20 世纪中国的卖淫与性①

安克强著　袁燮铭、夏俊霞译　上海史研究译丛本(熊月之、张晓敏执行编委),上海古籍出版社 2004 年 7 月第 1 版。

07
1927—1937 年的上海——市政府、地方性和现代化②

---

① 目录见下:英文版说明;英文版自序;鸣谢;导言;卖淫和性——编史工作的回顾;**第 1 部分高级妓女:精英的妓女与妓女的精英**;第 1 章 19 世纪至 20 世纪的高级妓女:一个世界的终结(高级妓女和普通妓女的性质转变,高级妓女写真,高级妓女的地位,礼节惯例和诱惑游戏,公共场合中的高级妓女:堂差,城市精英的休闲空间,书场:一个中介场所,戏院,饭馆和茶楼,出游郊外);第 2 章光彩而悲惨的生活(维护外貌和对外貌的幻想,梳拢,上流人士的性行为,感情与爱情的关系,结婚,离开这个行业,高级妓女与政治,"高级妓女文化":假象还是真实?);**第 2 部分卖淫市场和面向大众的性行为**;第 3 章从高等妓院到面向大众的性行为:普通娼妓的激增(1849—1949)(中间形态的娼妓,19 世纪的普通娼妓,地域性的妓女群体,20 世纪:降级和标准化,卖淫业的大军,野鸡,应召女:向导社,被抛弃的卖淫群体,侵占街道);第 4 章卖淫的补充形式(20 世纪 20—40 年代)(女按摩师和女招待:卖淫业的辅助工,舞厅:位于肉欲和性欲之间,跳舞、权力及道德,舞厅现象,舞厅里的生活,舞女的状况:舞女和大班);第 5 章 20 世纪的妓女:一篇社会人类学的短文(数字游戏:妓女的队伍,妓女的籍贯,年龄分类,从事卖淫的原因,妓女的结局);第 6 章性行为、苦难与暴力(性行为方式,性病,作为替罪羊和折磨对象的妓女,在卖淫场所的犯罪);**第 3 部分卖淫业的场所和经济**;第 7 章上海和中国的女性市场(上海:妇女贸易的焦点,交易的组织,不法商人的身份,贸易的受害者,妇女的价格,她们的目的地,拉皮条的人,绑架和诱拐;详情,对不法商人的镇压和处罚,出路);第 8 章城市中的卖淫场所(再现卖淫业的布局,19 世纪的卖淫地点,20 世纪卖淫现象的扩展,卖淫业的"黄金圈",里弄:卖淫业的天堂);第 9 章妓院内部的组织与管理(概况,内部,妓院的规模和资历,妓女的流传比率,嫖客,经营者和鸭母,女仆,乐师和妓院的雇员);第 10 章性的经济(日常开支,服务的费用和高级妓院的收入,妓女的收入,妓院的经营,金钱的循环,债务和金钱上的冲突,普通妓院的经济);**第 4 部分管理娼妓的失败**;第 11 章疾病预防与道德规范(1860—1914)(规章制度,管理论的出现,性病医院,妓业的税收政策,中国政府与"道德"问题);第 12 章上海的废娼运动(1915—1925)(上海废娼运动的出现,是"道德"还是"务实"?,淫业调查委员会的成立,关于取缔妓院的论争,关闭妓院之影响,中国人的反映,讨论的终结与妓院的卷土重来);第 13 章国民党与中国模式的管理论(1927—1949)[国民党政府治理娼妓之第一阶段(1927—1937),国民党、国联、"黄奴交易",日据时期的娼妓问题,国民党政府治理娼妓之第二阶段(1945—1949)];第 14 章娼妓救济团体(1880—1949)(拯救身体与灵魂,济良所,中国救济妇孺总会);结语;附录(1 表格目录,2 图表目录,3 插图目录,4 地图目录,5 参考文献);译后记。

② 目录见下:致谢;导言;**第 1 章历史的重负**(缓慢的酝酿,地方自主的扩大,新的市政机构,1911:短命的胜利,漫长的等待,国民革命的希望,新政权的创建);**第 2 章法律要旨**(市政法规:先例,1927 年的法规,管辖权的争论,1928 年和 1930 年的法规,市政府机构,市参议会);**第 3 章市政权和地方精英**(国民党地方党部——国民党的少壮派在上海,初次尝试,1929 年的代表大会及其影响,1930:坚持党的主张,1932—1937:出现瘫痪,地方名流的小圈子——1927 年的市参议会、名流悄然官复原位、商团的改革,1932:恢复、市参议会的责任);**第 4 章 1931—1932 年的危机**(抵制日货运动,日本反应,国民党的作用,民族危机与地方冲突,12 月 8 日事件,上海的政治和社会动荡,国民党地方党部的瓦解,市政府的重组,走向同日本的对抗,日本的侵略,紧急救济的组织,战区的恢复,重建,重建计划,民众中的抗议运动);**第 5 章市政府职员**(主要的市政府官员,市政府职员);**第 6 章市政府财政**(市政府的财政机构,市政府　(转下页)

安克强著　张培德、辛文锋、肖庆璋译　上海史研究译丛(熊月之、张晓敏执行编委),上海古籍出版社2004年8月第1版。

08

安克强

张培德　载熊月之、周武主编《海外上海学》,上海古籍出版社2004年8月第1版。

09

19—20世纪的中国城市和城市社会:对西方研究成果的评论

安克强著　钟建安译　史明正校　载刘海岩主编《城市史研究》第23辑,天津社会科学院出版社2005年8月第1版。

10

书介与短评:安克强著《1927—1937年的上海——市政权、地方性和现代化》

白华山　香港《二十一世纪》2006年4月号。

11

上海租界公墓研究(1844—1949年)

安克强著　闵锐武、郭敏译　《中国海洋大学学报》社会科学版2008年5期,2008年9月10日。

上海租界公墓研究(1844—1949年)

安克强著　闵锐武、郭敏译　人大复印报刊资料《中国近代史》2008年12期。

上海租界公墓研究(1844—1949)

安克强著　闵锐武、郭敏译　载孙立新主编《殖民主义与中国近代社会:国际学术会议论文集》,人民出版社2009年10月第1版。

(接上页)附属的财政机构,市政府的收入来源,市政府的财政困难,市政贷款,财政改革与商人的不满);**第7章城市规划**(市内的住房和交通,上海公用事业,大上海计划,市政规划);**第8章现代化的试验区**(教育政策——当局和管辖权的争论、市立学校、私立学校、租界的教育、民众教育、开展识字运动,公共卫生政策——学校卫生、社会卫生、公共卫生基础设施的发展);**第9章传统与现代化**(社会事务局工作范围——运作方式、大米战,对贫穷的挑战——与慈善机构的联系、难民问题、控制贫民窟的斗争、人民信贷中心);**结论 国家、党派、精英与中国社会**;附录 市政府中的关系;参考文献;译后记。

12

法国里昂大学安克强教授开设"数字时代的历史研究"思勉专家课程

《华东师范大学报》2011年6月7日,第2版。

13

法国里昂第二大学特级教授安克强:地理信息系统是关涉到想象力的技术

任思蕴 《文汇报》2013年7月1日,第9版。

14

混乱、排斥和屈辱——战争时期的上海难民图像能弥补记忆的缺失吗?

安克强著 陈烨译 载苏智良主编《都市史学》,上海人民出版社2014年3月第1版。

15

铭记中国贡献,也是"记忆的责任"(国际论坛)

安克强 《人民日报》2015年5月14日,第3版。

16

城市史视野下近代中国的死亡、死者和尸体管理——简评安克强《镰刀与城市:上海的死亡社会史研究》

侯庆斌 载张勇安主编《医疗社会史研究》第4辑,中国社会科学出版社2018年版。

17

《死神与城市——上海死亡社会史》导言

安克强著 刘喆译 载张剑、江文君主编:《现代中国与世界》第2辑,上海书店出版社2019年12月第1版。

18

法国的中国近代史研究:一份批判性的评估

安克强等著 蒋杰译 载蒋杰主编《上海法租界史研究》第4辑,上海社会科学院出版社2021年版。

(整理者系上海社会科学院历史研究所研究员)

上海《法租界纳税华人会会员录》(三)[①]

陆 烨 整理

会员录(十)		
姓　名	职业	住　　址
★	押当	徐家汇路47号
★	僧	白尔路132号
★	纸号	徐家汇路46号
★	浴室	白尔路188号
★	洗染	徐家汇路45号
★	丝绸	平济利路122号
★	★	徐家汇路43号
★	★	平济利路112号
★	百货	徐家汇路42号
★	五金	奥礼和路70号
★	烟兑	徐家汇路41号
★	人力车	奥礼和路170号
★	烟兑	徐家汇路34—38号
★	旧货	奥礼和路68号
★	印刷	徐家汇路31号
★	人力车	奥礼和路66号
★	★	华格臬路21—28号
★	★	敏体尼荫路60号
★	★	华格臬路64—66号

[①] 文中"?"代表字迹无法辨认;"★"代表文字缺失。

（续表）

姓　　名	职　　业	住　　　址
★	★	麦高包禄路 24 号
★	★	蓝维蔼路 34 号
★	★	蓝维蔼路 106—107 号
★	★	蓝维蔼路 42 号
★	★	蓝维蔼路高耀里 14 号
★	★	蓝维蔼路 25 号
★	★	蓝维蔼路 175 号
严果生	木箱	蓝维蔼路 21 号
吴全岳	烟纸	蓝维蔼路 23 号
郭锦益	车行	蓝维蔼路 19 号
王圣林	酱园	蓝维蔼路 22 号
沈梦若	商	蓝维蔼路 15 号
沈静彝	赛马会	贝勒路恒庆里 71 号
居孝三	铅皮	蓝维蔼路 4 号
尹志廉	财政局	贝勒路 75 号
韩广明	理发	蓝维蔼路 3 号
林金山	电车	贝勒路 77 号
钟植之	医院	蓝维蔼路 39 号
侯阿林	成衣	贝勒路 79 号
朱德兴	烟纸	蓝维蔼路 40 号
杨端镕	机器	贝勒路恒庆里 76 号
范宝坤	百货	蓝维蔼路 26 号
戴润笙	学	贝勒路 81 号
陆永成	手艺	蓝维蔼路 44 号
金荣高	针织	贝勒路 82 号
钱五康	木行	蓝维蔼路 56 号

（续表）

姓　名	职　业	住　　址
张子建	政	贝勒路84号
郑光庭	当	蓝维蔼路92号
罗小山	书	贝勒路85号
彭隆兴	茶馆	蓝维蔼路81号
蒋商臣	商	贝勒路恒庆里83号
王兴茂	糖	蓝维蔼路79号
陈已生	商	贝勒路66号
钱金高	印刷	蓝维蔼路78号
沈泳生	化学	典当街华盛坊1号
陈善渭	木	蓝维蔼路66号
汪宝昌	百货	公馆马路巨成昶号
田颂伯	菜	蓝维蔼路55号
施静涛	百货	贝勒路吉祥街西首
周畅子	押	蓝维蔼路正大117号
王济清	铁厂	白尔路251号
张澍恩	绍酒	华格臬路80号
吴吉才	商	爱来格路新民坊1号
邬璜根	饭馆	华格臬路82号
张子平	医	格洛路大吉里104号
周长生	衣庄	华格臬路86号
黄玉梅	书寓	格洛克路100号
过志明	电报局	华格臬路88号
张钱氏	书寓	格洛克路102号
许丽生	烟兑	华格臬路90号
张瑞麟	招商局	皮少耐路庆福里124号
贺林发	旅馆	华格臬路92号

(续表)

姓　名	职　业	住　　　址
彭文美	印刷	东新桥街宝裕里 87 号
周阿林	旅馆	华格臬路 96 号
赵早生	学	自来火街瑞福里 16 号
周炳璋	卤菜	华格臬路 98 号
王逢祥	皮鞋	白尔路 251 号
乔儒声	酒精	华格臬路 100 号
顾立士	洋铁	白尔路 245 号
左李氏	商	爱来格路三鑫里 28 号
徐国才	烟纸	白尔路 195—235 号
朱有林	洋行	爱来路三鑫里 29 号
吴雪松	洗染	白尔路 232 号
章林春	商	爱来路三鑫里 30 号
童信德	煤炭	白尔路 229 号
金荣生	小贩	爱来路 31 号
周初生	旅馆	白尔路 227 号
张云记	报贩	爱来路三鑫里★号
张金德	缝衣	白尔路 233 号
俞少泉	商	爱来格路三鑫里 24 号
王亿棠	汾酒	白尔路 221 号
陈桂泉	鱼业	爱来格路三鑫里 35 号
蒋德奎	牛肉	白尔路 217 号
朱镜清	商	爱来格路三鑫里 36 号
姚雨洪	棉布	白尔路 197 号
彭祖慈	商	格洛克路紫阳里 5 号
庄达夫	轮船	白尔路 213 号
水源义	纱业	格洛克路紫阳里 2 号

(续表)

姓　名	职　业	住　　址
周志清	糕团	白尔路209号
张钱氏	书寓	格洛克路市隐里115号
张仁忠	百货	恺自迩路23号
唐嘉谋	洗染	麦格包禄路131号
张仁忠	五金	恺自迩路25号
方兴记	茶叶	麦格包禄路137号
蔡阿六	旅馆	霞飞路50—54号
任长珠	水电	霞飞路68号
季春棠	琴师	霞飞路48号
姚伯荣	五金	霞飞路60号
应炳荣	照相	恺自迩路31号
张楚林	袜厂	恺自迩路45—47号
杨星森	商	恺自迩路33号
徐福生	绸布	恺自迩路39—41号
邹国祥	烟兑	恺自迩路53号
范桂生	百货	麦格包禄路57—59号
曹守勤	五金	麦格包禄路119号
李桂生	炒面	麦格包禄路129号
夏德扬	典当	恺自迩路51号
★聚兴	课命	霞飞路52号
项笠人	洗染	麦格包禄路125号
王国安	理发	霞飞路44号
金根甫	粥店	麦格包禄路127号
王荣福	浴室	恺自迩路61号
许荣记	点心	霞飞路76号
陆玉宽	理发	恺自迩路55号

（续表）

姓　名	职　业	住　　　址
张丽卿	保正	霞飞路56号
贺爱生	旅业	霞飞路70号
蔡昌华	旅业	麦格包禄路135号
蔡昌华	旅业	霞飞路72号
王有祥	酱园	霞飞路80号
丁　声	旅业	麦格包禄路63号
黄子衡	烟纸	西门路广丽源55—57号
俞国福	交易所	蓝维蔼路梨园坊7号
赵玉清	钟表	西门路13号
杨明春	炒货	蓝维蔼路269号
严海瑞	理发	蓝维蔼路56号
毛德润	学	蓝维蔼路265号
黄清积	竹业	白尔路13号
李继尧	百货	蓝维蔼路267号
许红寿	烟纸	白尔路123号
陈公甫	席业	蓝维蔼路268号
山桂文		辣斐德路4号
张成富	旅馆	蓝维蔼路255号
马鹤卿	洋行	蓝维蔼路如意里6号
曹宪文	律师	喇格纳路益润里25号
傅裕泾	纸业	蓝维蔼路敦仁里20号
王恩荣	点心	喇格纳路20号
张　氏		辣斐德路24号
李芝庭	象牙	喇格纳路鼎昌里19号
金鑫宝	行贩	辣斐德路60弄5号
尤东生	饭店	喇格纳路10号

(续表)

姓　名	职　业	住　　　址
王阿二	交通	辣斐德路60弄7号
马根生	小贩	喇格纳路11号
张春兰	花	辣斐德路60弄9号
范思元	职员	白尔路裕福里23号
陈宪兴	方作	白尔路133号
★寿宜	食品	白尔路裕福里25号
孙　福	商	白尔路万象春155—157号
陆锡爵	警务处	茄勒路19号
王国安	理发	白尔路安乐125号
米剑华	教师	西门路大兴坊7号
张孟深	市政府	蓝维蔼路260弄3号
屠宝康	军装	西门路大兴坊10号
杜文彬	交易所	蓝维蔼路梨园坊9号
范廉钦	驼绒	西门路大兴坊4号
黄景吕	汽灯	蓝维蔼路梨园坊6号
李云生	招商局	贝勒路381弄1号
郭祥林	烟丝	蓝维蔼路梨园坊11号
谢文铺	洋货	贝勒路381弄3号
童荣生	卷烟	蓝维蔼路梨园坊13号
叶佩尧	统税局	贝勒路381弄4号
陈培初	商	贝勒路379号
徐宝元	竹匠	华格臬路把八仙坊23号
张新鹤	汽车	霞飞路49号
毛文祥		华格臬路八仙坊24号
张松林	道士	霞飞路45号
李明铭	娱乐	华格臬路八仙坊25号

(续表)

姓　名	职　业	住　　址
丁王氏		霞飞路43号
吴汉阳	学	华格臬路八仙坊27号
黄鸿初	煤业	霞飞路41号
胡中杰	报馆	华格臬路八仙坊28号
李仲书	航业	霞飞路51号
俞杏花	花树	华格臬路八仙坊30—31号
沈根荣	脚踏车	霞飞路53号
俞顺生	伶	华格臬路八仙坊32号
★	成衣	霞飞路57号
★	伶	华格臬路八仙坊33号
★	评话业	霞飞路55号
★	洋货	华格臬路八仙坊34号
★	布业	霞飞路61号
★	厨司	华格臬路八仙坊35号
★	裁缝	霞飞路59号
★	医	华格臬路八仙坊36号
★	道业	霞飞路71号
★		华格臬路八仙坊38号
★	船业	霞飞路73号
★	菜馆	华格臬路八仙坊39号
★	小贩	霞飞路67号
★	交易所	华格臬路八仙坊87号
★	煤业	霞飞路69号
★	成衣	华格臬路八仙坊103号
★	旅业	霞飞路65号
★	会计	恺自迩路92弄1号

(续表)

姓　名	职　业	住　　址
★	当	霞飞路79号
★	南货	恺自迩路天惠坊2号
★	职员	爱来格路94号
★	商	恺自迩路天惠坊3号
★	伶	华格臬路八仙坊21号
★	煤业	恺自迩路福德里1号
★	成衣	华格臬路八仙坊22号
★	酒馆	恺自迩路福德里2号
★	米业	恺自迩路福德里3号
★	电车	奥礼和路鼎祥里2号
★	电车	恺自迩路福德里4号
严汝梅	洋行	奥礼和路鼎祥里3号
陆瘦燕	国医	恺自迩路福德里5号
张少卿	国医	奥礼和路鼎祥里5号
李玉贵	船业	恺自迩路福德里7号
陈新新	开车	奥礼和路鼎祥里6号
李金祥	铁业	恺自迩路福德里8号
陈阿祖	轮船	奥礼和路鼎祥里7号
陆荣金	水作	恺自迩路福德里12—13号
励明伦	报关	奥礼和路鼎祥里9号
王眼珠	小贩	恺自迩路福德里14号
冯宝定	小贩	奥礼和路鼎祥里10号
王根寿	菜贩	恺自迩路福德里15号
费福康	报关	奥礼和路鼎祥里12号
洪玉轩	押当	蓝维蔼路272号
李根宝	游艺	奥礼和路鼎祥里13号

（续表）

姓　　名	职　业	住　　　址
翁道轩	押当	蓝维蔼路251号
陈兆生	饭作	奥礼和路鼎祥里14号
宋宝兴	衣	蓝维蔼路249号
洪开运	铁车	奥礼和路鼎祥里15号
陈兆林	五金	蓝维蔼路325号
王杏元	轮船	奥礼和路鼎祥里17号
郭光仪	当	蓝维蔼路324号
洪卿云	轮船	奥礼和路鼎祥里18号
★龙泉	酱园	蓝维蔼路322号
李剑刚	大众	奥礼和路鼎祥里19号
李厚道	旅馆	蓝维蔼路321号
杨涵明	楠木	奥礼和路鼎祥里20号
刘维新	衣庄	蓝维蔼路295号
沈非祥	轮船	奥礼和路鼎祥里21号
王佐才	鞋业	蓝维蔼路293号
蔡渭滨	保险	奥礼和路鼎祥里21号
朱志芳	衣庄	蓝维蔼路294号
刘麟章	轮船	奥礼和路鼎祥里23号
须干生	衣庄	蓝维蔼路252号
黄海珊	五金	奥礼和路鼎祥里24号
曹震	商	蓝维蔼路梨园坊10号
陆英甫	电珠	奥礼和路鼎祥里25号
吴益清	印刷	奥礼和路鼎祥里26号
王振奎	水木作	贝勒路均益里25号
邬寿祥	西菜	奥礼和路鼎祥里27号
张茂生	银行	贝勒路均益里26号

（续表）

姓　名	职　业	住　　　址
王义清	洋货	奥礼和路鼎祥里28号
郭大川	商	贝勒路均益里27号
陈发明	电料	奥礼和路鼎祥里29号
严成富	恒昌行	西门路辑五坊28号
郭小弟	商	奥礼和路鼎祥里30号
蒋运昌	工部局	西门路辑五坊25号
朱三祖		茄勒路义业里16号
沙惠昌	商	西门路辑五坊26号
胡廷尧	印刷	茄勒路义业里20号
宣元福	轮船	西门路辑五坊27号
欧柏氏		茄勒路义业里22号
江莲生	轮船	西门路辑五坊29号
杨　棻	教育	茄勒路义业里24号
朱总台	商	安纳金路恒德里1号
高燮庆	绸缎	茄勒路义业里30号
黄候候	棉绒	自尔路福兴里3号
朱荣亮	洋行	茄勒路义业里32号
姚有生	纸业	自尔路福兴里2号
孙传雄	洋行	茄勒路义业里34号
戴绍选	押	辣斐德路顺昌56号
张志卿	交易所	贝勒路均益里4号
会员录（十一）		

姓　名	职　业	住　　　址
★	★	辣斐德路38号
★	★	贝勒路均益里5号
★	★	辣斐德路60弄2号

(续表)

姓　名	职　业	住　　址
★	★	贝勒路均益里 6 号
★	★	辣斐德路万条泰 8 号
★	★	贝勒路均益里 7—8 号
★	★	辣斐德路 20 号
★	★	贝勒路均益里 15 号
★	★	辣斐德路 14 号
★	★	贝勒路均益里 20 号
★	★	辣斐德路 6 号
★	★	贝勒路均益里 21 号
★	★	西门路 65 号
★	★	贝勒路均益里 23 号
★	★	辣斐德路紫阳里 3 号
★	★	辣斐德路 62—64 号
★	★	蓝维蔼路宝庆里 2 号
★	★	辣斐德路 6 弄 1 号
★	棉布	蓝维蔼路宝庆里 1 号
★	汽车行	辣斐德路 22 号
★	棉布	蓝维蔼路 240 号
★	商	辣斐德路 5 号
★	棉布	蓝维蔼路 247 号
★	★	辣斐德路 7 号
★	★	蓝维蔼路 340 号
★	印刷	辣斐德路 11 号
许志广	衣业	蓝维蔼路 245 号
杨企贤	饼干	辣斐德路大丰 13 号
封炳焜	面坊	蓝维蔼路 241 号

(续表)

姓　名	职业	住　　址
刘善清	汽车	辣斐德路16号
张应元	旧衣	蓝维蔼路239号
江义彬	糖果	辣斐德路19号
朱金标	炒货	蓝维蔼路238号
祈柏荣	洗染	辣斐德路安纳金路口257号
张士芳	棉布	蓝维蔼路237号
李阿大	成衣	辣斐德路羊尾里1号
潘嘉祥	笔业	蓝维蔼路233号
张文明	煤炭	辣斐德路39号
方银坤	糖业	蓝维蔼路231号
洪正崧	橄榄	辣斐德路60弄10号
陈翰卿	棉布	蓝维蔼路235号
王佐臣	米	辣斐德路60弄4号
周良卿	洋货	蓝维蔼路永福里1号
沈石顽	国医	辣斐德路86号
陶白珍	浴室	蓝维蔼路永福里3号
王立甫	皮件	辣斐德路茄勒路口75号
王金泉	成衣	蓝维蔼路永福里4号
贺文郁	银楼	辣斐德路71号
王荣梅	经祖	蓝维蔼路永福里5号
王福生	商	辣斐德路羊尾里5号
陈志庆	米业	蓝维蔼路永福里6号
柴其良	橡鞋	蓝维蔼路263号
申海山	娱乐	蓝维蔼路永福里7号
吴和钦	旧货	蓝维蔼路248号
姚光裕	码头	蓝维蔼路永福里8号

(续表)

姓　名	职　业	住　　　址
陆根林	学	蓝维蔼路永福里9号
王显会	学	爱来格路福寿里3号
王寅生	什货	蓝维蔼路永福里10号
李祥准	学	爱来格路福寿里4号
朱文奎	洋行	敏体尼荫路归安里9号
王省庵	烟烛	爱来格路格洛克路口承康
任宝庆	酱园	爱来格路64号
李振华	汽车	麦高包禄路153号
朱鹤勋	商	爱来格路84号
王少卿	商	爱来格路90号
江南屏	旅业	爱来格路6号
蒋荣生	糖食	爱来格路88号
徐毛媛	棉花	爱来格路92号
周文光	商	爱来格路82号
刘金木	服装	爱来格路98号
徐老太	商	爱来格路78号
沈桂林	棉花	麦高包禄路149号
王志成	烟兑	爱来格路76号
薛根喜	熟水	麦高包禄路147号
曹良生	熟水	爱来格路74号
张炎生	鲜花	霞飞路37号
叶昌锡	商	爱来格路72号
于子承	烟兑	爱来格路100号
金汪氏	商	爱来格路68号
徐初傅	煤炭	麦高包禄路175号
徐士兰	旧器	格洛克路80号

（续表）

姓　名	职　业	住　　　址
朱阿玉	马侠	麦高包禄路 151 号
沈东轩	粮食	爱来格路 48—50 号
丁阿海	栈房	麦高包禄路 155 号
陆阿二	菜贩	恺自迩路福德里 16 号
王启标	烟纸	麦高包禄路 157 号
李阿五	小贩	恺自迩路福德里 17 号
朱阿裕	铁业	麦高包禄路 169 号
高举氏		恺自迩路福德里 18 号
董阿平	铁业	麦高包禄路 171 号
张金龙	车夫	恺自迩路福德里 19 号
汪周兴	商	爱来格路福寿里 1 号
张韵炳	小贩	恺自迩路福德里 20 号
童华安	商	爱来格路福寿里 2 号
张冶儿	游艺	孟神父路尚义坊 24 号
杨　六	洋行	蓝维蔼路永福里 13 号
陈织云	粮食	白尔路大康坊 1 号
陈岐山	银行	蓝维蔼路永福里 14 号
车德芳	商	白尔路大康坊 2 号
刘国瑞	牛肉	蓝维蔼路永福里 15 号
叶仁甫	酱园	白尔路大康坊 3 号
杨宝书	木器	蓝维蔼路永福里 16 号
陈士农	旅社	白尔路大康坊 6 号
曹纪才	巡捕	蓝维蔼路永福里 17 号
陈大隆	漆业	白尔路大康坊 8 号
陈国瑞	饭店	蓝维蔼路永福里 19 号
钟楚玶	政	白尔路大康坊 9 号

（续表）

姓　名	职　业	住　　址
葛天助	卤水	蓝维蔼路229号
董容卿	保险	白尔路大康坊10号
胡逢友	煤炭	蓝维蔼路227号
周芝香	商	白尔路大康坊12号
张连生	商	白尔路福康里1号
杨赓麒	船业	白尔路大康坊14号
夏永祯	人力车	白尔路福康里2号
张守康	商	白尔路大康坊15号
徐金书	工	白尔路得胜里1号
★祖仪	航空	白尔路大康坊18号
★　祖	商	白尔路得胜里2号
葛　振	西医	白尔路大康坊20号
陈沛才	船业	白尔路得胜里4号
马福生	洋货	白尔路大康坊22号
王裕顺	商	白尔路得胜里5号
沈文达	报界	白尔路大康坊23—24号
沈祥生	商	白尔路得胜里6号
刘梧齐	商	白尔路徐庆坊1—23号
李彩生	商	白尔路得胜里7号
沈丽霞	商	白尔路徐庆坊8号
杜文彩	洋货	白尔路得胜里10号
候文学	学	白尔路徐庆坊9号
张炳荣	工	白尔路得胜里13号
胡卫华	海关	白尔路徐庆坊10号
乔哲身	食品	白尔路得胜里14号
魏福生	商	白尔路徐庆坊11号

（续表）

姓　名	职　业	住　　址
董阿国	西服	白尔路得胜里15号
王志清	商	白尔路馀庆坊14号
陈阿东	商	孟神父路尚义坊50号
杨炳泉	账房	维尔蒙路104号
王震诒	国医	维尔蒙路桃源坊1号
周安财		维尔蒙路106号
郭乔卿		维尔蒙路桃源坊3号
凌金春	粥店	维尔蒙路108号
刘志良	南货	维尔蒙路52号
俞毓风	电报局	维尔蒙路109号
陆玉山	理发	维尔蒙路54号
董财生	商	维尔蒙路紫阳里8号
葛荣光	国术	维尔蒙路56号
金文涛	医生	维尔蒙路紫阳里5号
张国恒	白铁业	维尔蒙路60号
张树基		维尔蒙路紫阳里9号
黄长光	小贩	维尔蒙路62号
胡炳荣	清水作	辣斐德路紫阳里6号
陈阿水	道士	维尔蒙路64号
吴茂生	印刷	辣斐德路紫阳里2号
江梓山	火油	维尔蒙路桃源坊2号
杨林芳	商	辣斐德路55号
金三南	工	维尔蒙路66号
朱阜荣	板刷	辣斐德路10号
周仰溪	煤炭	维尔蒙路68号
薛杏林	木器	辣斐德路21号

（续表）

姓　　名	职　　业	住　　　　址
桑振声	酒	维尔蒙路74号
王金安	理发	辣斐德路80号
曹恒安	黄包车	维尔蒙路80号
任骏德	工部局	辣斐德路紫阳里1号
毕鸿发	电车	维尔蒙路84号
沃才相	成衣	辣德路67号
邹汉宝	面	辣斐德路69号
魏金富	粥店	维尔蒙路88号
叶禹修	商	辣斐德路万成昌74号
吴根荣	工	维尔蒙路94号
史淡如	粮食	茄勒路213—215号
顾顺义	皮鞋	维尔蒙路96号
程超群	酱业	茄勒路万大251号
庄志卿	理发	维尔蒙路98号
殷哲卿	交通	蓝维蔼路永福里12号
钱香山	船业	望志路法益里2号
沈忠茂	政	望志路法益里3号
陆志良	商	望志路法益里4号
顾聿逊	面粉厂	望志路天一坊72号
张永昌	烟酒	维尔蒙路76号
朱福基	粮食	恺自尔路136—138号
冯根发	面业	恺自尔路140号
★	★	恺自尔路144号
★	★	恺自尔路146号
★	★	恺自尔路152号
★	★	恺自尔路158号

(续表)

姓　名	职　业	住　　址
★	★	恺自尔路160号
★	★	恺自尔路166号
★	★	恺自尔路176号
★	★	恺自尔路178号
★	★	李梅路107号
★	★	李梅路109号
★	★	华格臬路191—193号
★	★	李梅路59号
★	交易所	维尔蒙路鹤鸣里1号
★	★	维尔蒙路鹤鸣里2号
★	★	维尔蒙路鹤鸣里4号
★	★	恺自尔路150号
★	★	恺自尔路敦仁里1号
★	★	恺自尔路敦仁里3号
★	★	恺自尔路敦仁里4号
★	★	恺自尔路敦仁里5号
★	★	恺自尔路敦仁里6号
★	★	恺自尔路敦仁里7号
★	★	恺自尔路敦仁里8号
★	★	恺自尔路敦仁里9号
★	★	恺自尔路文安坊11号
★	★	恺自尔路文安坊12号
★	★	恺自尔路文安坊14号
★	★	蓝维蔼路234号
★	★	蓝维蔼路永福里2号
★	★	蓝维蔼路永福里20号

（续表）

姓　名	职　业	住　　　址
陈恒荣	针织	蓝维蔼路永福里11号
冯菊生	豆米	蓝维蔼路永福里22号
孙勤安	毛绒	蓝维蔼路永福里23号
邵文贵	银行	蓝维蔼路永福里21号
杨敬涵	水电	蓝维蔼路永福里25号
胡辛耕	青年会	蓝维蔼路永福里24号
费顺吉	羊行	蓝维蔼路永福里27号
王振枚	皮货	蓝维蔼路永福里28号
舒叔平	面粉厂	蓝维蔼路永福里26号
李道近	报关	蓝维蔼路永福里29号
周乔孙	经租	蓝维蔼路永福里31号
黄惠卿	成衣	白尔路兰馨里1号
夏和尚	小贩	白尔路兰馨里2号
张雨田	巡捕	白尔路兰馨里3号
王鑫荪	西成衣	白尔路兰馨里5号
陈麟宝	锡作	白尔路兰馨里7号
夏燮庆	商	白尔路兰馨里10号
顾银钱	商	白尔路兰馨里11号
王银水	木匠	白尔路兰馨里12号
宋林大	纸匣	白尔路兰馨里14号
何芝庭	商	贝勒路同益里1号
柯宝坤	商	贝勒路同益里2号
方兆庆	邮务	贝勒路同益里3号
陶吟月	画士	贝勒路同益里4号
汪子卿	商	贝勒路同益里5号
庐松鹤	商	贝勒路同益里6号

（续表）

姓　名	职　业	住　　址
林贤文	商	贝勒路同益里7号
程金泉	商	贝勒路同益里8号
黄敏伯	自来火	贝勒路同益里9号
张勉坚	学	贝勒路同益里10号
张桂莲	成衣	贝勒路同益里11号
秦世豪	商	贝勒路同益里12号
翁长福	海关	贝勒路同益里14号
张廷宣	商	贝勒路同益里15号
俞益卿	印刷	蒲柏路423号
唐运龙	学	蒲柏路延庆里387号
王老良	跑街	蒲柏路延庆里389号
顾念卿	装订	蒲柏路延庆里383号
李卓生	银行	麦高包禄路111—117号
王筱新	申曲	麦高包禄路居安里1号
谢重华	当	麦高包禄路居安里2号
萧志清	当	麦高包禄路居安里3号
徐森棠	木行	霞飞路福昌里1号
傅戴卿	五金	辣斐德路福昌里96号
赵松涧	新药	霞飞路福昌里2号
刘景先	百货	白尔路183—185号
虞宝荣	树行	霞飞路福昌里4号
陈云璋	商	辣斐德路61—65号
陈才宝	商	霞飞路福昌里5—6号
谢庆荣	烟兑	辣斐德路59号
王毛团	包探	霞飞路福昌里11号
董长生	米	辣斐德路

(续表)

姓　名	职　业	住　　址
徐镇藩	打样	霞飞路福昌里2号
徐恒盈	农	辣斐德路3—4号
金智章	五金	霞飞路福昌里12号
石荣章	商	辣斐德路
张漱六	米	霞飞路福昌里9号
单大宝	茶馆	辣斐德路
周志惠	旅业	霞飞路福昌里8号
戚大钧	商	辣斐德路73弄1号
金立人	律师	霞飞路福昌里7号
陈志良	米	辣斐德路

会员录（十二）

姓　名	职　业	住　　址
★	★	霞飞路福昌里17号
★	★	辣斐德路119号
★	★	麦高包禄路居安里8号
★	★	辣斐德路123号
★	★	麦高包禄路居安里5号
★	★	辣斐德路121号
★	★	麦高包禄路居安里6号
★	★	辣斐德路73弄5号
★	★	麦高包禄路居安里7号
★	★	辣斐德路93号
★	★	爱来格路福寿里66号
★	★	★
★	★	爱来格路福寿里6号
★	★	★

(续表)

姓　名	职　业	住　　　址
★	★	爱来格路福寿里 7 号
★	★	辣斐德路永泰祥
★	★	爱来格路福寿里 8 号
★	★	辣斐德路 105 号
★	★	爱来格路福寿里 5 号
★	★	辣斐德路 90 号
★	★	辣斐德路 92 号
★	★	白尔路文元里 13 号
★	★	辣斐德路 76 号
★	★	敏体尼荫路敏慎坊 2 号
★	★	辣斐德路紫阳里 7 号
★	★	辣斐德路 12 号
★	★	辣斐德路新丰 91 号
倪荣春	豆腐	茄勒路 252 号
孙仕兰	酒业	辣斐德路大同初 115—117 号
郑尉民	典业	辣斐德路生大 131 号
徐祖良	烟纸	辣斐德路兴昌祥
曹杏福	汽车行	白尔路文元里 1 号
张舜卿	商	白尔路文元里 2 号
刘仁邦	商	白尔路文元里 3 号
古雪轩	慈善	劳神父路 285 号
陆永莲	电车	白尔路文元里 6 号
顾荣培	洋货	白尔路文元里 7 号
陈乔生	洋行	白尔路文元里 8 号
毛葛子	烟丝	白尔路文元里 9 号
庄启文	学	白尔路文元里 10 号

(续表)

姓　名	职　业	住　　址
唐逸霖	木器	白尔路文元里11号
汪鑫苗	帽厂	白尔路文元里12号
章震秀	饭店	法大马路中华里17号
徐文标	糖果	麦高包禄路76号
赵熊飞	医生	法大马路中华里19号
景启文	热水	华格臬路29号
萧伟民	商	法大马路中华里18号
蔡寿卿	橡皮	华格臬路21号
王云洲	成衣	法大马路中华里20号
朱炳生	理发	华格臬路19号
郭庚福	商	法大马路中华里21号
李洪源	商	华格臬路17号
张林顺	商	法大马路中华里22号
李芝湘	商	华格臬路15号
袁葆生	包饭店	法大马路中华里23号
王福生	旅馆	华格臬路13号
刘利生	商	法大马路中华里5号
陈德彰	银楼	恺自尔路24号
张宝林	洋务	法大马路中华里11号
匡宝林	绸布	恺自尔路55号
俞振林	鞋帽	恺自尔路40号
刘裕发	烧鸭	麦高包禄路9号
黄勇传	香烛	恺自尔路64号
乐肇基	国医	恺自尔路36号
李旌门	银行	恺自尔路54号
张叶声	松香	麦高包禄路93号

(续表)

姓　名	职　业	住　　址
王慕义	银行	恺自尔路44号
蒋荣茂	烟纸	麦高包禄路101号
黄有振	鞋业	恺自尔路28号
缪镛楼	商	华格臬路1号
汪聚财	鞋业	恺自尔路20号
张玉田	★	华格臬路23号
金廷发	菜馆	恺自尔路16号
张进之	商	华格臬路31号
吴作权	棉纱	恺自尔路50号
贡有信	菜馆	华格臬路37号
李子卿	烟纸	恺自尔路8号
王以顺	商	华格臬路39号
许荣森	茶食	麦高包禄路67号
任汉卿	菜馆	敏体尼荫路46号
李葆记	米业	麦高包禄路71号
王大森	酒业	敏体尼荫路50号
马　氏	商	爱来格路81号
金元麟	洋行	法大马路宝兴里29号
李秀珍	粥店	爱来格路79号
刘璧记	商	法大马路宝兴里38号
浦桂林	纸器	爱来格路95号
姚堇辉	出口	法大马路宝兴里31号
方瑞清	煤炭	爱来格路97号
云　生	旅业	菜市街安吉里1号
祝宝华	酱油	爱来格路103号
韩雨春	成衣	郑家木桥路吉安里15号

(续表)

姓　名	职　业	住　　址
张海元	菜饭	爱来格路107号
高山七	看徜	法大马路中华里12号
★	信封厂	爱来格路志成里5号
★	商	法大马路中华里13号
★	商	爱来格路志成里6号
★	商	法大马路中华里6号
★	毛巾	法大马路宝兴里5号
★	住宅	麦底安路汇成里南弄2号
★	金业	法大马路宝兴里6号
★	典当	麦底安路汇成里中弄2号
★	鱼贩	法大马路宝兴里23号
★	土货	麦底安路汇成里中弄1号
★	行贩	法大马路宝兴里33号
★	商	麦底安路汇成里中弄3号
★	商	法大马路宝兴里39号
★	拍卖行	麦底安路汇成里北弄3号
★	商	法大马路宝兴里40号
★	猪业	麦底安路汇成里北弄2号
★	浴室	东新桥南振新里1号
★	菜贩	麦底安路汇成里北弄4号
★	菜贩	法大马路宝兴里4号
★	★	法大马路惟祥里1号
★	玻璃	法大马路宝兴里1号
★	商	法大马路惟祥里2号
★	布庄	法大马路宝兴里19号
★	？鱼业	法大马路中华里3号

(续表)

姓　　名	职　　业	住　　　　址
★	商	法大马路宝兴里 18 号
★	戏院	法大马路中华里 17 号
李永记	商	法大马路宝兴里 22 号
徐承兴	菜社	磨坊街承志里 6 号
廖书贵	国药	敏体尼荫路 258 号
刘怀远	理发	喇格纳路 24 号
符研辉	医师	敏体尼荫路生吉里 10 号
葭顺苟	面坊	喇格纳路 26 号
倪松祷	寿器	敏体尼荫路生吉里 254 号
徐荣华	商	喇格纳路 28 号
吴冠华	煤炭	敏体尼荫路生吉里 240 号
毛国营	煤炭	喇格纳路 30 号
周颂萱	酱园	敏体尼荫路生吉里 232 号
邵李氏	皮货	喇格纳路 32 号
姚荣林	菜贩	敏体尼荫路生吉里 226 号
张吉甫	成衣	喇格纳路 40 号
陈文柏	豆腐	敏体尼荫路生吉里 222 号
蔡福生	茶叶	喇格纳路 54 号
顾炳泰	面馆	敏体尼荫路生吉里 110 号
顾百璋	糕团	喇格纳路 42 号
夏柏生	成衣	爱来格路 37 号
华振荣	学	喇格纳路 60 号
沈全福	公务员	爱来格路 43 号
史信浩	酒业	喇格纳路 64 号
卜念仁	道士	爱来格路 45 号
袁克昌	杂货	喇格纳路 66 号

(续表)

姓　名	职　业	住　　址
周吉甫	寿器	爱来格路49号
林阿全	送信	喇格纳路70号
赵阿宝	栈房	爱来格路市隐里12号
沈瑞福	木业	喇格纳路72号
陈发记	烛号	格洛克路9号
苏忠成	面业	喇格纳路76号
楼生发	成衣	格洛克路98号
王友卿	米号	喇格纳路75号
江锦标	木作	喇格纳路6号
黄清如	皂	格洛克路88号
李赓泉	面店	喇格纳路10号
张长新	纸业	爱来格路35号
李徐氏	小贩	喇格纳路16号
袁瞿氏	商	爱来格路69号
冯锡康	洋铁	喇格纳路12号
徐金氏	商	爱来格路67号
傅云波	米业	喇格纳路20号
王朱氏	特商	爱来格路75号
陈祖恩	制罐	喇格纳路171号
陈鹤筹	当	望志路91号
沈宝生	★	喇格纳路199号
姚振规	米	白尔路50号
赵文林	煤炭	喇格纳路203号
张　川	烟纸	白尔路204号
王和尚	菜馆	喇格纳路207号
卞书荣	麻油	白尔路42号

(续表)

姓　名	职　业	住　　址
李振武	印刷	喇格纳路 217 号
王万有	商	白尔路安纳金路保安坊 17 号
董成金	油饼	喇格纳路 309 号
甘杨氏	零布	白尔路 12 号
翁振盛	烟纸	茄勒路 1 号
庄财运	缝衣	白尔路 14 号
王荫伯	押当	喇格纳路
潘沈氏	衣庄	白尔路
毛善昌	柴炭	喇格纳路 89 号
郭耕砚	什货	白尔路 22 号
张瑞卿	肉庄	喇格纳路 101 号
曹继光	洗染	白尔路 32 号
★	★	喇格纳路 105 号
★	★	白尔路 36 号
★	★	喇格纳路 107 号
★	★	贝勒路 4432 号
★	★	喇格纳路 109 号
★	★	西门路 32 号
★	★	喇格纳路 115 号
★	★	西门路 28 号
★	★	喇格纳路 117 号
★	★	西门路 60 号
★	★	喇格纳路 315 号
★	★	喇格纳路 100 号
★	★	喇格纳路 193 号
★	★	喇格纳路 96 号

(续表)

姓　名	职　业	住　　址
★	★	喇格纳路 85 号
★	★	喇格纳路 90 号
★	★	喇格纳路 87 号
★	★	敏体尼荫路 284 号
★	★	望志路 82 号
★	★	敏体尼荫路 262 号
★	★	紫来街慎兴里 3 号
★	★	格洛克路 153 号
★	★	紫来街慎兴里 2 号
★	★	★
★	★	★
★	★	★
★	★	紫来街 45 号
★	★	安纳金路 2 号
★	★	紫来街 53 号
★	★	敏体尼荫路安富里口
★	★	紫来街 55 号
叶瑞齐	旅馆	敏体尼荫路 336 号
张川旗	木作	紫来街 59 号
范顺生	烟纸	喇格纳路 81 号
金燮麟	皮革	敏体尼荫路 354 号
钱金宝	车木作	喇格纳路 61 号
陈焕文	当业	敏体尼荫路 346 号
周阿毛	面馆	喇格纳路 59 号
朱春桃	理发	敏体尼荫路 344 号
王友记	南货	喇格纳路 155 号

（续表）

姓　名	职　业	住　　　址
丁厚卿	烟厂	敏体尼荫路332号
王开源	管弄	喇格纳路57号
林正棠	板木	敏体尼荫路326号
王根灵	商	喇格纳路47号
钟明善	旅业	敏体尼荫路342号
谢兑银	商	喇格纳路3号
张怀清	旅业	敏体尼荫路338号
徐聚宝	烟兑	喇格纳路177号
王贤德	旅业	敏体尼荫路322号
翁铭毁	当业	喇格纳路121号
蔡秋根	旅业	敏体尼荫路320号
顾辅英	酱业	喇格纳路127号
俞桂芳	酱业	敏体尼荫路314号
吴金宝	邮政	喇格纳路10号
倪志春	棉花	敏体尼荫路294号
李正泉	纸匣	喇格纳路171号
王长生	国药	敏体尼荫路364号
沈廷均	面馆	喇格纳路183号
丁德甫	国药	喇格纳路280号
庄子堂	红木作	敏体尼荫路195号
刘重义	嫁妆	紫来街20号
王鸿源	针织	紫来街懿德里2号
竺自祥	沙法	紫来街26号
薛杏林	木器	紫来街44号
杨祖恩	汽车	紫来街28号
任慎远	木器	紫来街48号

（续表）

姓　名	职　业	住　　　址
吴宏士	报关	紫来街同德里9号
黄寿椿	木器	紫来街37号
曹福源	报关	紫来街12号
蔡云海	木器	紫来街52号
汪希东	报关	紫来街同德里5号
端木瑞	木器	紫来街38号
朱长发	阳伞	吉祥里如意里6号
戴瑞尧	杂货	紫来街同吉里4号
徐兆熊	木作	紫来街30号
吴仁寿	杂糖	紫来街懿德里7号
陈辅睦	报关	紫来街同德里11号
张福康	木器	紫来街19号
夏玉斌	洋货	紫来街7号
马伯良	商栈	紫来街27号
汪时荣	橡胶	紫来街1号
陆森记	★	紫来街慎兴里21号
唐赓宝	报关	紫来街2号
王钧甫	棉布	紫来街慎兴里19号
范守潮	五金	紫来街懿德里13号
黄尧臣	五金	紫来街慎兴里18号
邱寿生	潮烟	紫来街懿德里14号
王来宝	纸号	紫来街慎兴里17号
胡守耕	杂货	紫来街懿德里15号
徐谋德	杂货	紫来街慎兴里荣初昌号
刘寿氏	绸缎	紫来街懿德里10号
蔡诸荣	★	紫来街慎兴里11号
殷品芳	报关	紫来街懿德里9号

(续表)

会员录(十三)		
姓　名	职业	住　　　址
王韵笙	商	紫来街慎兴里12号
张钧光	报关	紫来街懿德里8号
华金煌	颜料	紫来街慎兴里10号
★乃芹	杂粮	紫来街懿德里6号
陈湘洲	土布	紫来街慎兴里9号
马尚杰	颜料	紫来街懿德里3号
陈照千	针织	紫来街慎兴里4号
邓富润	北货	洋行街大沽路18号
朱安甫	糖行	洋行街42号
刘善行	堆栈	洋行街舟山路6号
吴贵忠	水果	十六铺南翔弄98号
朱李达	水果	十六铺93—94号
★保庭	茶楼	十六铺72号
华祖绍	烟叶	十六铺74号
★	烟叶	十六铺79号
★	鱼行	十六铺69号
★	轮船局	十六铺67号
★	船票局	十六铺64号
★	车行	十六铺68号
★	糖业	十六铺59号
★	杂粮	十六铺52号
★	北货	洋行街福建路14号
★	北货	洋行街30号
★	糖行	洋行街福建路19号
★	旅社	民国路22号

（续表）

姓　名	职　业	住　　址
★	旅社	民国路23号
范金华	礼品	民国路22号
杨良华	汽车	民国路21号
徐承勋	颜料	民国路80号
徐崇礼	报关行	民国路久兴里7号
张子衡	鱼行	小东门大街10号
于寿香	银行	十六铺105号
周墅香	银行	民国路84号
盛采之	商	吉祥街如意里5号
樊马氏	帽	吉祥街41号
徐宝奎	草纸	吉祥街徐宝记
干子章	酒业	吉祥街39号
沈贤庆	酒业	吉祥街37号
李松青	玻璃	吉祥街A37号
任复生	煤炭	吉祥街37号
王子香	毡毯	吉祥街35号
张韩五	宝石	吉祥街33号
周瑞金	水果	吉祥街60号
周明德	帽	吉祥街老泰和帽号
叶如勋	烟兑	吉祥街54号
沈海生	嫁妆	紫来街14号
陈裕偓	木器	紫来街5号
许鹤声	礼品	民国路27号
金檀山	医局	民国路29号
徐筱珊	车行	民国路26号
徐敬顺	堆栈	民国路21—22号

（续表）

姓　名	职　业	住　　　址
王荣齐	糖业	民国路久兴里6号
胡书伯	糖业	民国路久兴里130号
陈濂源	糖业	民国路久兴里129号
孙永泉	烟兑	民国路久兴里141号
周新初	桂圆	民国路久兴里69号
郑泽南	北货	舟山路14号
朱瑞卿	船票	新开河36号
戎荣坤	烟叶	新开河34号
陈厚昌	船票	新开河33号
苏根记	船票	新开河13号
毛聚康	米业	新开河7号
何金林	烟纸	新开河外滩36号
黎德麟	船票	新开河外滩31号
程瑞庭	船票	新开河5号
巫仁德	船票	新开河3号
吴光明	船票	新开河9号
龚赓尧	船票	新开河15—17号
吴景庭	船票	新开河19号
周叔吟	报关	舟山路A2号
葛维庵	海关	洋行街123号
邵宝兴	海关	舟山路10号
徐初香	海关	舟山路18号
王达传	海关	舟山路13号
翁福源	糖行	法租界外滩50号
陈宗祚	报关	法租界外滩48号
钟景德	运货	台湾路横街1号

（续表）

姓　名	职　业	住　　　址
吴肇初	船票	新开河38—39号
陈隆章	麻袋	新开河外滩37号
刘炳章	北货	洋行街40号
周荫生	海味	洋行街95号
丁祥生	海产	洋行街83号
陆祖静	北货	洋行街59号
陈金麟	海味	洋行街38号
洪相文	北货	洋行街大沽路20号
张颖天	轮船	洋行街大沽路10号
郎光瑞	糖业	洋行街大沽路13—15号
丁济万	国医	敏体尼荫路76—78号
★	医	敏体尼荫路88号
★	旅馆	敏体尼荫路恒茂里1号
★	洋货	敏体尼荫路恒茂里5号
★	商	敏体尼荫路恒茂里6号
★	国药	敏体尼荫路恒茂里8号
★	商	敏体尼荫路恒茂里11号
★	★	敏体尼荫路恒茂里12号
★	成衣	敏体尼荫路恒茂里17号
★	成衣	敏体尼荫路恒茂里18号
★	★	敏体尼荫路恒茂里2号
★	★	敏体尼荫路恒茂里9号
★	成衣	敏体尼荫路恒茂里13号
★	★	敏体尼荫路恒茂里13号
★	★	敏体尼荫路恒茂里14号
★	★	敏体尼荫路恒茂里25号

（续表）

姓　名	职　业	住　　址
★		敏体尼荫路恒茂里 26 号
★	★	敏体尼荫路恒茂里 27 号
★	★	敏体尼荫路恒茂里 28 号
★		敏体尼荫路恒茂里 31 号
★	★	敏体尼荫路恒茂里 32 号
★		敏体尼荫路恒茂里 33 号
★	★	敏体尼荫路恒茂里 35 号
★	成衣	敏体尼荫路恒茂里 36 号
★	★	敏体尼荫路恒茂里 37 号
★	★	敏体尼荫路恒茂里 38 号
★	洋行	敏体尼荫路恒茂里 39 号
★	★	敏体尼荫路恒茂里 40 号
★	★	老北门大街 77 号
★	★	老北门大街 73 号
★	★	老北门大街 71 号
★	★	老北门大街 69 号
蔡荣华	烟兑	老北门大街 63 号
张绥升	绍酒	老北门大街 77 号
金元麟	菜馆	老北门大街 49 号
王吉甫	菜馆	老北门大街 30 号
王子忠	瓷器	老北门大街开丰号
郑学载	瓷器	老北门大街 29 号
王立坤	麻油	老北门大街 29 号
阮松茂	印刷	老北门大街 25 号
顾福泰	报关	紫来街慎兴里 1 号
钱福成	胶鞋	紫来街慎兴里 4 号

(续表)

姓　名	职　业	住　　　址
李同寿	北货	紫来街慎兴里 15 号
金葆庭	瓷器	紫来街慎兴里 14 号
张福润	糖果	西门路 12 号
匡成禄	钟表	西门路 16 号
张瑞新	商	西门路 22 号
陈师石	粮食	西门路 34—36 号
成有章	成衣	西门路 38 号
舒子良	米业	西门路 50—52 号
高世海	百货	西门路 44 号
陆志维	南货	西门路 46—48 号
徐山楠	棉花	西门路 62 号
张文卿	肉庄	西门路 68 号
郑诸殷	蛋业	西门路 76 号
雷时雨	百货	西门路 80—82 号
丁清水	炒面	西门路 84 号
顾大道	豆腐	西门路 86 号
吴锡根	茶馆	西门路 88—92 号
杨纪芳	豆腐	维尔蒙路 307 号
白均忠	面业	维尔蒙路 321 号
韩士友	缝衣	维尔蒙路 299 号
魏志清	小贩	维尔蒙路 297 号
徐富福	小贩	维尔蒙路 295 号
徐世元	小贩	维尔蒙路 293 号
冯赞成	医生	维尔蒙路 291 号
李文明	糖食	维尔蒙路 289 号
浦云洲	羽士	维尔蒙路 287 号

(续表)

姓　名	职　业	住　　址
徐光发	羽士	维尔蒙路285号
王世宝	车夫	维尔蒙路283号
陈阿德	木作	维尔蒙路279号
蔡　振	印刷	格洛克路94号
胡世英	印刷	格洛克路96号
张镇森	栈房	爱来格路39号
曹江纪	木作	维尔蒙路170号
陶福全	鞋业	维尔蒙路174号
朱学贵	商	维尔蒙路176号
郑益生	洋货	维尔蒙路178号
郑锦寿	小贩	维尔蒙路180号
邬凤石	冥器	维尔蒙路182号
唐妙祺	茶馆	喇格纳路84号
任斌庭	煤炭	喇格纳路88号
李振祥	说书	喇格纳路90号
薛洪孝	面业	喇格纳路92号
龚文郎	理发	喇格纳路94号
曾瑞芝	当	喇格纳路96号
姜永德	旅社	喇格纳路98号
徐国铭	旅社	喇格纳路100号
姜惠生	洋行	喇格纳路102号
魏轩耀	宗教	喇格纳路104号
黎淦泉	成衣	喇格纳路106号
姜善根	国药	喇格纳路108号
李世泉	小贩	维尔蒙路184号
谷朝阶	车商	维尔蒙路186号

（续表）

姓　名	职　业	住　　　址
刘莲舟	和尚	维尔蒙路190号
罗梅柳	煤炭	维尔蒙路192号
黄元盛	电气	吴淞江路27号
王忠贵	鞋业	吴淞江路25号
李文模	机司	吴淞江路23号
朱长树	小贩	吴淞江路21号
蔡培元	茶店	平济利路25号
陶家元	洗染	敏体尼荫路216号
杨大章	鸡鸭	敏体尼荫路252号
张忠堂	小贩	吴淞江路1号
邹其昌	成衣	吴淞江路5号
顾继高	印刷	吴淞江路81号
徐秀廷	汽车	吴淞江路59号
★鸿洲	商	吴淞江路57号
朱良弼	公务员	吴淞江路51号
朱几源	看徜	吴淞江路43号
★春桂	轮船	吴淞江路41号
王瑞福	皮匠	吴淞江路37号
李根宝	娱乐	爱来格路63号
★阿标	机司	喇格纳路170号
王少峯	娱乐	喇格纳路4号
王国元	呢绒	平济利路12号
★　珍	熟水	平济利路5号
★　泉	烛业	平济利路27号
★　初	当	白尔路394号
★作民	酱园	白尔路362号

(续表)

姓　名	职　业	住　　址
★	学	格洛克路106号
★河大	熟水	喇格纳路118号
邵金富	商	喇格纳路120号
★　文	洋行	喇格纳路122号
华	招商局	喇格纳路126号
邵文惠	工	喇格纳路128号
应子樵	成衣	喇格纳路138号
任德祺	成衣	喇格纳路140号
吴纯甫	米业	喇格纳路146号
吴阿二	商	喇格纳路164号
钱岳文	煤炭	喇格纳路154号
高庆华	成衣	喇格纳路168号
王寿昌	洗染	喇格纳路116号
陆钧声	商	恺自尔路42号
刘寒枫	银行	敏体尼荫路72号
任镒安	银行	敏体尼荫路84号
金锦源	商	敏体尼荫路恒茂里29号
李鸿顺	商	敏体尼荫路恒茂里34号
颜仁恒	杂货	敏体尼荫路恒茂里41号
黄介前	地产	敏体尼荫路恒茂里42号
杨　济	国医	敏体尼荫路恒茂里43号
王葆山	商	敏体尼荫路恒茂里45号
殷启民		敏体尼荫路恒茂里46号
周善良	娱乐	敏体尼荫路恒茂里47号
黄阿宁	医	敏体尼荫路恒茂里48—50号
董渭清	成衣	敏体尼荫路恒茂里49号

(续表)

姓　名	职　业	住　　址
方宝庆	煤炭	敏体尼荫路恒茂里 51 号
邹雨日	油局	敏体尼荫路恒茂里 53 号
孙经源	水果	敏体尼荫路恒茂里 44 号
董祖荣	化学	敏体尼荫路恒茂里 56 号
吴克潜	国医	敏体尼荫路恒茂里 58 号
丁济万	国医	敏体尼荫路恒茂里 60—61 号
朱行发	鱼业	敏体尼荫路恒茂里 62 号
吴锦昌	纸业	敏体尼荫路恒茂里 63 号
金植之	律师	敏体尼荫路恒茂里 65 号
孔金姐		敏体尼荫路恒茂里 66 号
林圣钦	商	敏体尼荫路恒茂里 67 号
蒋　根	商	敏体尼荫路恒茂里 68 号
应福林	船业	敏体尼荫路恒茂里 69 号
刘耀廷	职员	敏体尼荫路恒茂里 70 号
严桂章		麦底安路 113 号
范久宝	棉布	麦底安路 115 号
曹林生	洋铁	麦底安路 119 号
施祥元	洋货	麦底安路 121 号
朱守廉	豆米	麦底安路 123 号
孙云卿	成衣	麦底安路 127 号
周中康	旅馆	麦底安路 129 号
江大永	粮食	麦底安路适有宜路
翁莲三	粮食	麦底安路 133 号
王鑫宝	洋铁	麦底安路 137 号
陈才福	洗染	白尔路 339 号
陈陆氏	人力车	白尔路 345 号

(续表)

姓　名	职　业	住　　址
谢　氏	商	白尔路361号
陈裕发	衣业	白尔路365号
蒋海潮	竹器	白尔路369号
胡根甫	国药	白尔路281—283号
陈采喜	管弄	白尔路285号
叶子华	烛纸	白尔路287号
朱巧全	水作	白尔路289号
陈宝荣	理发	白尔路291号
宓仰卿	烛	白尔路295号
许杏花	旅社	白尔路307号
王星山	旅社	白尔路299号
凌妙根	机器	白尔路301号
薛成堃	洋铁	白尔路303号
沈茂盛	衣庄	蒲柏路371号
蔡阿二	木箱	蒲柏路375号

会员录(十四)

姓　名	职　业	住　　址
★	★	敏体尼荫路恒茂里71号
★	交易所	敏体尼荫路恒茂里73号
★	商	敏体尼荫路恒茂里74号
★	★	老西门路55号
★	★	老西门路51号
★	★	老西门路35号
★	★	老西门路兴号行
★	★	老西门路36号
★	★	老西门路33号

（续表）

姓　名	职　业	住　　址
★	★	老西门路 40 号
★	★	老西门路 44 号
★	★	老西门路 48 号
★	★	老西门路 50 号
★	★	老西门路 58 号
★	★	典当街 6 号
★	★	典当街华禄坊 5 号
★	★	典当街吉祥坊 9 号
★	★	典当街吉祥坊 18 号
★	★	典当街吉祥坊 20 号
★	★	典当街吉祥坊 22 号
★	商	紫来街同德里 3 号
★	商	紫来街同德里 4 号
★	★	典当街 2 号
★	★	典当街全昌隆号
★	★	典当街 10 号
圻卿安	旅馆	典当街 26 号
张有生	电器	麦底安路 81 号
张德胜	电器	麦底安路 83 号
李光明	旅馆	麦底安路 85 号
凌如卿	洗染	麦底安路 87 号
朱如才	旅馆	麦底安路 89 号
殷万才	★	麦底安路 91 号
郭中孚	商	麦底安路 93 号
范钧卿	车行	麦底安路 95 号
马白良	面馆	麦底安路 99 号

(续表)

姓　名	职　业	住　　址
吕阿四	点心	麦底安路 101 号
叶顺雨	煤炭	麦底安路 105 号
施祖福	烟兑	麦底安路 109 号
崔杏生	洋铁	麦底安路 113 号
叶庆堂	羊肉	恺自尔路 27 号
朱可炎	菜馆	恺自尔路 19 号
张仁忠	内衣	恺自尔路 15—17 号
蔡如才	栈业	霞飞路 12—14 号
计鸿年	脚踏车	霞飞路 10 号
郑春光	铜号	霞飞路 26 号
骆海清	檀香	格洛克路 43 号
蔡达生	洗衣	格洛克路 25 号
吴东海	旅馆	奥礼和路 34 号
金　煜	教育	奥礼和路 20 号
陈庆财	小贩	奥礼和路 28 号
叶仁发	报馆	奥礼和路 30 号
王星安	旅馆	奥礼和路 32 号
凌侠元	豆腐	奥礼和路 25 号
唐渊建	建筑	奥礼和路 14 号
唐梦尧	商	奥礼和路 16 号
徐良卿	浴室	安纳金路 22 号
章寿柏	五金	安纳金路 38—40 号
陆翰复	国药	安纳金路 61 号
史福林	国药	徐家汇路同良利号
方瑞明	旅馆	徐家汇路 30 号
焦李氏		徐家汇路 28 号

（续表）

姓　名	职　业	住　　址
仲书全	机械	徐家汇路29号
董泰亨	炼粉	徐家汇路27号
郑其龙	茶馆	徐家汇路26号
乐怀庆	商	徐家汇路25号
陈宪文	五金	徐家汇路33号
王鹤龄	商	徐家汇路17号
沈梅郎	商	徐家汇路15号
叶仕达	面馆	徐家汇路14号
张永华	旅馆	徐家汇路12号
张荣生	烟兑	徐家汇路11号
顾保生	旅馆	徐家汇路10号
谢锦奎	酒店	徐家汇路6号
郦茂景	烛栈	徐家汇路4号
张世民	旧货	徐家汇路1号
谈惠棠	商	喇格纳路锦绣坊8号
郭焕椿	国医	喇格纳路锦绣坊9号
哈苏氏	宗教	喇格纳路锦绣坊10号
段孔孝	商	喇格纳路锦绣坊11号
孟春生	商	喇格纳路锦绣坊12号
戴梅亭	商	喇格纳路锦绣坊13号
刘鸿福	商	喇格纳路锦绣坊14号
全云卿	茶叶	喇格纳路锦绣坊15号
虞阿鹤	茶食	喇格纳路锦绣坊16号
吴永昌	绸业	喇格纳路锦绣坊17号
王陈氏	商	喇格纳路锦绣坊18号
吴沛林	公务员	喇格纳路锦绣坊19号

(续表)

姓　名	职　业	住　　址
★	商	喇格纳路华宝坊1号
★	商	喇格纳路华宝坊2号
★	交易所	喇格纳路华宝坊5号
★	商	喇格纳路华宝坊6号
★	商	喇格纳路华宝坊6号
★	商	喇格纳路华宝坊8号
★	国医	喇格纳路华宝坊12号
★	公务员	喇格纳路华宝坊13号
★	★行	喇格纳路华宝坊15号
★	★馆	喇格纳路绣锦坊20号
★	★会	喇格纳路绣锦坊21号
★	商	喇格纳路绣锦坊22号
★	商	喇格纳路绣锦坊23号
★	国医	喇格纳路六合里1号
★	商	喇格纳路六合里2号
★	船业	喇格纳路六合里3号
★	船业	喇格纳路六合里4号
★	商	喇格纳路六合里5—6号
★	商	喇格纳路六合里7号
★	商	喇格纳路六合里8号
★	商	喇格纳路六合里9号
★	商	喇格纳路六合里10号
★	商	喇格纳路六合里11号
★	★	喇格纳路六合里12号
★	★	喇格纳路六合里13号
★	★	喇格纳路六合里14号

(续表)

姓　名	职　业	住　　址
★	公务员	喇格纳路六合里 16 号
★	★	喇格纳路六合里 17 号
★	★	喇格纳路六合里 19 号
★	★	爱来格路 127 弄 11 号
★	★	爱来格路 127 弄 18 号
杨慎义	商	爱来格路 127 弄 19 号
僧净慧	佛教	爱来格路 127 弄 20—21 号
刘翔飞	书记	爱来格路永清里 4 号
杨鸿生	娱乐	爱来格路永清里 3 号
韩九高	冰厂	爱来格路永清里 6 号
丁介光	教育	爱来格路永清里 8 号
戎明士	医院	爱来格路永清里 10 号
徐　皋	洋行	吴淞江路元庆里 11 号
宋玉奇	学	平济利路 19 号
王洪如	商	平济利路 16 号
钱保镜	律师	吴淞江路同福里 47 号
于松龄	烛纸	喇格纳路 114 号
汪慎夫	教习	喇格纳路崇贤坊 3 号
俞橘芳	医师	喇格纳路崇贤坊 5 号
胡三小		爱来格路志成里 1 号
鹤　年	军装	爱来格路志成里 2 号
宋良根	洋行	喇格纳路宗贤坊 4 号
戎明士	医士	爱来格路 125 号
王如松	公务	爱来格路永清里 5 号
姚醒黄	营造厂	吴淞江路元庆里 77—79 号
洪聘良	政	吴淞江路同秋里 45 号

(续表)

姓　名	职　业	住　　址
戴芝卿		吴淞江路同秋里49号
赵师鼎	中医	白尔路315号
吴莘耕	棉花	白尔路317号
周思因	商	白尔路319号
郑炳垣	军	白尔路321号
冯仲博	商	蒲柏路吉益里5号
戴文照	银行	蒲柏路吉益里6号
周芝荣	洋行	蒲柏路吉益里12号
李憩棠	洋行	蒲柏路吉益里19号
周海文	中医	蒲柏路吉益里24号
丁芝良	成衣	白尔路同信里153号
童逊钧	舞厅	白尔路85号
王泽轩	酒店	白尔路33号
张振芳	鲜肉	白尔路31号
庄鹤卿	杂货	白尔路27号
钱宝兴	煤炭	白尔路9号
冯元祥	茶馆	西门路45号
周良元	茶馆	白尔路169号
叶亨同	鲜肉	西门路73—75号
张金魁	棉布	西门路79—83号
丁一鸣	商	西门路1—3号
娄明寿	茶食	白尔路179—181号
李芝泉	洗染	白尔路167号
范祝三	鞋庄	白尔路165号
陶文亮	纸店	敏体尼荫路449号
吴益清	印刷	奥礼和路62—64号

（续表）

姓　名	职　业	住　　址
宋洋孚	商	茄勒路88号
陈健卿	钱庄	奥礼和路如意坊2号
蒋木如	商	奥礼和路如意坊1号
应波臣	交易所	皮少耐路元声里2号
贾杨氏		皮少耐路元声里3号
陈邦全	商	皮少耐路元声里4号
王宝庆	文书	皮少耐路元声里5号
许志铨	化学	皮少耐路元声里6号
李厚圭	学	皮少耐路元声里8号
冯荣生	山货	皮少耐路元声里9号
李莲芳	医	皮少耐路元声里10号
张惠卿	冷汽	皮少耐路元声里12号
孙竹霖	宰牛	格洛克路文元坊6号
纪晋国		格洛克路文元坊8号
王自富	灯厂	格洛克路文元坊4号
★	★	格洛克路文元坊3号
★	★	敏体尼荫路文元坊15号
★	★	敏体尼荫路文元坊18号
★	★	敏体尼荫路文元坊10号
★	★	敏体尼荫路文元坊12号
★	★	敏体尼荫路洪福里1号
★	★	敏体尼荫路洪福里1号
★	★	敏体尼荫路敏慎坊1号
★	★	敏体尼荫路敏慎坊3号
★	★	敏体尼荫路敏慎坊5号
★	★	敏体尼荫路敏慎坊6号

（续表）

姓　　名	职　业	住　　　址
★	★	敏体尼荫路敏慎坊7号
★	★	敏体尼荫路敏慎坊8号
★	★	敏体尼荫路敏慎坊8号
★	★	敏体尼荫路
★	★	敏体尼荫路
★	★	敏体尼荫路
★	★	敏体尼荫路
★	★	敏体尼荫路
★	★	敏体尼荫路
杨存益	煤球	爱来格路36号
王永财	理发	爱来格路40号
蒋福如	粥店	爱来格路26号
王阿开	茶馆	爱来格路30号
何庆记	木匠	爱来格路28号
秦行龙	酒	爱来格路48号
秦金林	肉	爱来格路18号
葛永根	商	格洛克路顺安里9号
唐阿金	商	格洛克路顺安里8号
陈金兰	报贩	格洛克路顺安里5号
许阿毛	鞋	敏体尼荫路186号
洪长发	洋行	敏体尼荫路196号
焦迎祥	理发	敏体尼荫路198号
俞聚根	旅业	敏体尼荫路192号
俞祖德	点心	敏体尼荫路166号
谢润泉	旅业	霞飞路13号
宓启身	工部局	格洛克路44号

(续表)

姓　名	职　业	住　　　址
王瑞兴	电气	格洛克路福庆里89号
刁荣贵	宗教	格洛克路福庆里93号
夏阿根	西乐队	格洛克路福庆里91号
曹辛元	洋行	格洛克路福庆里95号
于镇东	矿业	敏体尼荫路归安里194弄2号
庄嘉岩	糖食	敏体尼荫路归安里194弄11号
吕德甫	红木	敏体尼荫路归安里194弄10号
王金记	船业	敏体尼荫路归安里194弄6号
孔春林	沙泥	敏体尼荫路归安里194弄3号
朱阿四	交易所	敏体尼荫路归安里194弄4号
朱秀珍	南货	敏体尼荫路归安里194弄12号
于文舟	保险	敏体尼荫路归安里194弄13号
王广福	烟兑	敏体尼荫路归安里194弄7号
王咏羣	商	敏体尼荫路归安里194弄1号
徐黄氏	商	格洛克路归安里70号
曹永庆	米	格洛克路归安里74号
毛仁泉		维尔蒙路复兴里2号
张顺生	印刷	维尔蒙路复兴里3号
季保生	厨司	维尔蒙路复兴里4号
李湘涛	成衣	维尔蒙路复兴里5号
邵湘如	糖果	华格臬路77号
王荣福	浴室	华格臬路97号
施善发	棉	华格臬路105号
焦鼎铠	米	华格臬路110号
陆玉山	理发	华格臬路113号
史瑞昌	煤炭	华格臬路115号

（续表）

姓　名	职　业	住　　址
陈邦茂	水电	华格臬路117号
尹式林	药业	华格臬路119号
孟炳纪	洗染	华格臬路121号
万大甫	烟纸	华格臬路125号
吴纪麟	煤炭	华格臬路127号
徐静嘉	肉店	华格臬路75号
王承恩	浴室	华格臬路95号
夏宏林	熟水	华格臬路131号
赵金宝	烟纸	华格臬路133号
丁国忠	交易所	华格臬路135号
俞锡森	粮食	华格臬路137号
蔡建忠	砖灰	华格臬路139号
袁铨标	西药	华格臬路141号
杨稼湘	糖果	华格臬路143号
乔同昌	成衣	华格臬路145号
张友春	娱乐	华格臬路147号
陈耀远	当	华格臬路155号
张荣德	熟水	维尔蒙路77号
范瑞孚	工业	维尔蒙路85号
★	米业	维尔蒙路93号
★	政	维尔蒙路99号
★	饼干	维尔蒙路103号
★	豆腐	维尔蒙路111号
★	木匠	维尔蒙路113号
★	木匠	维尔蒙路115号
★	水果	维尔蒙路117号

（续表）

姓　名	职　业	住　　址
★	棉花	维尔蒙路119号
★	饭店	维尔蒙路151号
★	★匠	维尔蒙路153号
★	零剪	维尔蒙路114号
★	★业	维尔蒙路116号
★	酱园	恺自迩路94号
★	瓷器	恺自迩路130号
★	★	恺自迩路134号
★	★	恺自迩路76—78号
★	★食	恺自迩路82号
★	茶馆	恺自迩路楼上82号
★	★业	恺自迩路84—86号
★	百货	恺自迩路60—88号
★	★业	恺自迩路90号
★	★	恺自迩路92号
★	典当	恺自迩路108号
★	棉纱	恺自迩路102—104号
★	洋铁	孟神父路18号
★	★业	孟神父路22号
★	工	孟神父路30号
★	商	孟神父路32号
★	交易所	孟神父路34号
★	★	孟神父路36号
★	牛肉	孟神父路42号
华清槐	鲜肉	孟神父路2号
高长生	介绍所	孟神父路4号

(续表)

姓　名	职　业	住　　址
杨瑞裕	鲜肉	孟神父路 8 号
朱成石	西药	孟神父路 10 号
张阿有	木匠	孟神父路 12 号
李永兴	布篷	孟神父路 16 号
董耀章	磁器	孟神父路 44 号
杨建芳	豆腐	孟神父路 46 号
王彩鹤	鲜肉	孟神父路 56 号
陆玉朝	理发	麦高包禄路 28 号
马云骏	煤炭	麦高包禄路 30 号
叶恒春	香烛	麦高包禄路 32 号
张小本	洗染	麦高包禄路 34 号
绝纯齐	煤炭	麦高包禄路 36 号
姚介绥	烟兑	麦高包禄路 40 号
叶文理	煤炭	白尔路 59 号
周建春	袜厂	白尔路 63 号
吴善年	糖果	白尔路 79 号
程金发	帆布	白尔路 81 号
张宝祥	烟纸	白尔路 159 号
彭玉书	汾酒	白尔路 129 号
刘增元		白尔路 113 号
吴惠钦	布疋	协昌 83 号
陈国良	零布	白尔路 11 号
于铁珊	面店	白尔路 77 号
杨贵荣	食品	白尔路 87 号
费辅堂	五金	白尔路 101—103 号
吴文梁	洗染	白尔路 107 号

(续表)

姓　名	职　业	住　　　址
盛寿山	面粉	白尔路119号
吴玉堂	宗教	白尔路137号
许振崧	米	西门路87—89号
夏志云	木业	徐家湾路安临里19号
叶品堂	漆作	徐家湾路安临里13号
沈耀庭	针织	徐家湾路安临里22号
朱永嘉	电车	徐家湾路安临里1号
吴颂庵	商	徐家湾路安临里2号
葛宝宝	盐卤	徐家湾路安临里3号
张炳初	电车	徐家湾路安临里7号
陈兆林	五金	徐家湾路安临里14号
张柏舟	香粉	徐家湾路安临里4号
汤品行	针织	徐家湾路安临里15号
张宝泰	巡捕房	徐家湾路安临里20号
黄赓玉	匣纸作	徐家湾路安临里17号
王瑞贵	公会	徐家湾路安临里23号
姜慰农	袜带	徐家湾路安临里25号
马子襄	煤炭	徐家湾路安临里26号
舒祖发	木作	徐家湾路安临里27号
朱阿菊	小贩	徐家湾路安临里28号
徐正律	袜厂	徐家湾路安临里29号
丁其昌	纸业	白尔路裕福里1号
陈天啸	画家	白尔路裕福里2号
方翔飞	法院	白尔路裕福里3号
余择明	国医	白尔路裕福里4号
蒋　衎	商	白尔路裕福里5号

(续表)

姓　名	职　业	住　　　址
张怀德	海关	白尔路裕福里 7 号
金为伟	照相	白尔路裕福里 9 号
曹小秋	招商局	白尔路裕福里 10 号
李萃荪	商	白尔路裕福里 12 号
杜哲庵	商	白尔路裕福里 13 号
于子章	报关	白尔路裕福里 14 号
林屺思	商	白尔路裕福里 16 号
芮芷芗	纸业	白尔路裕福里 18 号
★	★	白尔路裕福里 19 号
★	★	喇格纳路鑫亿里 1 号
★	★	喇格纳路鑫亿里 2 号
★	★	喇格纳路鑫亿里 3 号
★	★	喇格纳路鑫亿里 4 号
★	★	喇格纳路鑫亿里 5 号
★	★	喇格纳路鑫亿里 6 号
★	★	喇格纳路鑫亿里 7 号
★	★	喇格纳路鑫亿里 8 号
★	★	喇格纳路鑫亿里 9 号
★	★	喇格纳路鑫亿里 10 号
★	★	喇格纳路培福里 11 号
★	★	喇格纳路培福里 12 号
★	★	喇格纳路培福里 13 号
★	★	喇格纳路培福里 14 号
★	★	喇格纳路培福里 15 号
★	★	喇格纳路培福里 16 号
★	★	喇格纳路培福里 19 号

（续表）

姓　名	职　业	住　　址
★	★	喇格纳路培福里 23 号
★	★	喇格纳路培福里 24 号
★	★	喇格纳路培福里 11 号
★	★	喇格纳路培福里 12 号
★	★	喇格纳路培福里 13 号
★	★	喇格纳路培福里 2 号
★	★	喇格纳路培福里 3 号
★	★	喇格纳路培福里 4 号
★	★	喇格纳路培福里 5 号
★	★	喇格纳路培福里 7 号
★	★	喇格纳路培福里 8 号
★	★	喇格纳路培福里 9 号
沈春发	电料	喇格纳路培福里 1 号
侯鹤亭	商	喇格纳路培福里 6 号
李焕文	经租	喇格纳路培福里 17 号
王公叔	交易所	喇格纳路培福里 18 号
吕瑞甫	公司	喇格纳路培福里 21 号
胡滋畹	针织	喇格纳路培福里 25 号
季东堂	鱼行	喇格纳路培福里 26 号
孙德馀	学	喇格纳路培福里 27 号
荣长伏	交易所	喇格纳路培福里 28 号
周继盥	汽灯	喇格纳路培福里 29 号
徐华氏		喇格纳路培福里 30 号
陈汉杰	火油	喇格纳路培福里 31 号
朱塘甫	典当	喇格纳路培福里 32 号
顾植民	化妆品	喇格纳路培福里 33 号

(续表)

姓　名	职　业	住　　　址
陈邦年	洋行	华格臬路芝兰坊174号
谭维炳	电影	恺自迩路芝兰坊4号
顾毛氏		恺自迩路芝兰坊8号
翁少记	交易所	恺自迩路芝兰坊11号
苏守诚	读书	恺自迩路芝兰坊18号
李德昌	纸业	恺自迩路芝兰坊19号
郑绍如	商	恺自迩路芝兰坊20号
谢瑞英	医	恺自迩路芝兰坊22号
方公溥	国医	恺自迩路芝兰坊24号
刘兆熊	南货	李梅路58号
陆逊贤	商	李梅路62—64号
陆逊贤	黄包车	李梅路66号
季光华	饭店	李梅路74号
沈聚兴	商	李梅路80号
金秉甫	成衣	李梅路84号
吴照生	五金	李梅路86号
王魁记	成衣	李梅路84号
李锦春	汽车	李梅路89号
唐济卿	白铁	李梅路90号
夏震春	针织	蓝维蔼路瑞昌里
冯士英	拍卖行	劳神父路65号
蒋德荣	化妆	劳神父路69号
汪友卿	洗染	劳神父路73号
陆澹如	商	劳神父路顺鑫里8号
吉金宝	娱乐	劳神父路顺鑫里9号
宋银福	点心	劳神父路顺鑫里10号

(续表)

姓　名	职　业	住　　址
陈瑞铭	海员	劳神父路顺鑫里13号
张锡泉	布厂	劳神父路顺鑫里11号
毛国良	针织	劳神父路顺鑫里14号
华金宝	点心	劳神父路12号
邹克忠	成衣	恺自迩路裕福里4号
励志远	烟兑	恺自迩路129号
凌瑞庭	鞋	恺自迩路117号
王万银	肉庄	恺自迩路131号
徐秋霖	商	恺自迩路113号
陈根千	老虎	格洛克路29号
马云鹏	漆匠	格洛克路23号
吴全发	贳器	格洛克路13号
李芝湘	旅业	格洛克路41号
陈广至	理发	格洛克路55号
马松泉	烟币	格洛克路45号
盛全发	棉花	格洛克路39号
王金福	栈房	格洛克路7号
潘沼隆	酱园	格洛克路1号
余漱之	绸庄	敏体尼荫路120号
蔡距岳	旅业	敏体尼荫路146号
陈九章	旅业	敏体尼荫路124号
陈文渊	糖果	敏体尼荫路112号

（整理者系上海社会科学院历史研究所助理研究员）

外文译介

1906年法国陪审有关会审公廨的报告[①]

侯庆斌　宣金洪　编译

编译者按：本文摘编自1906年法国驻沪副领事、法租界会审公廨陪审德莫朗（Georges Soulié de Morant）撰写的一份报告。该报告为手写稿，藏于法国外交部档案馆，写作具体月份不详，提交给何人何处亦不详。报告内容为上海会审公廨的法律地位、制度和司法实践，目的是通过回顾会审公廨的历史，为其合法性辩护，以应对1905年12月大闹会审公廨案对华洋会审制度的冲击。这篇报告是法国陪审的观察和总结，有些认知不同于清廷、英国政府和公共租界工部局的表述，包含了作者本人对华洋会审制度的独特理解，即法租界的司法秩序多建立在习惯的基础上，缺乏必要的章约，这与公共租界的情况不同。报告原题为《德莫朗的报告》。现结合内容将标题改为《1906年法国陪审有关会审公廨的报告》。原文篇幅较长，有些部分留白，只余提纲。现整理缩译如下。

最近于1905年12月发生的事件吸引了人们对会审公廨的关注。会审公廨的最新章程草案刚刚出炉，已送交清政府外务部讨论。[②] 上海报纸刊登了一些关于此事的文章。

对我们而言，这些评论经常是错误的。中国人和欧洲人的要求有时是不合理的。因此，似乎有必要对此问题进行深入研究。为此，我重拾最近一次有关此问题的报告。[③] 我还试图从历史的视角去详述我们的优势。凭借这样的视角，我能够援引仍有法律效力的先例。我会更多地从细节上描写当下令人印象深刻的情况，既是为了法租界会审公廨也是为了公共租界会审公廨，因为法国和其他

[①] 本文得到上海市浦江人才计划资助（项目编号：18PJC054），特此致谢。

[②] "1905年12月发生的事件"指大闹会审公廨案。某官员遗孀黎王氏携丈夫灵柩乘船回广东原籍，随行有15名婢女，途经上海期间被公共租界巡捕以贩卖人口罪拘捕。12月8日会审公廨谳员关炯、金绍城和英国陪审德为门会审此案。德为门要求以拐犯定罪，而金绍城认为案情未明，据理力争。经过调查，黎王氏并非贩卖人口。金绍城要求释放黎王氏，遭到英国陪审拒绝。中英法官继而就女犯关押地点产生分歧，德为门口头攻击上海道台，坚持要将黎王氏拘押在工部局监狱，甚至还出现巡捕殴打辱骂金绍城，并武力抢夺嫌犯，引起上海民众公愤，导致商人罢市、工人罢工和华捕罢岗。公共租界会审公廨一时陷于瘫痪。——译者注

[③] 1905年8月德莫朗曾撰写过一篇报告，回顾了上海法租界会审公廨的历史。——译者注

列强一样拥有平等的权利。最后,我们搜集了不同条约的内容、已经被签字的章程和既成的先例。我们试图从中提取出这些特殊法庭的法律地位。

这个问题非常复杂:它的重要性足以吸引人们的注意力,因为在目前中国的思想状态之下,会审公廨的问题会导致严重的后果。

依中外条约开辟的租界不久就有了章程。在清政府的法律看来,违警行为(contravention)不被视为违法(infraction)。此外,外国人增多,案件增多,以致清政府和西方政府不得不研究这个问题。1867年总理衙门和各国领事拟定了会审章程的草案。会审章程最终于1869年正式公布,激起了我们的领事白来尼(Brenier de Montmorand)子爵的反对。1869年8月13日,法国外交部要求驻京代办拒绝接受这个会审章程。从那时起,英租界会审公廨搬出了英国领事馆,设置于英租界的西北部。美国领事根据需要向那里派遣代表出席庭审。

法国总领事白来尼当时和道台交涉。根据一个口头协议,上海道台的代表定期到领事馆同领事的代表一道会同审理一些违警案件(petites affaires de police)和华洋诉讼。法租界会审公廨每周在法国领事馆开庭3次,在不超过刑罚限制的情况下由法巡捕房执行判决,包括:(1)笞杖刑,用竹板打大腿或手掌;若犯人是女性,则用皮鞋底来打嘴或是脸;也用荆条。(2)枷号。(3)罚款。除去极少的部分用于法庭和犯人在监狱的开支外,剩下的钱一部分用于公董局日常开支,另一部分转交给福利机构和医院。(4)监禁。苏报案是个先例,其中有一个被告被判有期徒刑。这个先例我们可以援引,但是服刑年限很少超过3年。

法租界会审公廨管辖权限内的华人包括:

1. 居住地为法租界,在不涉及土地纠纷和继承纠纷的纯粹华人诉讼(une affaire chinoise)中作被告的华人。

2. 无论住址何在,在法租界内的偷盗案件中、或在法租界内的土地纠纷或是继承纠纷中的一切华人被告。

3. 无论住址何在,法国人为原告的华洋诉讼中的一切华人被告。

巡捕与传拘票

巡捕和司法票证的签字问题在原则上和法租界会审公廨联系紧密。在这里不把这些主要规则展现出来是不可能的事。

知县有衙役和捕快。公共租界同样有巡捕,由工部局控制。公共租界会审公廨的法官掌控着一群仅仅听命于他的法警。

所以法租界会审公廨在这方面处于一种特权地位,因为在某种意义上,即巡捕房听命于总领事,因此也就听命于法国法官。而且每个票证如果没有领事馆的盖章在法租界中均无效。

所有法租界会审公廨发出的票证需要中国法官和法国法官同时盖章,后者同时会盖上领事馆的章。这些票证由法巡捕房执行。中国法官不能发布任何命令。

与之相反,在公共租界会审公廨,中国法官单独审理纯粹华人诉讼,签署命令,由他自己的衙役来执行,但仍然要在领袖领事签字之后才能生效。

1902 年的临时章程规定了票证签字这个复杂的问题,如下:①

法租界会审公廨发出且在公共租界内执行的传拘票,应该由领袖领事签字。

与之相对应,公共租界会审公廨发出且在法租界执行的传拘票需要法领事馆盖章才能生效。

最后,欧洲人起诉华人,针对该华人的传拘票,应由该欧洲人的领事签字。

而且,当作为被告的华人是一个欧洲人的雇员时,针对他的传拘票需要由该欧洲人所属的领事馆的领事的签字。

例如,英国人起诉华人,该华人受雇于美国人,住在法租界,那么该传票需要:

1. 公共租界会审公廨中方谳员的签字
2. 英国领事的签字
3. 领袖领事的签字
4. 美国领事的签字
5. 法国领事的签字

上 诉

法租界会审公廨的上诉案件由法国驻上海总领事和上海道台一并审理。

法国上诉人须向法国领事提交一份申请书。华人上诉人须向道台提交一份申请书。所有申请书都必须说明上诉的理由。

上诉期为宣布判决之日起两个月内。

---

① "1902 年的临时章程"即《上海租界权限章程》,该章程首次明确了两个会审公廨各自的审判权、传拘权及其执行程序。法租界会审公廨获得了与公共租界会审公廨同等的地位和对等的权限。——译者注。有关此章程制定的经过,可参见侯庆斌:《上海租界会审公廨间的权限之争——以 1902 年〈上海租界权限章程〉的出台为中心》,《史林》2016 年第 4 期。

律师和辩护人

律师和辩护人只能在华洋诉讼中获准出庭。在纯粹华人诉讼中他们被禁止出庭。

一般而言，人们更相信欧洲人的说辞，这促使华人求助于外国律师。华人想要骗过外国律师，并且认为外国律师的辩词会对法院产生影响，料定会更容易赢得官司。许多在上海居住多年道德水准底下的外国人有时听凭这样的手段发生。这些人搅乱并且延长了法庭辩论，使我们不可能简化目前的诉讼程序。

公共租界会审公廨

较之法租界会审公廨，公共租界会审公廨在形式和本质上存在明显的差异。它的机构组成不同，它的发展过程也不一样。

当英租界和美租界还没有合并的时候，英式法庭已经存在于英国领事馆和美国领事馆了。英美租界在1863年合并。美国领事决定派遣一名法官和英国法官轮流审理违警案件；华洋商业案件由华人法官和与案件有关的外国领事的代表共同审理。1869年会审章程始终有效，这个章程分别规定了中外法官的角色。情势的需要造成公共租界会审公廨的演进，但那10个条款既无法适应这一变化，也无法促使会审公廨产生新的发展。

1876年中英烟台条约修订了某些条款。

在一切英国人生命或是财产受到侵害的案件中，无论案发地在通商口岸还是在内地，英国政府有权派代表参与调查。一切华洋诉讼由被告所属国的官员审理并依据他们的法律断案，原告所属国的官员只能监督（contrôler）法庭辩论，有权在细节上提出异议。

这是一个影响非常深远的变化。以前，清政府官员和外国官员在审判过程中权力相等，均依据衡平法处理案件。现在，外国被告应该由一个有司法管辖权限的法庭（tribunal compétent）而非在会审公廨（cour mixte）根据其所属国的法律审判；会审公廨用于审理外国人为原告的诉讼。在这类案件中，一部分权力已经被放弃。因为原告所属国家的官员仅仅监督法庭辩论，而这个法庭辩论由中方谳员主导并依据清政府的法律进行。

我不认为我们对这个条款适用最惠国待遇会得到好处。这个条款在一定程度上对我们的治外法权造成损害，因为一个外国人发觉自己以某种方式被清政府的法律和官员审判。

会审公廨的法律地位

总之,已有条约能够证明设置两个会审公廨的合法性。

1. 如果我们不考虑烟台条约,一个外国官员和一个中国官员组成一个法庭,依据衡平法审判不同的华洋商业诉讼,其中外国人是原告或被告。

2. 如果我们遵守烟台条约,一个中国法官组成一个法庭,依据中国法律审理欧洲人是原告的不同类型的华洋诉讼。一名外国官员监督法庭辩论,他对法庭辩论没有发言权,仅能对判决做出抗议。

我们已经看到,由于形势所需,会审公廨有了发展;1869年公共租界会审公廨的章程明确了中外条约的内容。这个会审章程本身是不够好的,而且它在很多方面被有意地忽视。既然具备法律效力的先例已经产生,就必须值得重视。

直到现在,法国政府没有强加给法租界会审公廨一个会审章程。其中,先例依旧是最重要的:应该明确这些先例,以防出现如下这种可能的情况,即我们将被牵涉进有关这个问题的讨论。我们将会分别研究依条约建立的各种法庭的变化。

1. 华洋商事法庭

根据1844年的条约,①这个法庭应该由两个同等权力地位的法官根据衡平法会同审理所有华洋诉讼。根据烟台条约,它只能受理欧洲人为原告的华洋诉讼,适用清政府的法律。

人们慢慢地认同会审公廨中的一个意义重大的改变:实际上,在公共租界会审公廨和在法租界会审公廨一样,即在外国人为原告的华洋诉讼中,法庭辩论由法国法官主导,且法国法官起草判决,中方谳员仅仅扮演一个陪审的角色。

毫无疑问这是一个巨大的胜利:因为没有被牵涉到烟台条约中,也没有被卷入1869年会审章程中,法国有理由把这个惯例(coutume)当作定章(règle fixe),并且对清政府当局援引这个惯例。对于中国人而言,很容易只考虑条约的规定,但西方列强在此事上遇到了更多困难。

对于那些法国人为被告的华洋诉讼,数年来形成的惯例是由领事法庭审理。我们根据自己的意愿去对待那些条约,并且表面上接受了人们有可能用来攻击我们的《烟台条约》。

---

① 指中法《黄埔条约》。——译者注

2. 华洋违警法庭

这里有一些某种意义上被遗忘的条约：在公共租界会审公廨中的情况和在法租界会审公廨一样，确实根据清廷的法律实施刑罚，但是外国官员不甘于扮演他们被安排的角色。他们为所有涉及欧洲人利益或是租界利益的诉讼建立了一个惯例，即判决必须由双方协商才能制定。虽然中方谳员主导法庭辩论并宣布判决，但是通常判决都是由外国官员提出的。

3. 华人商业法庭

公共租界会审公廨和法租界会审公廨之间存在巨大差异。在法租界会审公廨，作为法官的法国副领事的个人影响力，以及他与中方谳员会同审理的情况，在绝大多数诉讼中均存在。而在公共租界会审公廨，英国副领事确实只扮演一个陪审的角色。中国法官独自审案并且在不经任何监督的情况下宣布判决。

（编译者依次为上海大学文学院历史学系讲师、上海大学文学院历史学系硕士研究生）

法国外交部档案馆藏《中法新汇报》相关史料选译[①]

侯庆斌　编译

整理者按:《中法新汇报》(Echo de Chine)于1897年7月1日在上海创刊,是近代在华办刊时间最长的法国机关报。最初报社所有者为法兴印书馆(Imprimerie française)。法兴印书馆是旅沪法商创办的印刷出版机构,其股东多供职于上海法租界公董局。1918年巴黎外方传教会成为《中法新汇报》大股东。从报纸首末版信息并结合法国领事馆档案可知,《中法新汇报》实行运营和编辑二分的体制,法国领事馆并未直接参与管理。创刊之初法兴印书馆经理兼任报社经理,另聘发行人和主编负责运营和内容生产。1918年起上海的外方传教会司库兼任报社经理,最初为萨卢(Sallou)神父,1925年改为莫兰(Morin)和萨蒙(Samon)神父,依旧另聘发行人和主编负责具体事务。《中法新汇报》于1927年6月10日突然宣布停刊。北伐军兴起之后,法国政府在中国南北之争中采取中立政策,以维护条约特权为底线。《中法新汇报》主编范达来(Achille Vandelet,亦称旺代莱)则呼吁列强武装干涉中国革命,不断批评上海法租界的防务,谴责法国政府在1927年汉浔事件和南京事件中护侨不力,甚至建议英国政府托管法租界,引发了法国驻京公使和驻沪总领事的极大不满。简而言之,范达来与法国政府在对华态度上的分歧是停刊的主要原因。此次翻译整理的资料出自法国外交部档案馆,内容涉及《中法新汇报》停刊前后法国政府与报社之间的关系,有助于学界进一步讨论列强对其在华机关报的管控。

一

1927年4月4日,萨蒙神父致范达来。

我提醒您注意昨天《中法新汇报》发表的《请告诉我们真相》一文。[②]

[①] 本文得到上海市浦江人才计划资助(项目编号:18PJC054),特此致谢。
[②] 1927年3月24日上午国民革命军攻入南京时爆发了排外骚乱,造成外侨6死5伤,死(转下页)

您没有严格执行我给您的那些指示，而是直接以一种愚蠢的方式责备法国总领事和海军司令巴西尔(Basire)。例如，文章称"巴西尔上将把指挥的责任丢给参谋们，丝毫无损海军的声誉"。您的意思是说，我们的海军军官，尤其是海军司令，没有能力很好地完成使命。这么说吧，这有悖于法国的历史。这是把海军司令说成无能之辈。我跟您明说，如果外方传教会受到指责，那么我将有权撤销这篇文章。

我更愿意相信，在您眼中，这些指责本不重要。但这些指责导致的印象是极其有害的。新闻人的职业总是非常微妙。在危机时刻，这点表现得尤其明显。

二

1927年4月12日，上海总领事纳齐(E. Naggiar)致法国外交部。抄送香港。

3月29日和31日的电报，提醒您注意英美报纸和通讯社掀起批评法租界安保措施的运动。这场运动背后的操纵者，利用外侨因北伐军的到来而产生的恐慌情绪，展现将法租界并入公共租界的必要性。此外还对法国政府施加压力，以便让我们的政策与英国人的政策保持一致。

我认为应该让您注意到在上海的外方传教会在这次运动中的角色。正如您所知，这个教会是上海唯一的法国机关刊物《中法新汇报》的所有者。它马上加入法租界的诽谤者当中，并且以一种最为不讲道理的方式推动了针对法租界的恐慌情绪，将巡捕房的琐事夸大，丝毫没有考虑事实，即：法租界渡过了危机，秩序没有受到影响，针对外国人的攻击微不足道。

外方传教会的教士在这件事上走得更远。尽管这场运动已经在英文报纸停止，但它认为不仅应该继续这场运动，而且还要在《中法新汇报》上攻击法国海军将南京的同胞置之不顾。

这场运动招来一部分在南京的传教士的回应，他们向法国当局和法国海军的奉献精神表达了敬意。外方传教会的教士没有发表这个回应，而是

（接上页）者中包括1名法国籍传教士，另有100多处外国机构被洗劫，史称"南京事件"或"宁案"。3月24日中午，法国军舰"亚来脱"号抵达南京护侨。当日下午英美舰炮击南京以示报复。法军没有参与。3月25日法军登岸救出法侨5人。"亚来脱"号于3月27日回到上海。南京事件发生后，范达来在《中法新汇报》社论中不断抨击法国海军护侨不力，致使法国神父遇难。在《请告诉我们真相》一文中，范达来延续了对法国海军的批评。他描述了3月22日北伐军占领上海后捣毁法租界与华界交界处的防御工事。进而指出法英驻军数量相差悬殊，而且与英军相比，法国海军与地面军警缺乏配合，难以保障法租界的安全。——译者注。详见"Dites-nous la vérité s.v.p.," *Echo de Chine*, 3&4 avril 1927, p.1.

断章取义。①

外方传教士的活动扰乱了上海法租界居民的心态,为法租界当局的工作增加了困难。

我希望您和在巴黎的罗贝尔(Robert)神父、蒙席主教盖布里昂(Guébriant)谈论此事。这个教会在上海的代表是莫兰神父和萨蒙神父,他们应对《中法新汇报》引发的运动负全部责任。在目前这种严峻形势下,他们没有表现出稳重和分寸。

三

1927 年 5 月 14 日,法国驻香港领事德贲沛(G. Dufaure de la Prade)致法国驻沪总领事纳齐。绝密级。

您在 4 月 12 日的信中,把致法国外交部关于在沪外方传教会的态度的公函抄送给我,并请求我和在香港的外方传教会总务长谈论此事。

根据您的想法,在我得知毕奥托神父(R. P. Biotteau)回到香港时——在我收到您的信的时候,他去了上海——我请他来到我的住处,把您提到的那些涉及上海外方传教会在租界外围被北伐军占领期间的态度择要告诉了他。

在和您汇报我刚刚和毕奥托进行的谈话内容之前,我想向您提醒如下事实,这些事实能够表现出,在我们正在处理的这个问题上,外方传教会总务长的改正措施以及忠诚。

从 3 月末起,毕奥托向我谈起他对外方传教会传教士发给他的关于上海事件的忧虑。他尤其担心《中法新汇报》的处境。他对我开诚布公地讲,他感到惋惜的是,《中法新汇报》发表了不合时宜的言论,没有起到约束同胞的作用。

毕奥托有着多年居住上海的经验。他并未向我隐瞒,而是不断重复说:"通过诋毁自己的政府和海军,以某种方式宣扬由英国人的托管,在上海的法国人忘记了法租界的历史,和他们的竞争对手进行一场赌博。"

---

① 此处的"一部分在南京的传教士给出回应"指万教士(Joseph Verdier)的若干来信。万教士是南京事件中被法国海军救出的 5 位法侨之一。3 月 29 日《中法新汇报》刊登万教士的短文《南京事件》。万教士回顾了他在南京骚乱期间的经历,并向法国海军的营救行动表示感谢。4 月 6 日《中法新汇报》"自由论坛"栏目刊出万教士的来信。万教士表示对范达来"一些武断言论和映射之辞"深感震惊,他强调法国海军足够优秀,因为无人能预测骚乱的发生,即便英美舰队的救援行动也没能阻止他们的侨民被杀。他质问范达来:"您还想法国海军向我们提供何种保护?"——译者注。详见:"L'Affaire de Nankin," *Echo de Chine*, 29 mars 1927, p.1;"Tribune libre," *Echo de Chine*, 6 avril 1927, p.5. 至于为何《中法新汇报》会刊登不利于主编范达来的言论,尚不得而知。

他同时向我确认,他会给他的教士们写信,让他们注意《中法新汇报》所造成的危险。

或许阅读了新的文章,或是缺乏上海的新闻,或是担心写给教士的书面通知没有送到他们手里,或是害怕这些通知没有以令人满意地方式被执行,无论是何种理由,4月11日,我获知毕奥托仓促动身前往上海。

我刚说完我召见他的原因,他就马上向我承认——这在我意料之中——他去上海的主要目的是试图制止而不是延缓一场运动。他之前在香港仅知道这场运动的危害,或至多是这场运动的轮廓,而不能感知在上海真实情况。

正如我向您汇报如下,外方传教会的总务长没有打算了解您的抗议。从那一刻起,复述我和毕奥托的谈话失去了它的意义。

因此我将长话短说。鉴于总务长已经做出回应,我就不再讨论这个问题。我专注于向您汇报毕奥托的观点。

毕奥托向我指出,应该承认,即便外方传教会欠法国很多,那么法国自身,在最近的300年,已经得到了回报。

关于这个刊物,他坚持认为,即便《中法新汇报》在它30年的历史中没有总和法国公使和领事保持一致,至少也支持了他们八成。他自豪地补充道,法国公使和领事多次在《中法新汇报》上得到了他们想要的支持。他表示他和他的兄弟们在过去多次受到法国政府的感谢。

他辩解道,除了存在一个适用于一切的规则,即报纸使用甚至有时滥用的"新闻自由"之外,《中法新汇报》并没有受到任何人的支配或对任何人做出承诺。

如果您原则上将这场运动的责任归咎于莫兰和萨蒙神父的话,毕奥托提出减罪辩护,让我考虑这个报纸运作的背景以及阻止它在不正确的路上前进的难度。

事实上,就这一点,我猛地回想起,在我抱怨那些我认为对我们不利的那些文章之前,我和毕奥托有过一些略显激烈的争执。他向我多次补充道,他不能事实上指导、监督和编辑《中法新汇报》,只能赋予编辑们一些自主权。

不过,每当我们的总领事馆发布对当职者毫无奉承意味的评价时,总务长便反对。他认为在他力所能及的范围不可能弥补过失,只能取消这个报纸。在最近10年内,他所做的一切向《中法新汇报》安排一个主编来领导范达来的尝试,非常费钱,而且似乎并不比范达来一个人的管理更好。

附后的信,是4月4日萨蒙神父写给范达来的。毕奥托给了我一份,这封信表明,萨蒙卸去了司库的职位。信后附有一个附录,能够让您注意到,上海司库自己也因《中法新汇报》上论战的语气而惊慌失措。

在我看来，司库处于被迫和那个男人一起编辑报纸的地位。这个男人差不多是《中法新汇报》不可或缺的。具体而言，这个人具有相关专业人士所通常拥有的从业资格证书，并以有关新闻自由的法律作为借口，因而会容易变得危险。

最后，总务长请我考虑如下事实，即在沪外方传教会和其他机构一样由于战争而组织混乱，尤其是之前的司库因病返回法国后病故，他派了一个年轻人去临时代理。毕奥托请求，如果这个人在这个关键时期缺乏经验和上海的人脉，如果他不能在恰当的时机更加有力地掌管《中法新汇报》，那么管理《中法新汇报》这项任务的难度就应当被重新考虑。

毕奥托希望，这些开诚布公的解释，将使您给这次运动所导致的误会做出一个过渡性的定性。他仍然认为"独燕不成春"(de même qu'une hirondelle ne fait pas le printemps)。获知在上海发生的事件，以及知道所采取的立场的重要性的前提下，他倾向于——与他离开香港时的意图相反——不去拜会您和远东海军司令。他决定等待巴黎外方传教会高层对他从香港写给他们的报告的答复。

四

1927 年 7 月 7 日，法国外交部致蒙席主教盖布里昂[①]

正如我所知，3 月份发生在上海的那些事件，以及由于北伐军的到来导致的外国居民的不安，给法国势力的反对者，提供了反对远东法国当局和法租界当局的运动的借口。

我不知道在上海的外方传教会已经认为应该附和那些对法租界公董局的诽谤者，以及参与旨在在中外居民心中有损法国市政当局的运动。

当外国报纸自己开始向这些措施——保证了法租界渡过严峻的危机，而租界公共秩序和外国人的安全没有收到侵扰——的效率表示敬意的时候，外方传教会司库，通过莫兰和萨蒙神父的言论机关，在《中法新汇报》上攻击法国海军，谴责他们致使我们在南京的侨民没有得到保护。

1927 年 4 月 5 日《中法新汇报》刊出的文章引发了一起南京教会的修道院院长(supérieur de la mission de Nankin)的严重抗议。然而，《中法新汇报》编辑部以一种断章取义的方式刊出了万教士写给《中法新汇报》的信。

我相信您会严肃地考虑，《中法新汇报》编辑部的态度堪称有违法国的利益。

[①] 此件为复制件并非原件。据内容判断，该函有可能写于 6 月 7 日而非"7 月 7 日"。姑且存疑。——译者注

我相信您会认为,《中法新汇报》应该马上由莫兰和萨蒙神父关闭。

五

1927 年 7 月 16 日,蒙席主教盖布里昂致法国外交部。[①]

我收到了您 7 月 7 日关于《中法新汇报》的信。

通过在香港的总务长,我得知远东法国当局和外方传教会教士领导下的《中法新汇报》在一个紧张的时刻突然发生的分歧。

这个令人遗憾的纠纷,更多源于法国侨民社团悲观的评价和仓促的判断,而非莫兰和萨蒙神父的举动。我们的神父,通过口头和书面的方式,及时地对报纸的编辑做出了明智谨慎的指导,但是编辑没有遵从这些指导。即使我们理论上承担范达来先生某些文章的责任,但实际上当报纸落入订户手中时,我们的教士才知道这些文章的内容。

我们的传教士靠爱国情怀而非别的利益来维持《中法新汇报》。我们多次请求上海总领事,将报纸和他的主办权交给上海商会,或是交给一个代表法国利益的团体。不过没有成功。

6 月初,我发觉中国人和法国人眼中《中法新汇报》的责任给我的兄弟们带来不便。根据我的顾问的建议,我取消了这份报纸。因此,自 6 月 8 日,该报纸停刊了。

在我们的档案中,我们有足够多的公使和领事的证词表明《中法新汇报》已经长期提供优良的服务。如果这个报纸被一个有能力、有威严且有效支持法国利益的机关刊物取代,那么这个报纸的消失将不会给我们留下任何遗憾。

六

1927 年 10 月 14 日,法国驻沪总领事纳齐致法国外交部。

在 1927 年 4 月 12 日的信中,我提醒您注意司库莫兰神父领导下的外方传教会在上海的态度。在 3 月和 4 月期间的事件中,他们缺乏冷静沉着,而且在那般严峻的形势下,没有与法国政府保持必要的一致。

上个月外方传教会总务长毕奥托拜访我。他此行的目的是为了派遣一位新

[①] 此件为复制件并非原件。据内容判断,该函有可能写于 6 月 16 日而非"7 月 16 日"。姑且存疑。——译者注

的上海教区司库,即热雷神父(Père Gerey)。毕奥托暗示,在热雷神父的领导下,春天的那些困境不会重演。

我对毕奥托的举措以及他任命新司库的行为表示感谢。我向他保证,法国领事馆将继续鼎力支持外方传教会,并与教会一道保卫法国的利益。

热雷的到任和一份取代《中法新汇报》的日报创刊碰巧同时发生,[1]这表现出——正如您曾指出的那样——人事变动的积极影响和新任司库助力开办新日报的良好意愿。

(编译者为上海大学文学院历史学系讲师)

---

[1] "取代《中法新汇报》的日报"指创刊于1927年12月10日的《法文上海日报》(*Le Journal de Shanghai*)。——译者注

征 稿 启 事

  为推动中国城市史研究的发展,深化上海城市史研究,增强中法文化交流,《上海法租界史研究》集刊特向广大专家学者诚征稿件,兹敬告如下:

  1. 本集刊由上海师范大学都市文化研究中心、上海师范大学新时代海派文化研究中心(筹)负责编辑出版。

  2. 本集刊由上海社会科学院出版社出版发行,每年出版一辑,每辑字数约30万字。

  3. 本集刊常设栏目如下:专题论文、都市文化、人文遗产、新史料、口述历史(回忆录)、文献目录、学术动态(书评、书讯、会议综述、会讯)等,并可根据来稿内容进行相应调整。

  4. 本集刊接受中、西文投稿。除与法租界及中法关系直接相关的研究外,也非常欢迎包括城市史、中外交流史之类的投稿。来稿请提供 Windows Office Word 电子文本,论文字数不限,但最多不超过 3 万字,注释统一为页下注,注释规范请参考《历史研究》。西文稿件,参照国际通行注释规范。投稿作者请注明职务、职称、工作单位、联系方式。

  联系人:蒋杰

  联系地址:上海市徐汇区桂林路 100 号上海师范大学东部文苑楼 1304 室(邮编 200234)

  电子邮箱:jiangj06@163.com

图书在版编目(CIP)数据

上海法租界史研究. 第四辑 / 蒋杰主编 . — 上海：上海社会科学院出版社，2021
　ISBN 978 - 7 - 5520 - 3743 - 2

　Ⅰ.①上… Ⅱ.①蒋… Ⅲ.①租界—中法关系—历史—上海—文集 Ⅳ.①D829.12-53

中国版本图书馆 CIP 数据核字(2021)第 240367 号

上海法租界史研究　第四辑

主　　编：	蒋　杰
责任编辑：	章斯睿
封面设计：	黄婧昉
出版发行：	上海社会科学院出版社
	上海顺昌路 622 号　邮编 200025
	电话总机 021 - 63315947　销售热线 021 - 53063735
	http://www.sassp.cn　E-mail:sassp@sassp.cn
排　　版：	南京展望文化发展有限公司
印　　刷：	上海信老印刷厂
开　　本：	720 毫米×1000 毫米　1/16
印　　张：	18
字　　数：	323 千
版　　次：	2021 年 12 月第 1 版　2021 年 12 月第 1 次印刷

ISBN 978 - 7 - 5520 - 3743 - 2/D · 635　　　　定价：88.00 元

版权所有　翻印必究